|交通运输科技示范工程系列成果|

超长隧道群
安全绿色创新技术与应用
——秦岭天台山隧道群实践

▶ 仵　涛　赵超志　韩常领
　富志鹏　赫连超　等 编著

人民交通出版社股份有限公司
北京

内 容 提 要

本书以交通运输部科技示范工程"秦岭天台山超长隧道群安全绿色科技示范工程"项目成果为依托,围绕隧道群运营防灾减灾、自然能源利用、生态保护修复、机械化施工、单层衬砌支护等新技术集成应用和关键技术创新开展系统论述,集中展示了秦岭天台山超长隧道群安全绿色工程建设科技创新研究和技术攻关中所取得的各项成果,包括新技术、新材料、新工艺、新装备。

本书可供隧道工程的科研、设计、施工、监理和管理等人员参考,亦适合高等院校相关专业教师、研究生学习参考。

图书在版编目(CIP)数据

超长隧道群安全绿色创新技术与应用:秦岭天台山隧道群实践/仵涛等编著. —北京:人民交通出版社股份有限公司,2023.11
 ISBN 978-7-114-18960-9

Ⅰ.①超… Ⅱ.①仵… Ⅲ.①天台山—长大隧道—隧道施工 Ⅳ.①U455

中国国家版本馆 CIP 数据核字(2023)第 162078 号

Chaochang Suidaoqun Anquan Lüse Chuangxin Jishu yu Yingyong
——Qinling Tiantaishan Suidaoqun Shijian

书　　名:	超长隧道群安全绿色创新技术与应用
	——秦岭天台山隧道群实践
著 作 者:	仵　涛　赵超志　韩常领　富志鹏　赫连超　等
责任编辑:	侯蓓蓓　牛家鸣　闫吉维
责任校对:	赵媛媛　魏佳宁
责任印制:	张　凯
出版发行:	人民交通出版社股份有限公司
地　　址:	(100011)北京市朝阳区安定门外外馆斜街3号
网　　址:	http://www.ccpcl.com.cn
销售电话:	(010)59757973
总 经 销:	人民交通出版社股份有限公司发行部
经　　销:	各地新华书店
印　　刷:	北京市密东印刷有限公司
开　　本:	787×1092　1/16
印　　张:	18.5
字　　数:	300 千
版　　次:	2023 年 11 月　第 1 版
印　　次:	2023 年 11 月　第 1 次印刷
书　　号:	ISBN 978-7-114-18960-9
定　　价:	108.00 元

(有印刷、装订质量问题的图书,由本公司负责调换)

本书编写组

组　　长：仵　涛
副 组 长：赵超志　韩常领　富志鹏　赫连超
参编人员：毛金沙　董长松　王明年　陈建勋　许宏科　胡江碧
　　　　　时　鹏　李军峰　赵颖超　王选斌　崔　锴　王万平
　　　　　王　松　罗彦斌　严　涛　赵鹏宇　林　杉　陈湛文
　　　　　林春刚　邹　翀　万　哲　王荣华　宁　铎　刘　嫣
　　　　　赵力国　苟　超　马志伟　李博融　曹升亮　徐国策
　　　　　李　鹏　张　伟　同　鑫　刘健斌　党伟荣　燕崇麒
　　　　　沈　鹏　李　琛　李　震　张永涛　张　文　杨磐石
　　　　　程　凯　赵发明　宋　斌　金国明　李海鹏　杨　波
　　　　　王　杨　谢　姣　黄军海　王勇博　孙保卫　张长胜
　　　　　黄金强　高　锋　田　东　白朋娃　黄登峰　刘文涛
参编单位：陕西交通控股集团有限公司
　　　　　中交第一公路勘察设计研究院有限公司
　　　　　长安大学
　　　　　西南交通大学
　　　　　西安理工大学
　　　　　中铁隧道勘察设计研究院有限公司
　　　　　北京工业大学
　　　　　陕西科技大学
　　　　　中交第二公路工程局有限公司
　　　　　中铁十二局集团有限公司
　　　　　中铁十一局集团有限公司
　　　　　中铁一局集团有限公司
　　　　　中交二公局第四工程有限公司

前言

巍巍秦岭，中华龙脉，横亘千里，道路崎岖。一句"蜀道难"道出了对秦岭交通险阻的千古哀叹。随着社会迅猛发展，关中西部至蜀汉之间南北快捷交通建设，一直是摆在陕西以及国家交通决策者面前的历史难题。茫茫秦岭中，留下了一代又一代交通建设者的足迹。宝鸡至坪坎高速公路是国家高速公路网银川至昆明线（G85）的重要组成路段，也是陕西省"2367"高速公路网规划定汉线宝鸡至汉中高速公路的重要组成部分，是继京昆、包茂、福银、沪陕高速之后陕西第5条穿越秦岭的高速公路。作为银昆线陕西境最后一段，是陕西省十三五期间在建高速公路中规模最大、建设标准最高、施工难度最大的项目。全线控制性工程秦岭天台山超长隧道群绵延32km，包含全长15.56km、双洞六车道、建设规模世界第一的秦岭天台山隧道，桥隧比例98.1%，具有"超长、多车道、长纵坡、高桥隧比、大埋深、生态敏感"等显著工程特征。

为加快交通运输部行业科技成果转化，充分发挥科技在转变发展方式、发展现代交通运输业中的支撑和引领作用，交通运输部组织实施了一批科技示范工程，有力推动了新技术、新材料、新工艺的推广和应用，有效促进了工程建设理念、质量和技术水平的提升，产生了良好的经济效益、社会效益和生态效益。2020年，交通运输部批准秦岭天台山超长隧道群科技示范工程立项实施，成为陕西省首个交通科技示范类工程。秦岭天台山超长隧道群安全绿色科技示范工程实施紧扣"安全、绿色"主题，以实现"安全施工、绿色环保、智慧运营"为目标，着力隧道群运营防灾减灾、自然能源利用、生态保护修复、机械化施工、单层衬砌支护等新技术集成应用和关键技术创新。通过开展超长隧道群安全绿色技术应用与示范，有效提高隧道群建设与运营管理水平，对促进关天和成渝两大经济区交流合作与协同发展、共建"一带一路"具有重要意义。

咫尺匠心担使命，大道如歌筑通途。宝鸡至坪坎高速公路建设历时5年，于2021年9月30日正式通车。秦岭天台山超长隧道群科技示范工程，以科技创新支撑工程建设，引领陕西交通科技发展。科技示范工程由陕西省交通运输厅牵头组织，陕西省交通建设集团公司承担，中交第一公路勘察设计研究院有限公司、长安大学、西南交通大学、西安理工大学、北京工业大学、陕西科技大学、中交第二公路工程局有限公司、中铁十二局集团有限公司等单位共同参与实施。通过科技攻关和应用示范，构建了超长隧道群安全绿色技术体系，为山区长大隧道工程建设顺利开展与安全高效运营提供有力的技术支撑，形成了可复制、可推广的山区高速公路隧道建设技术成果与实施经验，为全国长大隧道建设提供了陕西方案。

本书为交通运输部科技示范工程"秦岭天台山超长隧道群安全绿色科技示范工程"项目研究成果及工程实践的总结，全书共分为7章。第1章介绍了依托工程概况及科技示范内容；第2章介绍了超长隧道群安全智慧运营技术研究成果与应用情况；第3章介绍了公路隧道安全快速施工技术推广应用情况；第4章介绍了单层衬砌支护技术应用研究；第5章介绍了隧道利用自然能源技术推广应用；第6章介绍了生态敏感区保护与生态修复技术推广应用；第7章对秦岭天台山超长隧道群科技示范成果进行了总结。

限于作者水平，书中不当之处在所难免，敬请读者批评指正。

作　者
2023年5月

目 录
contents

第1章 概述 **001**
    1.1 工程背景 003
    1.2 示范内容和目标 009
    1.3 示范意义 011

第2章 超长隧道群安全智慧运营技术研究与应用 **013**
    2.1 超长隧道群交通安全保障技术 015
    2.2 超长隧道群大数据智能运营管控技术 098

第3章 公路隧道安全快速施工技术推广应用 **147**
    3.1 机械化快速施工技术推广应用 149
    3.2 有轨斜井快速施工技术应用 166
    3.3 深埋竖井快速施工技术应用 175
    3.4 多工作面长距离施工通风技术应用 183

第4章 公路隧道单层衬砌支护技术应用研究 **189**
    4.1 研究背景和必要性 191
    4.2 主要研究内容 193
    4.3 主要技术成果和技术指标 193
    4.4 依托工程实施情况与效果 228
    4.5 经济和社会效益分析 231

第 5 章　公路隧道利用自然能源技术推广应用　　235
　　5.1　超长公路隧道自然风通风与汲能诱导技术　　237
　　5.2　公路隧道太阳光辅助照明技术　　247

第 6 章　生态敏感区保护与生态修复技术推广应用　　251
　　6.1　超长隧道群地下水利用与水资源保护技术　　253
　　6.2　取弃土场优化设计技术　　260
　　6.3　高陡边（仰）坡生态修复技术　　264
　　6.4　路域生态修复与保持体系　　267

第 7 章　示范总结　　281

参考文献　　287

第1章 概 述

1.1 工程背景

1.1.1 工程概况

宝鸡至坪坎高速公路是国家高速公路银川至昆明线(G85)的组成路段,也是陕西省高速公路网规划中三条南北纵线之一——定汉线的重要组成部分。项目建设对于贯彻落实新一轮西部大开发政策和"一带一路"倡议,完善国家高速公路网络,改善区域交通条件,促进关天(关中—天水)、成渝两大经济区交流合作及沿线地区经济社会快速发展,推进宝鸡市建设全国性综合交通枢纽等具有重要意义。

宝鸡至坪坎高速公路路线起于宝鸡市高新区潘家湾村,止于凤县坪坎镇北,途经宝鸡市高新区、渭滨区、凤县三县区,在起点与银昆高速公路陇县至宝鸡段、连霍高速公路宝鸡过境线相接,在凤县田坝与太白至凤县高速公路相接,终点与银昆高速公路坪坎至汉中段相接。

宝鸡至坪坎高速公路路线全长 73.238km,全线采用双向六车道高速公路技术标准建设,设计速度 80km/h,路基宽度 32m,路线区位见图 1.1-1。

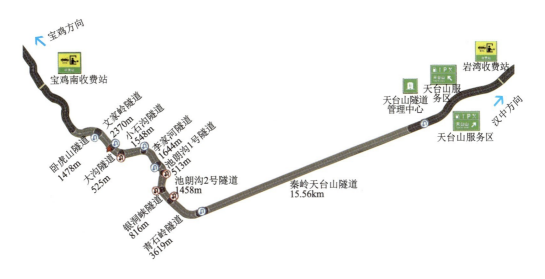

图 1.1-1 宝坪高速公路路线区位图

全线路基土石方1491万 m³，防护排水32万 m³，主线桥梁20711m/52座（双幅，其中特大桥5430m/4座），隧道32026m/16座（双洞，其中特长隧道19077m/2座），全线桥隧比例72%。全线设宝鸡南、岩湾2处互通立交，设潘家湾、田坝2处枢纽立交，通过田坝枢纽立交与太白至凤县高速公路实现交通转换。全线设管理所、收费站、服务区、养护工区各2处，监控分中心、危险品检查站各1处，隧道救援站3处。项目永久占地5300余亩❶。

秦岭天台山超长隧道群为宝鸡至坪坎高速公路的重要组成部分，总长约32km，共设置10座隧道（表1.1-1），其中特长隧道2座、长隧道5座、中隧道3座，桥隧比达98.1%。秦岭天台山隧道位于隧道群，采用分离式单洞三车道，全长15.56km，最大埋深约973m，是现阶段建设规模世界第一的高速公路隧道工程。

隧道群设置一览表　　　　　　　　　　　表1.1-1

隧道名称	线位	起讫桩号	长度（m）	平曲线最小半径(m)	纵坡（%）
卧虎山隧道	左线	ZK137+565.4~ZK139+010	1444.6	900	2.25
	右线	K137+546.4~K139+030	1483.6	835	2.2/1.8
文家岭隧道	左线	ZK139+095~ZK141+544	2449	1300	1.8/2.3/1.8
	右线	K139+120~K141+490	2370	1260	1.8/2.3/1.77
大沟隧道	左线	ZK141+690~ZK142+230	540	1220	1.8
	右线	K141+710~K142+235	525	1260	1.77
小石沟隧道	左线	ZK142+260~ZK143+714.48	1454.48	1220	1.8
	右线	K142+270~K143+788.87	1518.87	1260	1.77/1.5
李家河隧道	左线	ZK143+871.5~ZK145+590	1718.5	950	1.8/1.7
	右线	K143+920.89~K145+565	1644.11	880	1.77
池朗沟1号隧道	左线	ZK145+740~ZK146+209	469	2522.88	1.8/1.7
	右线	K145+648~K146+156	508	3197.26	1.77/2.4
池朗沟2号隧道	左线	ZK146+276~ZK147+786	1510	940	2.38
	右线	K146+256~K147+714.5	1458.5	900	2.4/1.699/2.6
银洞峡隧道	左线	ZK147+820~ZK148+613	793	1450	2.38/1.4
	右线	K147+784~K148+594	810	3000	2.6/1.4
青石岭隧道	左线	ZK148+860~ZK152+351	3491	2900	1.4/2.331/1.65
	右线	K148+790~K152+410	3620	1200	1.4/2.3/1.65
天台山隧道	左线	ZK152+517~ZK168+000	15483	1760	1.65
	右线	K152+580~K168+140	15560	1800	1.65

---

❶ 1亩=666.6m²。

1.1.2 工程特点与需求

宝鸡至坪坎高速公路15.56km秦岭天台山隧道及其所在的32km公路隧道群作为举世瞩目的超级工程，具有"超长、多车道、大埋深、长纵坡、高桥隧比、生态敏感、建设条件复杂"的显著工程特点。

(1) 超长——秦岭天台山隧道以超长隧道穿越秦岭山脉，全长15.56km；秦岭天台山隧道群由10座隧道构成，全长32km。

(2) 多车道——秦岭天台山隧道群采用双向六车道高速公路技术标准，最大路基横断面开挖跨度达16.55m，开挖面积约160m^2，交通流量大。

(3) 大埋深——秦岭山区工程和水文地质条件十分复杂，秦岭天台山隧道最大埋深约973m，穿越19条断层，岩爆、突涌水等工程灾害风险突出。

(4) 长纵坡——秦岭天台山隧道群，32km平均纵坡1.8%，且连续上坡或下坡，为超长距离连续纵坡隧道群。

(5) 高桥隧比——控制性工程地处秦岭腹地，秦岭天台山隧道及其所在的32km公路隧道群桥隧比高达98.1%。

(6) 生态敏感——下穿嘉陵江源头，毗邻国家级森林公园等生态敏感区，弃渣量大，环境保护、水土保持要求高，须严守秦岭生态红线。

(7) 建设条件复杂——秦岭山高谷深，地势险峻，施工场地狭小，隧道洞口高差大，斜井导洞串接施工，施工场地布置困难，施工组织和工程建设难度大。

秦岭天台山隧道及其所在的32km公路隧道群在设计、施工和运营过程中，面临诸多技术难题和瓶颈，集中体现在"安全智慧运营、安全快速施工、单层衬砌支护体系、绿色自然节能、生态环境保护"五大方面，亟需科技支撑。

(1) 安全智慧运营方面。超长多车道公路隧道在横纵方向同时扩展延伸，交通容量大幅增加，人、车、路之间的矛盾加剧，运营管理难度及安全风险高；32km隧道群桥隧比例极高，防灾救援难度大。然而，目前国内外既有成果主要集中在双向四车道公路隧道(群)，尚未形成系统的针对双向六车道公路隧道群的运营安全状况评价方法，隧道群运营管控与交通安全保障缺乏完善技术和成熟经验。

(2) 安全快速施工方面。我国隧道数量多、建设规模大，但与国外发达国家相比，隧道建设的机械化、智能化水平仍然较低。隧道施工各工序采用人工比例大、机械配套不足。因此，开展全工序机械化快速施工技术研发与应用，推进"机械化换人、自动化减人",对于提高施工效能,减少质量通病,改善施工环境,保障施工安全,具有重要工程意义。如图1.1-2所示为秦岭天台山隧道采用三臂凿岩台车进行钻爆开挖的机械化施工现场。

图1.1-2　秦岭天台山隧道机械化施工现场

(3)单层衬砌支护体系方面。对于围岩地质条件好的隧道,施作单层衬砌便可以满足承载要求,再施作厚厚的一层二次衬砌作为安全储备是不经济的。现有单层衬砌研究主要集中在铁路或公路隧道辅助通道等小跨度洞室,针对大跨度公路隧道或斜井,尚未形成一套完整的隧道单层衬砌设计方法、材料性能控制指标和标准。如图1.1-3所示为秦岭天台山隧道单层衬砌斜井。

图1.1-3　秦岭天台山隧道单层衬砌斜井

(4)绿色自然节能方面。我国隧道在运营中常存在"建得起、用不起"的供需矛盾,长大隧道更为突出。其症结在于隧道能耗完全依赖于电能,未能突破非电不能的瓶颈。若能减少能源转换环节，对自然能源善加利用，可有效解决运营能耗问题。秦岭天台山隧道群项目区可用能源种类主要有自然风能、太阳能等，利用自然风通风（图1.1-4）、太阳能照明为公路隧道节能提供了新的生态化、绿色节能途径。

图1.1-4　秦岭天台山隧道通风系统

（5）生态环境保护方面。秦岭天台山隧道群穿越秦岭山脉，下穿嘉陵江水源，毗邻天台山国家森林公园，生态环境极为敏感（图1.1-5），水资源保护尤为重要，社会关注度高，秦岭天台山隧道以无痕化景观融合、沿线取弃土场、高陡边坡、无害穿越与修复及监测评估技术等关键水土保持问题为切入点，创建水土保持示范工程。

图1.1-5　秦岭生态环境

1.1.3 示范的必要性

结合秦岭天台山隧道这一"十三五"期间世界建设规模第一的超长公路隧道开展科技攻关和示范推广,对确保工程建设质量和安全运营,提升和宣传秦岭天台山隧道及近期陕西省公路建设成果,提升行业技术水平等均具有良好的示范和推动作用,具体体现在以下几个方面:

(1)是贯彻"新发展理念"、推进"四个交通"发展的需要

本项目开展运营安全保障、生态环境保护、绿色节能、智能运营等方面的研究,是对国家"新发展理念"和交通运输部"综合交通、智慧交通、绿色交通、平安交通"的深入贯彻和积极实践。

(2)是践行交通运输部"绿色工程""品质工程"的需要

本项目针对秦岭天台山隧道群穿越秦岭山脉,下穿嘉陵江源头,毗邻国家级森林公园,生态环境极为敏感的特点,开展水土保持和生态文明工程建设研究,探索绿色、环保公路建设技术,以提高工程建设质量,保护生态环境。

(3)是适应和推动我国公路隧道行业建设技术发展的需要

秦岭天台山隧道作为世界级工程,借助终南山隧道、包家山隧道等工程的成功经验,依托大型工程科研项目对公路隧道行业既有成果的梳理、总结、突破和创新,可推动行业技术进步,提升国际影响力,效果十分显著。

(4)是确保秦岭天台山隧道群高效建设、安全运营的需要

秦岭天台山隧道群在设计、施工和运营阶段存在诸多技术难题和瓶颈,亟待突破和创新,以充分保证工程高效建设和安全运营,为我国公路建设事业再攀高峰,获取国家级奖项打好坚实基础。

(5)是改善生态环境、推进生态文明建设的战略选择

党的十八大将"生态文明"纳入中国特色社会主义发展"五位一体"的总体布局。以生态文明和人水和谐为宗旨,以沿线取弃土场、高陡边坡、沿线生态保护与修复及监测评估技术等关键水土保持问题为切入点,创建国家水土保持生态文明示范工程,带动相关建设项目的水土保持生态文明建设,工程需求迫切。

(6)是保护大秦岭,发挥绿色生态优势和创新发展模式的需要

秦岭是中国的"中央国家公园",是大自然给中华民族的馈赠。陕西省地处

我国承东启西、南北交界的战略要地。陕西生态环境保护，不仅关系到自身发展质量和可持续发展，而且关系全国生态环境大格局。尤其秦岭是我国南北气候的分界线和重要的生态安全屏障，具有调节气候、保持水土、涵养水源、维护生物多样性等诸多功能。功能型服务区的新型水土保持建设技术与模式可以融合当地特色文化，实现服务区文化与生态相结合，使秦岭成为高度衔接中国南北、生态型和功能型兼具的综合型国际生态保护示范区。

1.2 示范内容和目标

1.2.1 示范主题

科技示范工程实施紧扣"安全、绿色"主题，以实现"安全施工、绿色环保、智慧运营"为目标，着力于隧道群运营防灾减灾、自然能源利用、生态保护修复、机械化施工等新技术集成应用和关键技术创新。

1.2.2 实施内容

(1) 超长隧道群安全智慧运营技术研究与应用

基于超长双向六车道隧道群运营环境特征，开展超长隧道群交通安全保障技术和大数据智能运营管控技术的研究与应用，提高隧道群运营智能化水平，进一步降低超长隧道群运营安全风险等级，提升防灾救灾能力。

(2) 公路隧道安全快速施工技术推广应用

开展超长公路隧道施工机械设备配套方案与施工组织、多工作面长距离施工通风技术、有轨斜井施工技术等应用研究，实现全工序机械化安全快速施工，提升施工效率，提高施工安全水平。

(3) 公路隧道单层衬砌支护技术应用研究

开展大跨度硬质岩公路隧道通风道应用单层衬砌的结构设计方法、混凝土力学性能和耐久性、通风降阻技术研究，为公路隧道单层衬砌应用提供技术指导。

(4) 公路隧道利用自然能源技术推广应用

开展超长公路隧道自然风通风与节能诱导技术、太阳能辅助照明技术、基于环境感知的隧道照明技术研究与应用,降低公路隧道通风与照明能耗,实现绿色节能运营。

(5)生态敏感区保护与生态修复技术推广应用

开展超长隧道群地下水利用与水资源保护技术、取弃土场优化设计技术、高陡边(仰)坡生态修复技术、路域生态修复技术体系研究与应用,促进工程与生态环境的自然相融。

1.2.3 预期目标

(1)示范规模

①秦岭天台山超长隧道群全线32km推广应用安全智慧运营技术和生态修复技术。

②秦岭天台山隧道15.56km推广自然风利用技术、基于环境感知的隧道照明技术,5km区段推广应用安全快速施工技术。

③秦岭天台山隧道1号斜井推广应用单层衬砌支护技术。

④在1座中短隧道推广太阳能辅助照明技术。

(2)实施效果

①秦岭天台山超长隧道群交通事故率比秦岭山区隧道群平均事故率降低15%。

②秦岭天台山隧道主洞机械化施工掘进速度达到160m/月以上,比传统施工效率提高30%以上。

③秦岭天台山隧道通风系统实时最大节能25%~40%、年平均节能5%~10%。

④秦岭天台山隧道群水土流失总治理度达到95%以上,林草植被恢复率达到97%以上。

(3)成果形式

①形成科技示范工程总结报告。

②在大跨度硬岩隧道单层衬砌、隧道安全快速施工等方面编制标准规范不少于2部。

③在隧道钻爆法施工通风、公路隧道群交通安全综合评价、隧道群绿色节能、高陡边坡生态修复等方面形成技术指南不少于4个。

④申请专利不少于7个。

⑤出版专著1本。

⑥开展示范工程交流不少于3次。

1.2.4 实施单位及期限

科技示范工程由陕西省交通运输厅牵头组织，陕西交通控股集团有限公司承担，中交第一公路勘察设计研究院有限公司、陕西省交通运输厅交通工程定额站、长安大学、西南交通大学、西安理工大学、北京工业大学、陕西科技大学、陕西省交通规划设计研究院、中铁一局集团有限公司、中交第二公路工程局有限公司、中铁十一局集团有限公司、中铁十二局集团有限公司等单位共同参与实施。

科技示范工程实施期限：2020年1月至2022年12月。

1.3 示范意义

秦岭天台山超长隧道群安全绿色科技示范工程始终以"安全绿色"为主线、以"智慧管理"为理念，通过针对性的科技攻关、现有科技成果消化吸收再创新及成熟技术的推广应用，将秦岭天台山超长隧道群打造成生态敏感山区安全绿色建设科技示范工程。项目建设将在陕西乃至全国范围内树立标杆，起到典型示范作用。

（1）贯彻落实新时期"四个交通"理念

本项目开展运营安全、环境保护、生态节能、信息化管理等方面的研究，是对"综合交通、智慧交通、绿色交通、平安交通"的积极响应和实践，对加快转方式调结构、着力提质增效升级、着力提升运输服务质量、着力推进综合交通运输体系发展、着力服务民生改善、实现交通运输持续健康发展有重要意义。

（2）保证秦岭天台山隧道项目高效建设、安全运营

考虑到隧道工程的复杂性，其在建设和运营过程中必将面临众多未曾遇见的新情况、新问题，项目本身需要通过相关研究工作的开展，攻克相关技术难题，研究和解决设计技术问题和建设难题。近年来，随着世界机电产品和计算机信息技术的飞速进步和发展，代表行业进步的隧道机电新产品、新技术不断涌现，为确保隧道建设运营安全、加强隧道管理，应适应这一主流趋势，不断引进新技术、新产品、新材料、新工艺。在隧道建设中，持续研究隧道运营节

能新技术，以节约能耗、降低碳排放量、实现低碳环保，深入推进我国交通事业可持续发展。

(3) 推动我国公路隧道建设与运营管理技术发展

近十年来，我国公路隧道建设与运营管理技术突破超长、超大、特殊复杂地质等限制，实现重大进步。但由于这些隧道规划建设本身具有投资费用高、技术难度大、建设工期长、环境和社会影响大、安全及职业病问题突出以及区域典型性和特殊性等特点，往往需要从设计、施工、运营管理等全领域深入开展研究和论证，同时借助重大项目的科技研发对行业内以往成果进行全面梳理和总结，从而全面提升我国隧道行业设计、施工、运营管理等建设水平。陕西省作为国内隧道建设和成绩最为突出的大省之一，因"秦岭终南山公路隧建设与运营管理关键技术"项目获得 2010 年度国家科学技术进步奖一等奖，使得陕西是国内唯一在公路隧道方面取得国家科技进步奖一等奖的省份；包家山隧道获得 2013 年度陕西省科学技术一等奖和第十一届詹天佑奖。在目前国内超长隧道数量和规模不断增长的形势下，依托秦岭天台山超长隧道群开展研究，对推动我国公路隧道行业建设与运营管理技术发展具有重要意义。

第2章　超长隧道群安全智慧运营技术研究与应用

基于超长双向六车道隧道群运营环境特征，开展超长隧道群交通安全保障技术和大数据智能运营管控技术的研发与应用，提高隧道群运营智能化水平，进一步降低超长隧道群运营安全风险等级，提升防灾救灾能力。

2.1 超长隧道群交通安全保障技术

2.1.1 研究背景和必要性

山区高速公路受地理环境条件影响，往往是行车路线复杂，高边坡、长下坡、高架桥、隧道及隧道群等不利因素集中的路段。特别是在长大隧道及隧道群区域，常常成为高速公路交通事故、火灾、地质灾害等突发事件高发区。随着公路建设向山区的纵深发展，山区公路长隧道和特长隧道将越来越多。隧道及隧道群由于具有空间上呈封闭带状分布的结构特征，给行车环境带来了一系列的变化，在大交通流量下，交通安全问题十分突出。

和一般路段相比，长大隧道群区域的事故具有影响范围广、后果严重、易造成大范围交通堵塞、救援和疏散困难、对周边环境具有"连锁反应"和"辐射效应"等特点。在交通量大的区域，一旦隧道路段发生意外，哪怕是不严重的小事故，也会造成严重的后果。处理不当或不及时将造成高速公路的堵车甚至区域性的交通瘫痪，并可能给人员和公共财产带来损失，造成广泛的社会影响。

因此，开展超长单向三车道公路隧道群交通安全保障技术研究，分析超长三车道公路隧道群驾驶员—环境响应特征及演化规律，基于公路隧道群区域交通事故类型及其在隧道群中的分布特点，研究高速公路隧道群事故发生规律，从而揭示高速公路长大隧道群区域交通事故和突发事件的发生机制和演化规律，并针对山区高速公路的特点，建立长大隧道群区域交通安全应急保障系统，对提高山区高速公路隧道群区域行车安全、保障驾乘人员生命财产安全具有重要的理论价值和实际意义。

2.1.2 主要研究内容

（1）超长三车道公路隧道群驾驶员-环境响应特征及演化规律研究。

(2)超长三车道公路隧道群交通安全综合评价技术研究。

(3)超长三车道公路隧道群交通安全保障技术集成研究。

(4)超长三车道公路隧道群舒适行车环境构建技术研究。

2.1.3 主要技术成果和技术指标

2.1.3.1 成果一：超长三车道公路隧道群驾驶员-环境响应特征及演化规律研究

1) 单体隧道光环境对驾驶员的影响

为了探究驾驶员在驾驶过程中进出隧道时的心理、生理变化规律，设计实地驾驶试验，驾驶员佩戴眼动仪及心电记录仪驾驶汽车通过测试隧道，试验步骤如下：

①受试者坐在驾驶座，调整好座椅，为受试者粘贴电极片，粘贴电极片前应用医用酒精喷雾仔细清理粘贴区的皮肤，然后连接导线，开启心电记录仪器。

②为受试者佩戴眼动仪(图2.1-1和图2.1-2)，安装鼻托，连接计算机并校准，告知受试者佩戴期间避免触碰眼动仪，避免眼动仪和头部产生相对移动。

③在受试者适应仪器之后，受试者静坐于驾驶室5min，以获取驾驶员基本生理参数。

④获得基础参数：摘下动态心电记录仪，将数据导入计算机；眼动仪停止记录。

⑤重新连接并启动动态心电记录仪，眼动仪重新开始记录；告知受试者不要有心理压力，正常驾驶；受试者从洞口处进入隧道，开始正式试验，由于仍有施工人员和车辆在隧道内，为保证驾驶安全，试验过程中驾驶员将车速控制在60km/h，单次隧道内的行驶时间约15.5min。

⑥当受试者驶出隧道时，停车，摘下动态心电记录仪，将数据导入计算机；眼动仪停止记录，受试者将车辆掉头，休息20min。

⑦重新连接并启动动态心电记录仪，眼动仪重新开始记录，受试者从洞口处重新进入隧道，驾驶至最初出发的位置。

⑧当受试者驶出隧道时，停车，摘下动态心电记录仪，将数据导入计算机。眼动仪停止记录；受试者将车辆掉头。

⑨该名受试者完成试验,为其摘下仪器和电极,询问受试者的主观感受。
⑩下一位受试者进行步骤①~步骤⑨的测试。

图 2.1-1 Tobii 眼动仪

图 2.1-2 受试者佩戴眼动仪

整个测试流程如图 2.1-3 所示。

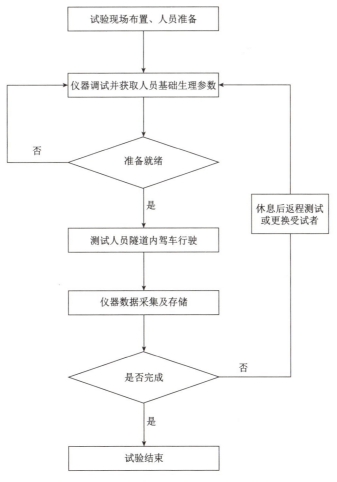

图 2.1-3 公路隧道驾驶疲劳规律现场测试流程图

(1) 单体隧道入口段光环境变化对驾驶员的影响探究

① 单体隧道入口段照度分布情况。

从图 2.1-4 可以看出，由于照度数量级相差太大，很难在图中直观地反映照度变化规律，因此对照度取对数 ln 作为等效照度指标，示例见表 2.1-1，并绘制距洞口距离—等效照度指标图，如图 2.1-5 所示。

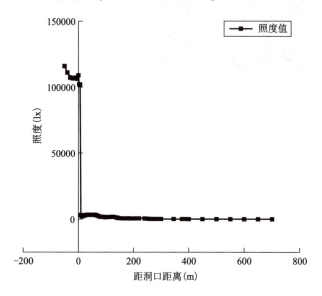

图 2.1-4　2 号隧道入口段距洞口距离—照度关系曲线

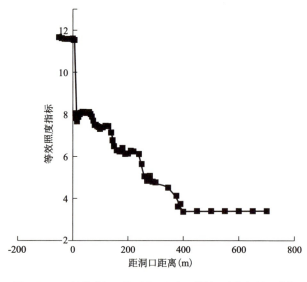

图 2.1-5　2 号隧道入口段距洞口距离—等效照度指标关系曲线

2 号隧道入口段照度指标转换表　　　　　　表 2.1-1

洞口距离(m)	照度值(lx)	等效照度指标 ln(E)
-50	116000	11.66
9	3122	8.05
100	1485	7.30
200	463	6.14
400	29	3.37

使用相同的方法计算等效照度指标后绘制 1 号隧道入口段距洞口距离—等效照度指标关系图，如图 2.1-6 所示。

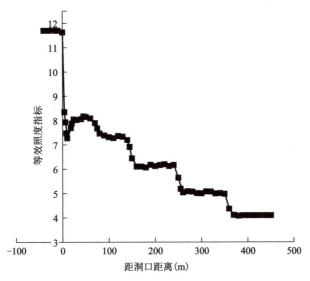

图 2.1-6　1 号隧道入口段距洞口距离—等效照度指标关系曲线

②单体隧道入口段光环境变化与驾驶员瞳孔变化关系。

1 号隧道入口段某次试验暗适应过程中驾驶员的瞳孔直径变化如图 2.1-7 所示，其中绿色三角形代表该段暗适应的起点与终点，蓝色线代表 0 时刻，即车辆进入隧道的瞬间。将上文中的距洞口距离—等效照度指标曲线通过时速计算转化为时间—照度指标曲线，然后与瞳孔直径绘制在同一张图中，该次试验数据如图 2.1-8 所示，绘制该次试验时间—瞳孔直径变化速率关系曲线如图 2.1-9 所示。

可以看出，在 5000ms、10000ms、15000ms 等照度突变位置处，瞳孔变化速率也发生了急剧变化。以同样的方法绘制 2 号隧道入口段的综合对比图及瞳孔直径变化速率曲线，如图 2.1-10、图 2.1-11 所示。

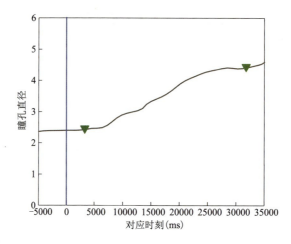

图2.1-7　1号隧道入口段时间—瞳孔直径变化曲线

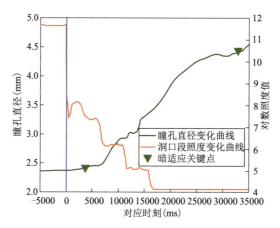

图2.1-8　1号隧道入口段综合对比图

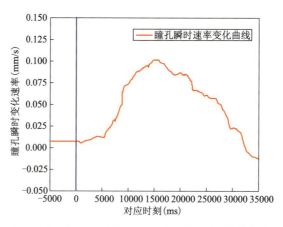

图2.1-9　1号隧道入口段时间—瞳孔直径变化速率曲线

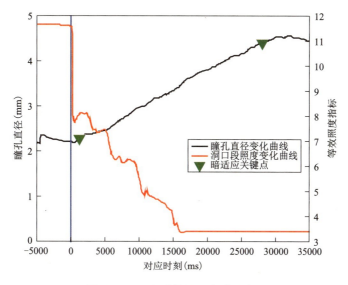

图 2.1-10　2 号隧道入口段综合对比图

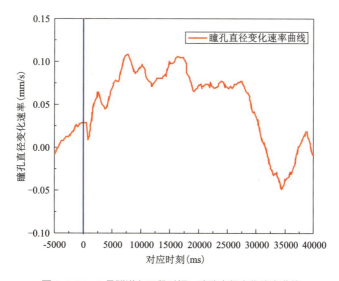

图 2.1-11　2 号隧道入口段时间—瞳孔直径变化速率曲线

可以发现，3000ms、6000ms、10000ms、15000ms 等照度突变位置处，瞳孔直径变化速率也发生了急剧变化，结合 1 号隧道的试验数据，进而可以推断，光环境发生突变会引起瞳孔直径变化速率的突变。

在车辆从洞外驶入洞内的过程中，由于光环境的急剧变化，引起瞳孔直径变化速率的剧变，分析得到恒定光环境下的照度—瞳孔直径关系方程为：

$$D = \sqrt{10^b E^{a-1}} \quad (2.1\text{-}1)$$

式中：D——瞳孔直径(mm)；

E——环境等效照度(lx)；

a、b——常数，与驾驶员的个体适应能力有关。

定义瞬时瞳孔直径D_t为驾驶员在某一时刻t的瞳孔直径；定义目标瞳孔直径D_s为某一时刻t下根据当前环境照度由照度—瞳孔直径关系方程计算得到的瞳孔直径大小，即视觉系统调整瞳孔大小的最终目标。定义瞬时瞳孔直径差ΔD为：

$$\Delta D = D_s - D_t \quad (2.1\text{-}2)$$

地区外部照度为120000lx，隧道内中间段照度为30lx，某次驾驶试验中驾驶员瞳孔直径变化如图2.1-12所示。本次试验洞外段平均瞳孔直径为2.2mm，洞内中间段平均直径为4.8mm，统计如表2.1-2所示。

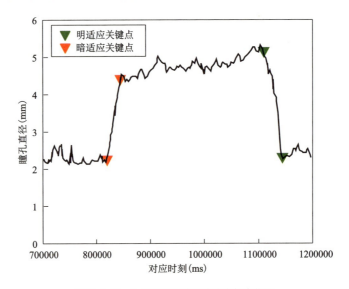

图2.1-12　2号隧道驾驶员瞳孔直径变化图

2号隧道照度与平均瞳孔直径统计表　　表2.1-2

洞内外稳定值	照度值(lx)	平均瞳孔直径(mm)
洞外段稳定值	30	2.2
洞内段稳定值	120000	4.8

拟合上述数据可得：$a = 0.8012$，$b = 1.6912$，即得到该驾驶员的照度—瞳孔直径关系式为：

$$D = D_s = (10^{1.6912} E^{-0.1988})^{0.5} \quad (2.1\text{-}3)$$

该瞳孔直径即理解为目标瞳孔直径。

本次试验入口段暗适应过程如图2.1-13和图2.1-14所示。

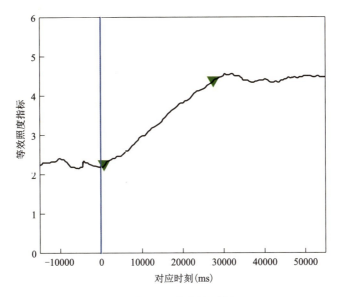

图2.1-13　2号隧道暗适应过程

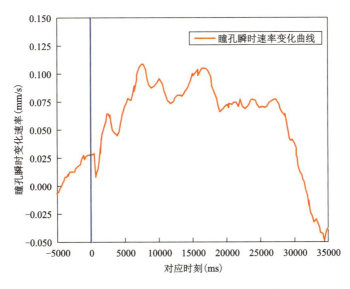

图2.1-14　2号隧道暗适应过程瞳孔变化速率

记录图2.1-14中各个时刻对应的瞬时瞳孔直径及瞬时瞳孔直径变化速率，并利用时速折算得到各个照度记录点对应的距离值，绘制瞳孔直径差—对应时刻图，如图2.1-15所示，绘制瞳孔瞬时变化速率—对应时刻散点图，如图2.1-16所示。

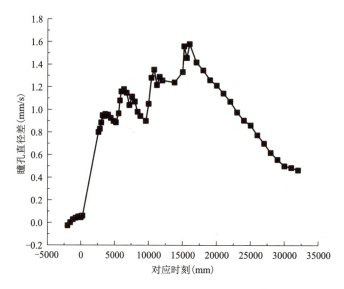

图 2.1-15　2 号隧道瞳孔直径差变化规律

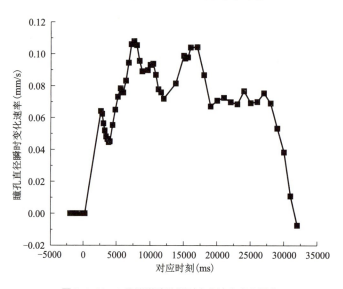

图 2.1-16　2 号隧道瞳孔瞬时变化速率变化规律

对所有试验组计算的瞳孔直径差和瞳孔瞬时变化速率进行相关性分析，结果如表 2.1-3 所示。结果表明：瞳孔直径差与瞳孔瞬时变化速率的相关性为 0.850，接近于 1，显著性水平为 0.000＜0.01，因此可以认为瞳孔直径差与瞳孔瞬时变化速率两个参数具有显著相关性。绘制瞳孔直径差—瞳孔瞬时变化速率图，如图 2.1-17 所示。

相关性分析表　　　　　　　　表 2.1-3

相关性分析		瞳孔直径差	瞳孔瞬时变化速率
瞳孔直径差	Pearson 相关性	1	0.850*
	显著性(双侧)	—	0.000
	N	177	177
瞳孔瞬时变化速率	Pearson 相关性	0.850**	1
	显著性(双侧)	0.000	—
	N	177	177

注：* 在 0.01 水平(双侧)上显著相关。

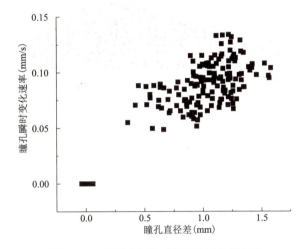

图 2.1-17　瞳孔直径差—瞳孔瞬时变化速率图

对以上数据进行线性拟合，可以得到瞳孔直径差与瞳孔瞬时变化速率回归方程为：

$$v_\mathrm{D} = 0.072\Delta D + 0.013 \tag{2.1-4}$$

式中：v_D——瞳孔瞬时变化速率(mm/s)；

ΔD——瞳孔直径差(mm)。

最终得到隧道入口段瞳孔直径计算公式为：

$$D_{t+1} = D_t + [0.072(D_\mathrm{s} - D_t) + 0.013]\Delta t \tag{2.1-5}$$

式中：D_{t+1}——$t+1$ 时刻的瞳孔直径(mm)；

D_t——t 时刻的瞳孔直径(mm)；

D_s——t 时刻的目标瞳孔直径(mm)；

Δt——$t+1$ 时刻和 t 时刻的时间差(s)。

(2)单体隧道中间段环境对驾驶员心理、生理的影响探究

①特长公路隧道驾驶疲劳规律驾驶试验。

开展特长公路隧道驾驶疲劳规律自然驾驶试验(图2.1-18):通过对秦岭天台山隧道现场实车驾驶测试,获取行驶过程中心电与眼动变化数据,定量研究驾驶员通过超特长公路隧道的疲劳规律特征。测试隧道全长15.5km,测试起止段落为隧道进口至隧道出口之间的全部隧道路段,隧道内照明为正常设计照明,无疲劳缓解设施。

图2.1-18 现场试验

开展特长公路隧道驾驶疲劳规律室内驾驶模拟试验:室内的驾驶模拟试验可以较为方便地同时采集驾驶绩效指标和驾驶员心电指标。本次研究在安静、宽敞的室内搭建了驾驶模拟平台。试验模拟器由力反馈转向盘、加速和制动踏板、高清显示器、音箱、计算机主机、支架和模拟软件组成,如图2.1-19~图2.1-21所示。

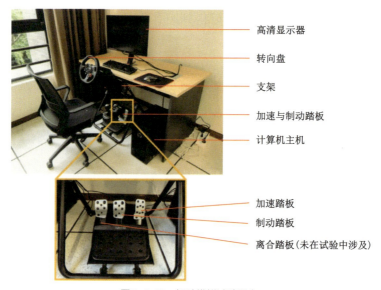

图2.1-19 驾驶模拟试验平台

图 2.1-20　特长高速公路隧道仿真驾驶场景

图 2.1-21　隧道洞外仿真过渡场景

②超特长公路隧道驾驶疲劳规律。

提取受试者心电及眼动数据,并进行相应的数据处理,由于定量指标较多,运用主成分分析方法对其进行降维处理。由于各指标的相关性较好,存在一个主成分,用第一主成分这个指标即可以近似代替原来的 5 个指标。每一个主成分为一个点,通过斜率趋于平缓的位置判断提取主成分的数量,第二主成分之后的数据即趋于平缓,可提取第一位主成分。通过得分系数矩阵和归一化处理,得到主成分分析降维后的综合指标。将上述关系绘制在散点图中,指标 F 与特长隧道驾驶时间二者近似满足如下关系,即:

$$F = \frac{Y}{1 + b \cdot e^{-at}} + c \qquad (2.1\text{-}6)$$

式中:　F——驾驶疲劳心电表征累积指标;

　　　　t——驾驶时间(min);

Y、a、b、c——非线性回归拟合参数。

对指标散点进行非线性回归拟合,确定表达式系数如表2.1-4所示,最终拟合得到驾驶疲劳综合指标 F 与驾驶时间的关系,如图2.1-22所示。

非线性回归拟合参数值　　　　　　表2.1-4

参数	估计值	标准误差	参数	估计值	标准误差
Y	-3.835	0.478	b	0.010	0.009
a	0.683	0.150	c	3.774	0.365

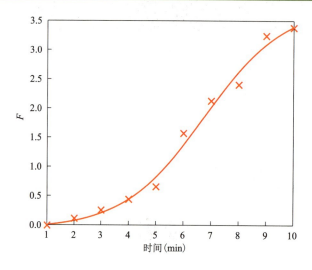

图2.1-22　驾驶疲劳综合指标与驾驶时间关系图

通过室内驾驶模拟试验得到的驾驶员反应时间的变化关系如图2.1-23所示,从图2.1-23中室内驾驶模拟试验中采集到的驾驶员跟车制动反应时间随驾驶时间的变化趋势可以看出,驾驶员在整个驾驶过程中的平均反应时间约从1350ms变化至1670ms,整体上来说,驾驶员反应时间随特长隧道内的驾驶时间的增长呈现出线性增加的趋势。为了便于分析,对驾驶员反应时间与驾驶时间进行线性回归,得到回归后的表达式($R^2=0.959$)为:

$$RT = 34.578t + 1313.7 \qquad (2.1-7)$$

式中:RT——反应时间(reaction time);

　　　t——特长隧道内的驾驶时间。

根据驾驶疲劳累积指标和驾驶时间的关系可知,驾驶员在特长隧道内驾驶疲劳的产生不是突变的,而是一个逐渐累积的过程,这一累积过程在不同时间段内有不同的速率,呈现出缓慢上升到迅速上升再到近似缓慢上升的特点。

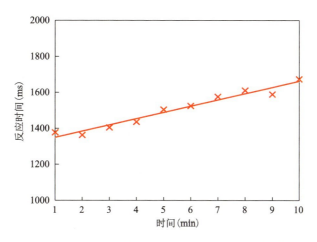

图 2.1-23　特长高速公路隧道驾驶员反应时间时变特征

驾驶员从洞外驶入隧道时，由于隧道内部昏暗封闭以及单调的景观，缺乏对驾驶员较为有效的外部刺激，驾驶员渐渐产生驾驶疲劳感。这种疲劳感不同于一般意义上缺乏睡眠或者长时间连续驾驶而产生困倦和瞌睡，而是心理和生理上产生的一种放松和缺乏警觉的状态。这种驾驶疲劳感随着驾驶员在隧道中行驶时间的增长而逐渐累积，在刚进入隧道的前 4min 左右，其增长较缓，驾驶员在主观上也往往难以发觉；当进入隧道 4min 后，驾驶疲劳开始快速增长；在驶出隧道前 1min，由于驾驶员发觉隧道出口处的亮光，这给了驾驶员积极的暗示，疲劳增长速率有所缓解。

国内外驾驶员反应时间的相关研究表明，在正常情况下，驾驶员通常的反应时间为 1.5s，超过 1.5s 时驾驶员可能无法在面对紧急情况时做出及时的反应。因此，在本书的研究中，选取 1.5s 为驾驶员安全反应时间的阈值，以此作为判断驾驶员在特长高速公路隧道内驾驶疲劳感开始影响驾驶员驾驶安全的临界点。根据驾驶员反应时间和特长高速公路隧道内驾驶时间的关系式，可以计算出驾驶员在隧道内驾驶约 5min 时，反应时间达到阈值点 1.5s，如图 2.1-24 所示。

综上所述，考虑到驾驶疲劳累积指标和驾驶员反应时间，应在隧道内驾驶时长 4~5min 结束后的位置处进行疲劳缓解灯光带的设计。驾驶员在隧道内 4~5min 行驶的距离与隧道内的行车速度有关，考虑最不利的情形，应按照隧道的最低限速确定疲劳缓解灯光带的位置，最低限速不同的公路隧道，疲劳缓解灯光带的设置位置也应不同。

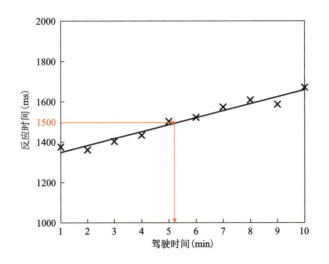

图 2.1-24　反应时间推算隧道内驾驶时间

(3) 单体隧道出口段光环境变化对驾驶员的影响探究

①单体隧道出口段照度分布情况。

采用与入口段相同的处理方法得到 1 号隧道和 2 号隧道出口段洞口距离—等效照度指标关系图如图 2.1-25 及图 2.1-26 所示。

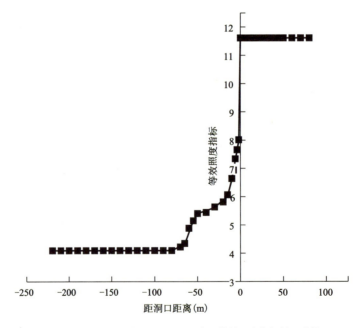

图 2.1-25　1 号隧道出口段洞口距离—等效照度指标关系曲线

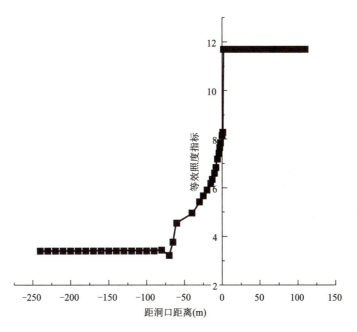

图 2.1-26 2 号隧道出口段洞口距离—等效照度指标关系曲线

②单体隧道出口段光环境变化与驾驶员瞳孔变化关系。

以绿色三角形代表该段明适应的起点与终点，蓝色线代表 0 时刻，即车辆进入隧道的瞬间。将上文中的洞口距离—等效照度指标曲线通过时速计算转化为时间—等效照度指标曲线，然后与瞳孔直径绘制在同一张图中，该次试验数据绘制如图 2.1-27 所示。

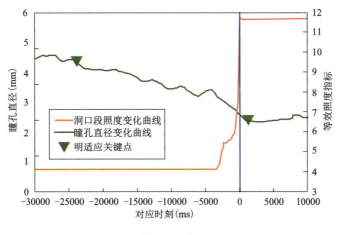

图 2.1-27

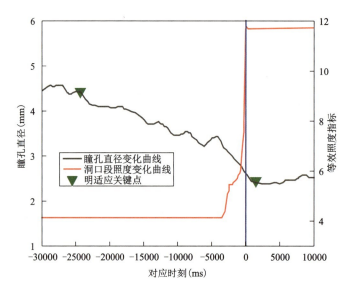

图 2.1-27　1 号隧道出口段综合对比图

绘制该次试验时间—瞳孔直径变化速率关系曲线如图 2.1-28 所示。

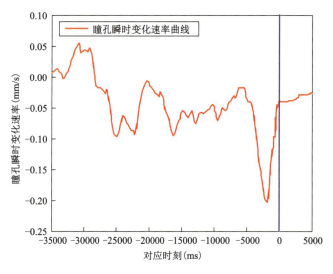

图 2.1-28　1 号隧道出口段时间—瞳孔直径变化速率曲线

以同样的方法绘制 2 号隧道出口段的综合对比图及瞳孔直径变化速率曲线图，如图 2.1-29、图 2.1-30 所示。

可以发现，明适应过程与上文中的暗适应过程存在明显不同，尽管在隧道内部环境照度维持在一个较为恒定的数值，但是瞳孔直径却在车辆逐渐靠近隧道出口的过程中不断下降，且在隧道出口附近出现了瞳孔直径变化速率的峰值。

可以认为是由于驾驶员观测到了洞口的"白洞"所导致的明适应提前现象，如图 2.1-31 所示。

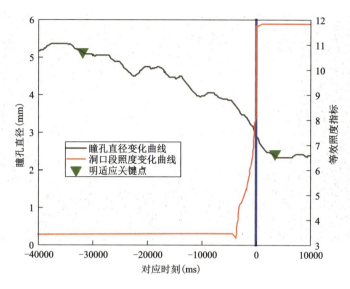

图 2.1-29　2 号隧道出口段综合对比图

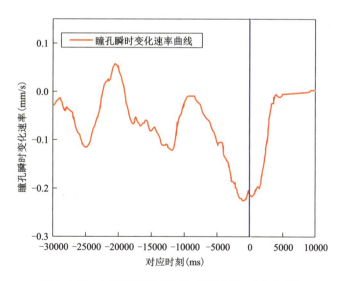

图 2.1-30　2 号隧道出口段时间—瞳孔直径变化速率曲线

因此，将出口段的明适应过程拆分为两个过程：第一个过程，驾驶员在隧道内观测到"白洞"开始进入明适应过程，在该过程中，影响其瞳孔变化速率的因素主要为当前瞳孔直径、洞外照度、隧道内环境照度以及到隧道洞口的距离；

第二个过程，驾驶员离开隧道，直接接受外界光环境照度，在该过程中，影响其瞳孔变化速率的因素主要为当前瞳孔直径和洞外照度。

图 2.1-31　隧道内观测到白洞

2）连续隧道光环境对驾驶员的影响

当驾驶员离开上游隧道完成明适应过程，恰好又开始下游隧道的暗适应过程，这样的光环境暴露时间称之为光环境暴露时间阈值。即光环境暴露时间阈值等于洞外明适应时间与洞外暗适应时间之和。当光环境暴露时间小于阈值时，则认为驾驶员尚未完成上游隧道的明适应过程就开始了下游隧道入口段的暗适应过程，其视觉适应过程示意图如图 2.1-32 所示。

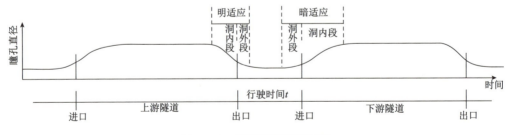

图 2.1-32　隧道群视觉适应过程

根据秦岭天台山路段隧道群实车驾驶试验得到非隧道群路段和隧道群路段的瞳孔直径变化规律和瞳孔变化速率的对比图如图 2.1-33 ~ 图 2.1-38 所示，图中蓝线为上游隧道的出口位置，绿线为下游隧道的入口位置。

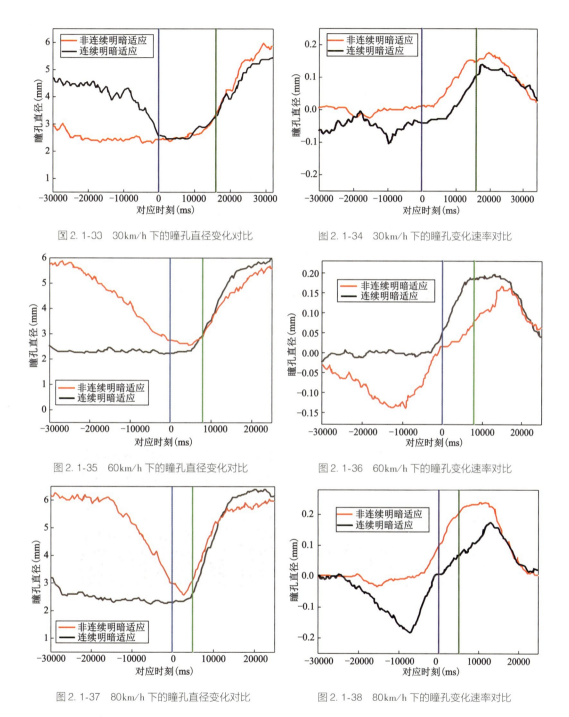

图 2.1-33　30km/h 下的瞳孔直径变化对比

图 2.1-34　30km/h 下的瞳孔变化速率对比

图 2.1-35　60km/h 下的瞳孔直径变化对比

图 2.1-36　60km/h 下的瞳孔变化速率对比

图 2.1-37　80km/h 下的瞳孔直径变化对比

图 2.1-38　80km/h 下的瞳孔变化速率对比

可以发现在 30km/h 的行驶速度下，驾驶员在隧道群连接路段内完全完成了上游隧道的明适应过程，其在下游隧道的暗适应过程中瞳孔直径及瞳孔变化速率的变化规律与非隧道群路段的暗适应变化规律基本一致；在60km/h及80km/h的行驶速度下，可以从瞳孔直径变化图中发现驾驶员尚未完成上游隧道的明适应过程就已经开始了下游隧道的暗适应过程，且下游隧道暗适应瞳孔变化速率相比非隧道群路段的暗适应瞳孔变化速率更小，故可以认为在隧道群路段由于明暗适应的交替进行，驾驶员在下游隧道的暗适应过程中所受的视觉刺激有所减少。

(1) 隧道群上游隧道的明适应过程

对于隧道群上游隧道的明适应过程，其明适应起点位于发生在洞内某观测到"白洞"的位置，而明适应的结束位置则与在洞外的空间位置没有直接联系，而是与在洞外的时间有关。故本节旨在探究上游隧道洞内明适应的起始位置及洞外明适应的持续时间。

隧道路段的明适应过程起点发生在隧道内，当驾驶员行驶到一定位置，观测到洞口的"白洞"时，便已经开始明适应过程。因此，其洞内明适应的起点应采用距洞口距离进行衡量，其开始明适应瞬间的视野截图如图2.1-39和图2.1-40所示。其中，3号隧道出口段为直线段，4号隧道的出口段为曲线段。根据统计数据可以发现，在洞口段为曲线的隧道中，"白洞"的观测时间一般比直线隧道相对滞后，因此洞内段的明适应时间及距离会小于直线隧道。

图2.1-39　3号隧道中的明适应起点　　　图2.1-40　4号隧道中的明适应起点

将洞内明适应距离取对数后利用SPSS软件进行K-S检验，结果见表2.1-5。

单样本 Kolmogorov-Smirnov 检验　　　　　　　　　　表2.1-5

项目		洞内明适应长度
N		26
正态参数[a,b]	均值	5.7669
	标准差	0.25866

续上表

项目		洞内明适应长度
最极端差别	绝对值	0.126
	正	0.126
	负	−0.091
Kolmogorov-Smirnov Z		0.642
渐近显著性(双侧)		0.804

注：a-检验分布为正态分布。
　　b-根据数据计算得到。

K-S 检验结果表明，该组数据的双侧渐进显著性为 0.804，大于 0.05，故证明原假设成立，洞内明适应距离数据在取对数后均服从正态分布。其对数正态分布下的 95% 置信区间为 [5.260, 6.274]，取自然对数为底反算后得到洞内明适应距离的 95% 置信区间为 [194.48m, 530.60m]。

当明适应开始时。距离洞口的距离越长，驾驶员得到的明适应时间也就越长，其缓冲效果也就越好，故应取最短距离作为最不利情况，即取 200m 作为直线隧道洞内段明适应的起点位置。

对于曲线隧道而言，如果其可以观测到完整洞口的位置 d_w 大于 200m，则与直线隧道一样，明适应起点取 200m；若 d_w 小于 200m，则取 d_w 作为该曲线隧道的明适应起点。曲线隧道明适应起点示意图如图 2.1-41 所示。

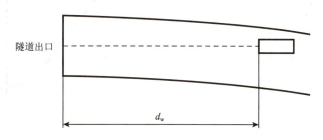

图 2.1-41　曲线隧道明适应起点示意图

将洞内明适应距离数据利用 SPSS 软件进行 K-S 检验，结果见表 2.1-6。

单样本 Kolmogorov-Smirnov 检验　　表 2.1-6

N		直线隧道洞外明适应时间
		29
正态参数[a,b]	均值	2670.1724
	标准差	2354.27830

续上表

项目		直线隧道洞外明适应时间
最极端差别	绝对值	0.123
	正	0.120
	负	-0.123
Kolmogorov-Smirnov Z		0.660
渐近显著性(双侧)		0.776

注：a-检验分布为正态分布。
　　b-根据数据计算得到。

K-S 检验结果表明该组数据的双侧渐进显著性为 0.776 大于 0.05，故证明原假设成立，洞内明适应距离数据在取对数后均服从正态分布。其正态分布下的 95% 置信区间为 [-1.94s, 7.28s]。

取洞内环境照度为 20lx，洞外环境照度为 80000lx，瞳孔参数取光敏试验组，利用 2.3.4 节中得到的瞳孔直径计算公式计算。当明适应起点为 200m，驾驶速度分别为 20km/h、40km/h、60km/h、80km/h 时，其瞳孔直径的理论计算结果如图 2.1-42 所示。

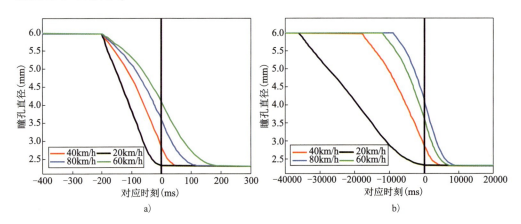

图 2.1-42　明适应起点 200m 不同速率下的瞳孔直径变化情况图

当明适应起点为 500m，驾驶速度分别为 20km/h、40km/h、60km/h、80km/h 时，其瞳孔直径的理论计算结果如图 2.1-43 所示。

可以发现，在不同的行驶速度下，相同的明适应起点也会带来不同的适应效果，行驶速度越大，则洞外的明适应时间与适应距离则越长。当明适应起点为 200m，行驶速度由 20km/h 上升到 80km/h 时，其洞外明适应时间由 -2.0s 逐渐上升到 7.5s，洞外适应距离由 0m 上升到 180m，与试验统计分析结果基本吻合。

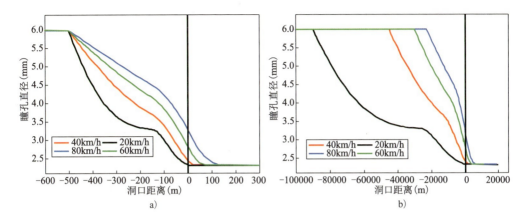

图2.1-43 明适应起点500m不同速率下的瞳孔直径变化情况图

可以发现,在明适应起点为500m的情况下,行驶速度由20km/h上升到80km/h时,其洞外明适应时间由-2.0s逐渐上升到6.3s,洞外适应距离由0m上升到150m,其结论与明适应起点距洞口200m的理论分析结果基本一致。

为了探究不同明适应起点下的瞳孔适应规律,取洞内环境照度为20lx,洞外环境照度为80000lx,瞳孔参数取光敏试验组,利用2.3.4节中得到的瞳孔直径计算公式计算。当明适应起点分别为200m、300m、400m、500m,驾驶速度分别为20km/h、40km/h、60km/h、80km/h时,其瞳孔直径的理论计算结果如图2.1-44~图2.1-47所示。

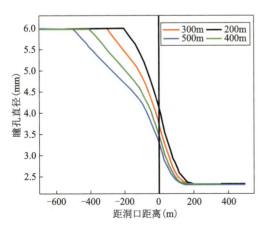

图2.1-44 80km/h速度下不同明适应起点

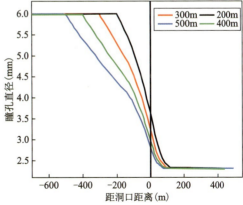

图2.1-45 60km/h速度下不同明适应起点

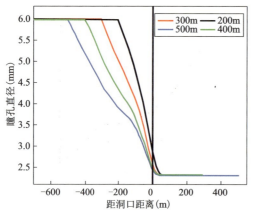

图 2.1-46　40km/h 速度下不同明适应起点

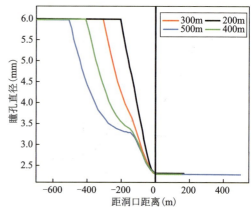

图 2.1-47　20km/h 速度下不同明适应起点

不同速度下的洞外明适应时间及距离如表 2.1-7 所示，可以发现，不论在哪一种行驶速度下，当明适应起点在 200～500m 范围内时，其洞外的明适应时间与明适应距离基本一致。当行驶速度较低时，明适应有可能在洞内即已经完成，在到达外部明亮环境之前就已经将瞳孔大小调整至外部光环境下对应的目标直径。

不同速度下的洞外明适应时间及距离　　　表 2.1-7

行驶速度（km/h）	洞外明适应时间（s）	洞外明适应距离（m）
20	0	0
40	4.5	50
60	6.0	100
80	7.2	160

（2）隧道群下游隧道的暗适应过程

对于下游隧道而言，在隧道群光环境中首先要研究的内容是洞外暗适应的发生位置与时间。对于洞内的暗适应而言，其适应规律仍然由洞内的照明设计情况决定，基本与单体隧道一致。

根据统计数据可以发现，隧道暗适应的起点受到很多因素影响，如洞口加强段照明、洞外环境、洞口形式、洞口朝向、洞外景观、行车速度等。但与洞内明适应相同的是，其也在一定程度上受到"黑洞"的影响，如图 2.1-48 和图 2.1-49 所示，而"黑洞"对人眼的影响程度主要体现在距离上，故采用距离指标对其进行衡量。

图 2.1-48　3 号隧道中的暗适应起点

图 2.1-49　4 号隧道中的暗适应起点

去除异常点之后，绘制隧道洞外暗适应距离的频率直方图与正态 P-P 图如图 2.1-50 和图 2.1-51 所示。

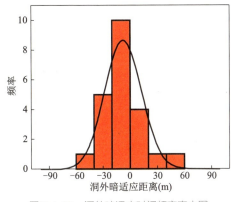
图 2.1-50　洞外暗适应时间频率直方图

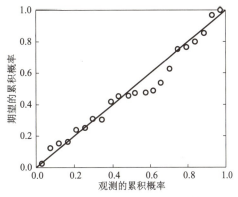
图 2.1-51　洞外暗适应正态 P-P 图

对两者的数据组分别进行 K-S 检验，结果如表 2.1-8 所示。

单样本 Kolmogorov-Smirnov 检验　　　表 2.1-8

N		洞外暗适应时间
		22
正态参数[a,b]	均值	−7.7741
	标准差	20.28828
最极端差别	绝对值	0.149
	正	0.149
	负	−0.082
Kolmogorov-Smirnov Z		0.699
渐近显著性(双侧)		0.713

注：a-检验分布为正态分布。
　　b-根据数据计算得到。

K-S 检验结果表明该组数据的双侧渐进显著性为 0.713 大于 0.05，故证明原假设成立，洞外暗适应距离数据在取对数后均服从正态分布。其正态分布下的

95%置信区间为[-47.54m,31.99m]。

(3)基于驾驶员视觉特性的公路隧道群定义

结合得到的明适应洞外段适应时间,在相应的设计速度下换算为距离,并与上文得到的暗适应洞外段距离置信区间上限值31.99m相加,便得到基于驾驶员视觉特性的公路隧道群定义。其在不同速度下的隧道群定义如表2.1-9所示。

不同速度下驾驶员视觉特性的公路隧道群定义 表2.1-9

速度(km/h)	洞外明适应距离(m)	洞外暗适应距离(m)	隧道群连接段长度(m)
20	0	31.99	31.99
40	50	31.99	81.99
60	100	31.99	131.99
80	160	31.99	191.99

(4)隧道群路段瞳孔直径拟合情况分析

根据以上分析所得的计算公式及明暗适应起点进行拟合计算,与现场试验所得的数据进行对比分析(该次现场试验数据未纳入上文中的统计分析及计算过程)。

以单体隧道入口段公式,计算下游隧道入口段的瞳孔变化速率:

$$D_{t+1} = D_t + [0.072(D_s - D_t) + 0.013]\Delta t \tag{2.1-8}$$

以单体隧道出口段公式计算上游隧道出口段的瞳孔变化速率:

$$v_D \begin{cases} 0.856 \times e^{0.001l}[-0.036 - 0.152\ln(-5.138\Delta D + 0.25) - 0.002l] & l < -150 \\ 0.856 \times e^{0.001l}[-0.036 - 0.152\ln(-5.138\Delta D + 0.25)] + 0.3 & 0 > l > -150 \\ -0.036 - 0.152\ln(-5.138\Delta D + 0.25) & l > 0 \end{cases}$$

$$\tag{2.1-9}$$

$$D_{t+1} = D_t + v_D \Delta t \tag{2.1-10}$$

式中:D_{t+1}——t时刻上一时刻的瞳孔直径(mm);

D_t——t时刻的瞳孔直径(mm);

D_s——目标瞳孔直径(mm);

Δt——$t+1$时刻到t时刻所经历的时间(s);

v_D——瞳孔变化速率(mm/s);

l——隧道长度(m)。

上游隧道明适应起点取试验实际的明适应起点位置(距离洞口200m),暗适应起点取距下游隧道入口32m,拟合计算中的洞内外环境参数取试验实测环境照度，最终利用 Python 绘制模拟计算 20km/h 行驶速度下的瞳孔直径随驾驶时间的变化规律，如图 2.1-52 所示。

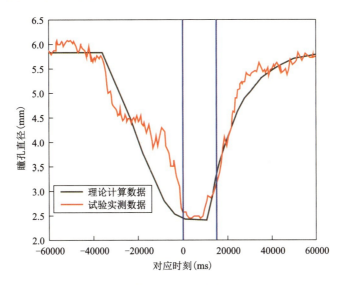

图 2.1-52　20km/h 时理论分析与驾驶试验数据的拟合情况

其中，0 时刻即第一条竖线代表上游隧道出口处，第二条竖线代表下游隧道入口处。计算所得的拟合优度 R^2 为 0.8110，均方误差 MSE 为 0.1918。

计算 60km/h 行驶速度下的拟合结果如图 2.1-53 所示。

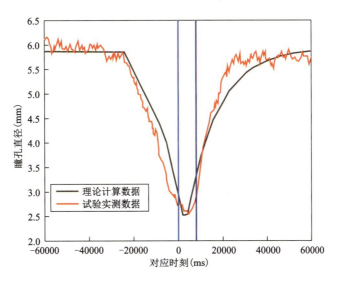

图 2.1-53　60km/h 时理论分析与驾驶试验数据的拟合情况

计算所得的拟合优度 R^2 为 0.9220，均方误差 MSE 为 0.0746。

计算 80km/h 行驶速度下的拟合结果如图 2.1-54 所示。

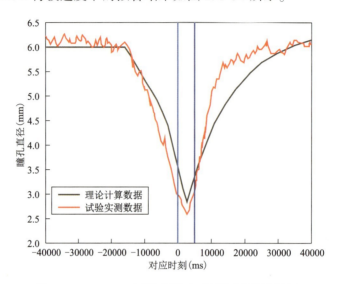

图 2.1-54　80km/h 时理论分析与驾驶试验数据的拟合情况

计算所得的拟合优度 R^2 为 0.8653，均方误差 MSE 为 0.1263。统计各个试验组与理论计算拟合的情况，如表 2.1-10 所示。

不同速度下理论分析与驾驶试验数据的拟合情况　　表 2.1-10

速度（km/h）	拟合优度 R^2	均方误差 MSE
20	0.8110	0.1918
60	0.9220	0.0746
80	0.8653	0.1263

综合上述拟合及试验数据可以发现拟合优度 R^2 均大于 0.8，均方误差均小于 0.2，故根据单体隧道在进出口路段的瞳孔变化公式及隧道群路段的明暗适应起点进行的隧道群路段的瞳孔直径拟合计算结果与实测试验结果拟合程度较高，理论计算公式具有参考分析价值。

2.1.3.2　成果二：超长三车道公路隧道群交通安全综合评价技术研究

1）隧道交通事故类型与车型比例

根据我国相关地区的高速公路隧道事故调研统计资料，交通事故主要分为追尾、翻车、撞壁、失火这四种情况，其中车辆追尾为最主要的事故形态。如图 2.1-55 和图 2.1-56 所示为京珠高速公路事故的相关调研资料。

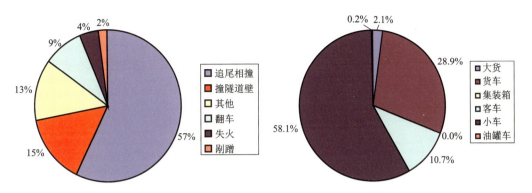

图 2.1-55　交通事故形态构成比例图　　　　图 2.1-56　交通事故车型构成比例图

根据目前相关的文献，对于交通事故规律及分布特点的研究主要包括以下几个方面的内容：①研究交通事故发生的时间及空间分布规律；②研究道路条件与交通事故的关系；③研究环境因素与交通事故的关系。

2）隧道交通事故分布特点

(1) 交通事故形态分布规律

根据调研统计数据分析来看，常见的隧道事故形态包括车辆追尾、撞隧道壁、车辆侧翻以及隧道火灾。这四种事故占公路隧道事故总数的97%以上。

追尾事故为高速公路隧道交通事故中发生频率最高的事故形态类型，其发生的频率占到总事故数一半以上。在发生追尾事故的车型中，又以小汽车和货车追尾居多。其次是单车撞壁、正面相撞和失控翻车等几种形态，分别占19.7%、14.9%和10.1%。

(2) 交通事故空间分布规律

隧道属于封闭式结构，不受天气等条件的影响，一般认为隧道的交通事故率比其他路段事故率要低。较之隧道中部，隧道进出口由于受到雨雪天气对路面影响、光线对驾驶员视线干扰因素，往往是交通事故多发地段。隧道中部虽然事故率较低，但由于隧道中部救援条件受限，发生事故后往往后果及影响更严重。表2.1-11为隧道各区段事故率统计表。

隧道各区段事故率统计表（次/10^8 辆·km）　　　　表 2.1-11

隧道分区	洞口外 50m	洞口内 50m	洞口内 50~150m	其余部分
事故率	30	23	16	10

（3）交通事故时间分布规律

冬春季隧道交通事故较多：图2.1-57为我国公路隧道交通事故按月份统计分布图，可以看出春季和冬季隧道发生交通事故比较多。主要原因是适逢春节长假，外出交通量较大，雨雪和雾霾天气较多，同样给车辆行驶造成一定的影响。

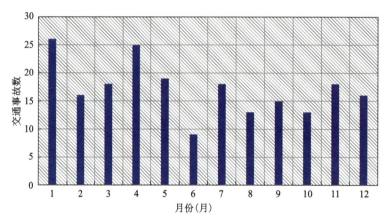

图2.1-57　我国公路隧道交通事故按月份分布图

白天发生的事故明显高于夜间：图2.1-58为我国公路隧道交通事故按小时统计分布图，从图中可以看出白天发生交通事故数要明显高于夜晚。一方面是由于白天交通量大，容易引发事故；另一方面是由于白天在隧道内行车，洞外亮度大，洞内亮度低，视觉转换容易干扰驾驶员视线，从而引发事故。

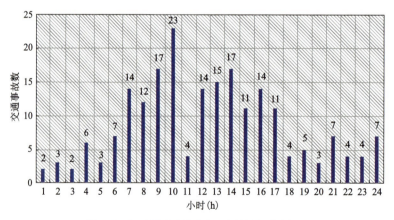

图2.1-58　我国公路隧道交通事故按小时分布图

（4）交通事故地区分布规律

根据国内相关交通事故调研，交通事故按地区分布特点如图2.1-59所示。

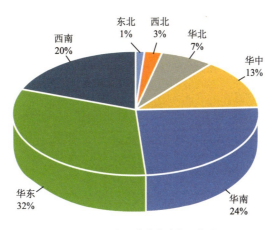

图 2.1-59　交通事故发生地区统计

由上图可知,华东地区的交通事故量最大,占事故总量的 26%,西南地区的交通事故量占事故总量的 16%,而东北地区的交通事故量仅占事故总量的 1%。此外,从交通运输部网站所公布的全国近 3 年公路交通运输量可看出,我国各地交通事故发生量与交通运输量大致呈正相关。

进一步分析发现,华东地区的事故主要集中在浙闽地区,其主要原因在于沿海地区经济发展迅速,交通运输量远高于其他地区,车流量也远高于其他地区,因此发生交通事故最多;而西南地区的交通事故量占事故总量的 16%,其主要原因在于西南地区经济发展相对滞后,交通运输线路不发达,交通运输量较小,且事故发生地主要集中在西南地区经济发达的城市。

此外,还存在一些特殊情况,例如华南地区的事故量占比要远高于其运输量占比,其主要原因在于其经济发展不均衡,导致车流量集中在经济较发达城市,造成个别交通线路负荷加重,致使华南地区事故率大幅上升;而西北地区的事故量占比和运输量占比差异较大,且事故主要发生在陕西秦岭山脉一带,其原因在于该区域气候多变、降雨较多,交通运输量大且集中,加上道路蜿蜒曲折,导致该地区的事故率始终处于高位状态。

3)隧道交通事故诱因分析

车辆追尾诱因:混合车流速度差、路面附着系数、行车视距、驾驶行为不规范等。

车辆撞壁诱因:车辆行驶速度、隧道的平曲线半径、路面附着系数、隧道洞口照明条件等。

车辆翻车诱因：车辆行驶速度、隧道平曲线半径、路面附着系数、路面超高设置、隧道洞内照明设置等。

隧道火灾诱因：交通次生事故、长大下坡车辆制动自燃、电气化设备短路、易燃易爆危险品泄漏等。

4）隧道交通事故影响因素

基于事故致因理论，分析造成或激发隧道交通事故的主要原因有：人为致因（Man）、设备致因（Machine）、作业致因（Media）、管理致因（Management），此便为4M理论，表达式如下：

$$A = f(人、物、环境、管理) = f(M、M、M、M)$$

（1）人：驾驶员（视觉特性、灯光照明、边墙效应、噪声污染、隧道设施使用不当），隧道管理者（设备损坏未及时维修、养护人员意识淡薄、救援处理指挥不当）。

（2）车辆：使用性能（操纵稳定性、制动性、轮胎性能），交通条件（交通组成、交通量、车速）。

（3）环境：隧道路面条件、气候条件、通风条件、照明条件、隧道纵横断面、隧道坡度、隧道群近接。

（4）管理：定期运营维护、安全意识、事故处理操纵指挥、监控系统布置。

5）隧道群交通安全综合评价技术研究

（1）公路隧道（群）运营安全评估方法

通过安全与风险的含义分析得出，当保持其余因素不变，系统的安全性与系统的安全度成正比，而系统的风险性与系统的安全度成反比，故可建立如下安全性评价模型，计算公式如下：

$$D_i = \frac{S_i}{R_i} \times 100\% \qquad (2.1\text{-}11)$$

式中：D_i——安全等级；

S_i——安全因子；

R_i——风险因子。

式（2.1-11）表明，安全等级可由安全因子和风险因子计算得到，且以百分比为单位形式表现故可制定安全分级表来确定对应的安全程度，见表2.1-12。

隧道(群)安全分级表　　　　　表 2.1-12

隧道(群)安全分级		隧道(群)安全分级	
(优)	≥90%	(差)	≥60%
(良)	≥80%	(极差)	<60%
(可)	≥70%		

(2)公路隧道(群)运营安全因子

①公路隧道(群)运营安全概述

公路隧道群运营管理阶段，运营安全与运营风险一直以来都是对立的。尤其是针对长大公路隧道(群)，运营风险源众多，大量风险的存在使得需要全方位考虑安全措施，主要包括土建结构、运营管理、机电设施等内容，同时这些措施又是保障隧道群系统安全的重要因素。

②公路隧道(群)运营安全因子评价模型

安全因子是评价对象所获取的安全分值之和与总体最高安全分数的比值，其计算公式如式(2.1-12)所示：

$$安全因子 = \frac{评价对象安全因子参数评分}{最高安全参数安全评分} \times 100\% \quad (2.1\text{-}12)$$

安全因子表示隧道群安全程度，为百分比的单位形式。根据公路隧道群安全参数类别，安全因子的计算主要有以下两类方式。

按照设备状态有无评价：设备状态符合情况的，其安全参数将获得所有安全分数，不符合情况则无法获得任何安全分数。

按照物理参数评价：对此类安全参数可定义为物理参数，皆为可数量化的参数。

评分方式为设定上下限值所获得的安全分数，超过上限值则获得所有安全分数，低于下限值则得不到安全分数，介于上下限值间，则按照各项物理参数的配分以等比例来给定安全分数。

③公路隧道(群)运营安全参数类别

公路隧道群的安全参数类别项目，主要可分为8大类：a.隧道群总体；b.照明；c.交通与控制；d.通信系统；e.逃生与救援路径；f.火灾防护；g.通风系统；h.紧急事件管理。此8大类按照一定的权重进行最高安全分数的分配，每一类最高安全分数和所占比重见表2.1-13。

各大类安全参数总分与其权重 表2.1-13

安全参数	最高安全分数	比重(%)
隧道群总体	230	16.4
照明	200	14.3
交通与控制	235	16.8
通信系统	120	8.6
逃生与救援路径	120	8.6
火灾防护	280	20
通风系统	100	7.1
紧急事件管理	115	8.2
总安全分数	1400	100

此八大类中,各有不同特性的安全参数项目,总共160项,每个安全参数各有不同配分的最高安全分数。安全项目的评分标准大致分为两类:一类为"是"或"不是",如果"是"则该安全项目的得分为对应的最高安全分数,反之为零分;另一类为可以量化的标准,如个数、长度、距离、面积、亮度、时间、流量、排风量等,根据"标准"和"最大—最小"的数值区间以及该安全项目的值共同来确定安全分数,隧道(群)总体安全分数评价见表2.1-14。

隧道(群)总体安全分数评价 表2.1-14

序号	隧道(群)总体		单位/其他	标准	最大/最小	对应分值	被评估隧道(群)数据	评估得分
1.1	分离式独立双洞		是/否					
1.2a	同方向车道数		个	2			3	
1.2b	车道宽度		m	3.75	3.75/3.00	10/0	3.75	10
1.3a	设置硬路肩		是/否				是	
1.3b	硬路肩宽度		m	2.5	2.5/0	40/0	2.5	40
1.4a	紧急停车带-设置间距	单向通行	m	750	500/1000	30/15	750	22.5
		双向通行	m	500	250/750	30/15		
1.4b	紧急停车带-有效长度		m	40	40/30	10/5	40	10
1.4c	紧急停车带-宽度		m	3.5	3.5/3.0	10/5	3	5
1.4d	紧急停车带-设置防撞设施		是/否	是		10	是	10
1.5	人行道检修道-有台阶		是/否	是		5	是	5
1.6	隧道壁面着高反射率涂装(反射率大于0.7)		是/否	是		10	是	10

续上表

序号	隧道(群)总体	单位/其他	标准	最大/最小	对应分值	被评估隧道(群)数据	评估得分
1.7	隧道(群)入口前设置紧急停车带/区	是/否	是		5	是	5
1.8	隧道进出口灯光诱导标志延长到外部距离	m		110/0	10/0	100	9
1.9	隧道内外路面宽度一致	是/否	是		10	是	10
1.10a	隧道群连接段-设置遮光棚洞	是/否	是		10	是	10
1.10b	隧道群连接段-设置防滑路面	是/否	是		10	是	10
1.10c	隧道(群)路段-设置区间测速	是/否	是		10	是	10
1.11a	隧道进口减速带/鱼骨减速标线/彩色减速标线	是/否	是			是	
1.11b	隧道进口减速带/鱼骨减速标线/彩色减速标线长度	m		160/0	20/0	150	18.75
1.12	隧道进口接近段防撞设施/安全护栏	是/否	是		10	是	10
1.13a	隧道入口彩色防滑路面	是/否	是			是	
1.13b	隧道入口彩色防滑路面设置长度	m		160/0	20/0	150	18.75
1.14	隧道入口设计-护栏平滑过渡	是/否	是		20		20
	附加措施				20		
1.15a	路面照明符合设计要求	是/否	是		10	是	10
1.15b	路面平整状况正常,行驶舒适	是/否	是		10	是	10
1.16	隧道内干燥	是/否	是		10	是	10
	合计				230		214

(3)公路隧道(群)运营风险因子

①公路隧道(群)运营风险概述。

与运营安全因子的考虑一致,针对公路隧道群路段的风险因子,在单体隧道运营风险因子的基础上,考虑隧道群连接段的风险,将运营风险因子由单体隧道扩展到隧道群路段中。

公路隧道运营风险涵盖的面比较广,大体可以从运营管理、机电设施、土建结构、交通环境等几个方面来划分。从类别上可以分为静态风险和动态风险、隧道自身结构风险和外来风险等。风险导致的事故后果包括:交通事故,火灾事故，爆炸事故，危化事故，土建结构事故，自然灾害(地质、水文地质、气象)等。

其中，汽车是公路隧道交通行为的主要参与对象，其数量众多且容易受外界环境干扰，公路隧道相较铁路隧道和地铁其事故概率要大很多，运营风险更大，如何将公路隧道运营风险进行量化成为公路隧道运营中需解决的重要问题。

②公路隧道(群)运营风险因子评价模型。

在风险因子量化模型中，风险参数是最关键的一环。针对所有影响隧道群风险分数的风险项，归纳得到风险参数在最低分数 2、最高分数 74 的区间范围内。通过各类风险分数的总和换算出风险比率因子，得到隧道群运营风险等级，如图 2.1-60 所示。

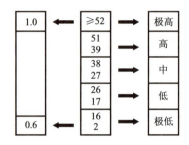

图 2.1-60　风险参数和风险因子与隧道风险分级的关系图

由图 2.1-60 可以获得风险总分与对应的隧道群风险分级的关系，如表 2.1-15 所示。隧道群风险分为极高、高、中、低、极低共 5 级，每一级对应相应的风险参数区间。

隧道(群)风险分级表　　表 2.1-15

风险等级	风险参数	风险等级	风险参数
极高	≥52	低	17～26
高	39～51	极低	2～16
中	27～38		

而风险因子的换算，在图 2.1-60 的基础上，在风险参数位于 2～52 时的转换关系见式(2.1-13)：

$$风险因子 = \frac{1}{125} \times 风险参数 + \frac{73}{125} \qquad (2.1\text{-}13)$$

根据上述分析模型，当风险参数大于或等于 52 时，风险因子定为 1.0；当风险参数位于 2～52 时，参照图 2.1-61，可以得到风险因子与风险参数之间呈现线性关系，斜率为 1/125，截距为 73/125。

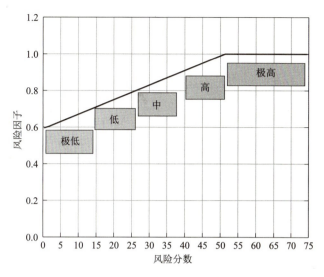

图 2.1-61　风险分数值与风险因子转换关系图

风险因子是一个介于 0.6～1.0 的无单位系数,其目的为换算加总后风险参数值对于危险的风险程度影响,界定出 5 个隧道风险区间。在此步骤中,除了为后续的安全分级提供运算值外,可先为隧道的风险进行等级的划分。

③公路隧道(群)运营风险参数类别。

在 Euro TAP 计划提出的隧道安全评价风险因素基础上,结合实际工程经验,我国公路隧道群运营风险参数主要分为 9 种：a. 隧道群总体；b. 路面结构；c. 交通量；d. 隧道交通形式；e. 交通绩效；f. 重车交通绩效；g. 运输危险品；h. 车速；i. 隧道群连接段交通环境。

隧道群总体的风险参数定义见表 2.1-16。

风险参数定义表　　　　　　　　　　　　　表 2.1-16

风险参数			说明	最高风险分数值	数据	评分
隧道(群)总体(1)	隧道线形	平面线形	平曲线半径	(0…)3	760	2
		纵断面线形	纵向坡度	(0…)3	1.65	2
	隧道(群)长度		隧道(群)长度	(0…)5	15500	5
	连接段长度		连接段长度	(0…)3	170	2
路面结构(2)			沥青混凝土、水泥混凝土	(1 或 3)	复合式	2
交通量(3)			每日每车道的车辆数	(0…)5	22444	4

续上表

风险参数	说明	最高风险分数值	数据	评分
隧道交通形式(4)	单向或双向交通	(1 或 5)	双洞双向	1
运输危险品(7)	允许或禁止	(0…)5	禁止	0
车速(8)	行车速度	(0…)5	80	2
隧道群连接段交通环境(9)	雨雪、横风	(0…)3	季节性冰冻或大风天气	2
合计		40		22

隧道群总体视距评分见表2.1-17。

视距评分对照表（单位：m） 表2.1-17

风险系数	视距	风险系数	视距
0	>600	2	400~100
1	600~400	3	<100

隧道群连接段前后线形连续性评分见表2.1-18。

隧道群连接段前后线形连续性评分对照表 表2.1-18

风险分数	线性情况	风险分数	线性情况
0	线形连续且一致	2	洞口附近连续，但两个洞口间存在线形不连续路段
1	线形连续，但采用了缓和曲线	3	线形有突变

隧道（群）长度评分见表2.1-19。

隧道（群）长度评分对照表（单位：m） 表2.1-19

风险分数	隧道（群）长度	风险分数	隧道（群）长度
0	<500	3	5000~7000
1	500~3000	4	7000~10000
2	3000~5000	5	>10000

隧道（群）连接段长度评分见表2.1-20。

连接段长度评分对照表（单位：m） 表2.1-20

风险分数	连接段长度	风险分数	连接段长度
0	600~1000	2	100~250
1	250~600	3	0~100

路面结构：路面结构评判的实质是路面抗滑能力，路面摩擦系数是一个综合指标。路面摩擦系数又可以分为纵向摩擦系数和横向摩擦系数。横向摩擦系数影响车辆的方向控制能力，良好的横向摩擦系数会减少道路侧滑引起的交通事故。纵向摩擦系数决定车辆制动时的制动距离，与行车安全更为密切。

路面结构评分对照表　　　　　　　　　　表 2.1-21

风险分数	路面结构	风险分数	路面结构
1	沥青路面	3	水泥混凝土路面

交通量评分见表 2.1-22。

交通量评分对照表（单位：车辆数/d×车道）　　　表 2.1-22

风险分数	交通量	风险分数	交通量
0	0~2000	3	8001~15000
1	2001~4000	4	15001~25000
2	4001~8000	5	>25000

隧道交通形式：此类型主要是区分单孔隧道内的行车方向是单向或是双向。以山区高速公路隧道为例，其交通形态都是单孔单向，风险分数均为1。

交通形态评分见表 2.1-23。

交通形态评分对照表　　　　　　　　　　表 2.1-23

风险分数	交通形态	风险分数	交通形态
1	单孔单向	5	单孔双向

车流表现评分见表 2.1-24。

车流表现评分对照表（单位：车辆数×km/d×365）　　表 2.1-24

风险分数	交通绩效	风险分数	交通绩效
0	<1	5	20~40
1	1~2	6	40~70
2	2~5	7	70~100
3	5~10	8	>100
4	10~20		

重车车流表现评分见表 2.1-25。

重车车流表现评分对照表（单位：车辆数×km/d×365/孔）　　表 2.1-25

风险分数	重车交通情况	风险分数	重车交通情况
0	0	5	3~5
1	<0.1	6	5~8
2	0.1~1	7	8~15
3	1~2	8	>15
4	2~3		

危险物品运送评分见表 2.1-26。

危险物品运送评分对照表　　　表 2.1-26

风险分数	危险物品运输	风险分数	危险物品运输
0	禁止危险品运输	3	引导危险品运输
1	限制危险品运输时段	4	危险品运输报备
2	限制危险品运输类型	5	允许危险品运输

车速：车速是引发隧道交通事故的重要因素，隧道平均车速是指车辆在隧道行程中的各时段速度的平均值。平均车速越高，发生事故的可能性就越大，因此我国大部分地区高速公路隧道限速 80km/h。本书建议按照表 2.1-27 对平均车速进行风险分数评定。

车速评分对照表（单位：km/h）　　　表 2.1-27

风险分数	车速	风险分数	车速
0	<40	2	60~80
1	40~60	3	>80

隧道群连接段交通环境：此类型是山区高速公路特有的一类风险参数，针对山区高速公路常处于高海拔地区，隧道群连接段往往暴露在山谷横风路段，在运营过程中必然会存在风险。根据雨雪及大风发生的时间性特点，按照表 2.1-28 的风险分数对隧道群连接段的交通环境进行评定。

隧道群连接段交通环境评分对照表　　　表 2.1-28

风险分数	交通环境	风险分数	交通环境
0	常年无冰雪或大风天气	2	季节性冰冻或大风天气
1	偶发性降雪或大风天气	3	常年性积雪或大风天气

2.1.3.3　成果三：超长三车道公路隧道群人员疏散技术及横通道设置研究

1）超长三车道公路隧道人员疏散必需安全时间

（1）人员必需安全疏散时间组成

必需的安全疏散时间 RSET 是指起火时刻起到人员疏散到安全区域的时间，紧急情况下人员全部疏散完毕的时间可分为报警探测时间、人员响应时间、人员疏散行程时间：

$$\text{RSET} = T_{\text{alarm}} + T_{\text{rsep}} + T_{\text{move}} \tag{2.1-14}$$

式中：T_{alarm}——报警探测时间(s)；

T_{rsep}——人员响应时间(s)；

T_{move}——人员疏散运动时间(s)。

（2）不同年限人员必需安全疏散时间

利用 pathfinder 软件进行人员疏散数值模拟计算。疏散模型尺寸采用秦岭天台山隧道设计尺寸，横通道的间距根据设计资料取 200m，但是根据实际疏散中的最优疏散路线进行设计，当火灾发生在车型横通道附近时，有 300m 内的车辆上人员需要通过临近车型横通道的人行横通道进行疏散。因此，本次模拟假设火灾发生在车横通道口附近，并导致该横通道无法正常使用，人员向火源点一侧横通道进行疏散的情况。隧道人员疏散过程如图 2.1-62 所示，各设计年份的人员疏散模型如图 2.1-63 所示。

图 2.1-62　隧道人员疏散过程

a) 2022年

b) 2025年

c) 2030年

d) 2035年

e) 2041年

图 2.1-63　各设计年份隧道人员疏散模型

通过对数值模拟结果进行分析，可得到各疏散年限人员数量及必需安全疏散时间，如表 2.1-29 所示。

各设计年限人员疏散基本结果　　　　　表 2.1-29

年份(年)	疏散数量(人)	疏散时间(s)
2020	83	324
2025	93	327
2030	150	331
2035	168	335
2041	229	340

分析表 2.1-29 可得，各设计年份交通流及人员疏散数量逐年递增，但人员疏散过程中，人员安全疏散必需时间增加幅度极小。由于不同位置人员疏散必需时间是按照最后一人通过该位置的时间为准，因此秦岭天台山隧道在疏散过程中虽然存在堵塞效应，但是对秦岭天台山隧道人员安全疏散必需时间无明显影响。

依据前述研究中各个工况下人员逃生可用时间，可判定不同火灾规模下隧道人员能否安全疏散，分析可得，10MW、20MW 及 30MW 火灾规模下，秦岭天台山隧道人员必需疏散时间(RSET)均小于可用安全疏散时间(ASET)，其横通道设计参数能够满足人员安全逃生的要求。

2)三车道公路隧道火灾工况人员疏散试验

依托于秦岭天台山隧道的具体工程参数，通过场地人员疏散试验，开展三车道公路隧道不同火灾工况下人员疏散特性研究，为超长距离多车道公路隧道防灾救援设计提供依据。本次三车道公路隧道人员疏散特性试验分为单体人员疏散试验、客车人员下车试验及人员群体疏散试验三部分，以下将分别展开叙述。

(1)单体人员疏散试验

本试验在模拟隧道火灾工况下真实的车辆堵塞场景的基础上，开展三车道公路隧道单体人员疏散试验，测试单体人员疏散过程的速度变化和疏散前后的生理特性。

①试验人员。

为充分突出受试者的年龄特性，单体人员疏散试验分别由 9 名男性、5 名女性组成，其中 6 名为西南交通大学学生，8 名为本校教师及试验参与人员。在本次试验过程中对受试者依据年龄上进行分类，20~35 岁定义为青年，35~55 岁定义为中年，55 以上定义为老年。

②试验步骤。

步骤1：试验前使各位受试者拉伸身体，并静坐几分钟，做好试验准备工作。

步骤2：分别于试验跑道内侧的五个测点处布置五位试验工作人员，每人手持秒表和记录板，做好记录准备。

步骤3：在疏散前，试验工作人员对第一位受试者测试其心率和血氧参数，如图2.1-64a)所示；随即该受试者听哨响开始疏散，按照自己的疏散习惯选择逃生线路，如图2.1-64b)所示。

a) 受试者心率和血氧测试　　　　　　b) 受试者在车辆障碍中疏散

图2.1-64　单体人员疏散试验图

步骤4：当受试者到达人行横通道位置时，停止疏散，试验工作人员记录各测点处受试者到达疏散时间，并且测定受试者疏散完成后的心率和血氧参数，该受试者完成试验。

下一位受试者进行步骤1~步骤4，直至所有受试人员全部完成单体人员疏散试验。

(2) 人员下车时间测试试验

本试验在模拟隧道内大客车空间位置的基础上，开展大客车人员下车时间测试试验，测定大客车人员下车相隔时间，并考虑老人对整体下车时间的影响。

①试验人员及工况。

本试验人员共计35人。其中男性27名、女性8名；青年28名、中年2名、老年人5名。人员下车时间测试试验工况如表2.1-30所示。

人员下车时间测试试验工况　　　　　　　　表 2.1-30

试验工况	人数	性别组成	青年	中年	老年
工况一	35	男性 27 名 女性 8 名	28	2	5
工况二	28	男性 22 名 女性 6 名	28	0	0

②试验步骤。

步骤 1：受试人员做好试验前准备，依次进入大客车内部位置排列整齐；且考虑火灾最不利疏散工况，老年人随机布置于客车空间中后部位置，如图 2.1-65 所示。

图 2.1-65　人员下车时间测试试验

步骤 2：试验工作人员站立于大客车前方位置，手持秒表和记录板做好记录准备。

步骤 3：随着哨响受试人员开始疏散，工作人员记录每一位受试者离开"车门"时的时间，直到最后一位受试者离开停止记录。

重复以上步骤 1～步骤 3，在保持前述条件不变，再次测试两次。

改变试验工况，将中年及老年组移除，仅保留青年组，重复以上测试步骤三次。

(3) 人员群体疏散试验

①试验人员。

人员群体疏散试验受试者共计 59 人。其中男性 44 人、女性 15 人；青年 56 人、老年 3 人。如图 2.1-66 所示。

图 2.1-66 人员群体疏散试验受试者

②场地及工况设置。

根据前述的车型布置情况,人员群体疏散试验共计在疏散路径范围内布置 37 辆车。试验中,采用警戒线及板凳相连模拟出各车型的尺寸规模及横通道限界,并于体育场主席台、篮球场及沙坑位置布置三处拍摄位置,以全程分析受试人员的疏散过程。

本试验在考虑疏散路径长度、车型摆放位置及横通道宽度等影响因素的基础上,共设置五种疏散工况。以下将逐一分别简述。

工况一:人员疏散路径长度为横通道左侧 125m、右侧 250m,横通道宽度 2.0m,其中在右侧通道最后位置布置两辆大客车,各车布置 20 人,其余车型每车布置 1~2 人。同时,考虑横通道处障碍物对人员疏散的影响,在横通道位置处内侧车道布置 1 辆大货车,工况一如图 2.1-67 所示。

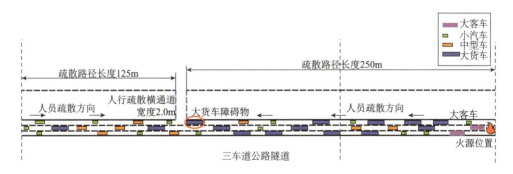

图 2.1-67 人员群体疏散试验工况一

工况二:人员疏散路径长度为横通道左侧 125m、右侧 250m,横通道宽度 2.0m,其中在右侧通道最后位置布置两辆大客车,各车布置 20 人,其余车型每车布置1~2人。为和工况一进行比较，消除横通道处障碍物对人员疏散的影响，将该位置处摆放的大货车移动至外侧车道，工况二如图2.1-68所示。

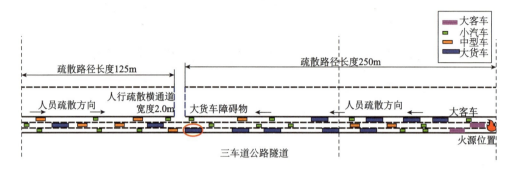

图2.1-68 人员群体疏散试验工况二

工况三：人员疏散路径长度为横通道右侧250m，左侧未放置车辆，横通道宽度2.0m，其中在右侧通道最后位置布置两辆大客车，各车布置20人，左侧车道原有受试者均匀增加至右侧其余各车辆中。此时横通道位置处的大货车仍处于外侧车道，工况三如图2.1-69所示。

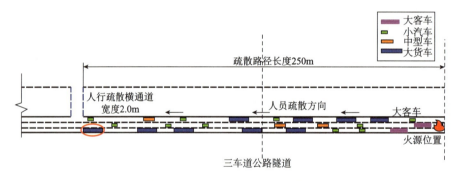

图2.1-69 人员群体疏散试验工况三

工况四：人员疏散路径长度为横通道右侧125m，左侧未放置车辆，横通道宽度2.0m，其中在右侧通道最后位置布置两辆大客车，各车布置20人，除大客车内人员外其余受试者均匀增加至其余各车辆中。横通道位置处的大货车仍处于相同位置，工况四如图2.1-70所示。

工况五：人员疏散路径长度为横通道右侧125m，左侧未放置车辆，横通道宽度1.5m，其中在右侧通道最后位置布置两辆大客车，各车布置20人，除大客车内人员外其余受试者均匀增加至其余各车辆中。横通道位置处的大货车仍处于相同位置，工况四如图2.1-71所示。

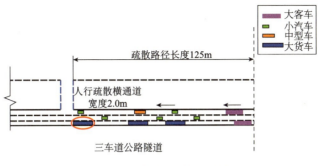

图2.1-70 人员群体疏散试验工况四

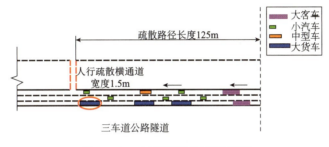

图2.1-71 人员群体疏散试验工况五

3) 人员疏散试验数据分析与结论

(1) 单体人员疏散试验

① 受试人员生理指标。

通过对受试人员进行疏散前后的心率及血氧监测,得到不同年龄受试者疏散前后的两项指标变化,结果表明,不同年龄组成的受试者在疏散前后所反映出的生理特性亦有所不同。

从心率上来看,所有受试人员均在试验疏散后出现心率大幅加快的特征,符合人体正常机能特征。青年人疏散前平均心率为84,疏散后平均心率达到152;中年人疏散前平均心率为83,疏散后平均心率为123;老年人疏散前平均心率为62,疏散后平均心率为118。由此可见,青年人、中年人及老年人在隧道火灾疏散前后的心率逐渐下降,受年龄因素的影响,青年人相较于中老年人有着更好的运动机能及体能。

而从血氧浓度来看,受试人员在疏散前后血氧浓度出现略微降低的特征,不同年龄段受试者在疏散前血氧浓度均处于正常范围,而在疏散后老年人血氧浓度相对其他年龄段降低过多。

从上述可看出，青年在隧道火灾工况下在生理性能上具有更充足的主动疏散性，而老年人则在火灾工况下疏散面临着更大的危险和挑战性。

②受试者疏散特性。

根据单体人员疏散特性试验研究，分析记录受试者疏散过程中到达测试点位的时间，从而得出不同年龄段受试人员达到的疏散速度变化规律。

a. 青年。

青年男性和青年女性的疏散速度变化规律如图2.1-72所示。分析图2.1-72，可得如下结论：

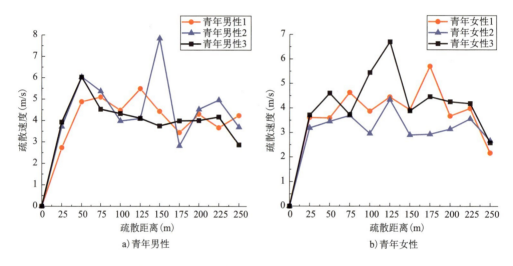

图2.1-72 单体人员疏散试验青年疏散速度变化图

青年男性整个疏散过程中的平均疏散速度为4.38m/s，青年女性整个疏散过程中的平均疏散速度为3.87m/s。

试验中青年男性和女性的疏散速度变化均经历加速→上下较大波动→减速三个阶段。

青年男性和女性均在前50m进行加速运动，其中青年男性疏散速度平均增长63%，青年女性疏散速度平均增长11%；经历加速阶段后，两类人群疏散速度在疏散路径50~225m范围处于上下波动状态，且青年男性最高疏散速度达到7.84m/s，青年女性最高疏散速度达6.70m/s；而当两类人群即将到达横通道位置时（疏散路径225m以后），其疏散速度均开始下降，青年男性疏散速度平均降低16%，青年女性疏散速度平均增长37%。

b. 中年。

中年男性的疏散速度变化规律如图 2.1-73 所示。

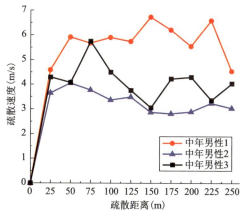

图 2.1-73　单体人员疏散实验中年男性疏散速度变化图

分析图 2.1-73 可得如下结论：

中年男性整个疏散过程中的平均疏散速度为 4.40m/s，试验时中年男性 1 具有较强的运动机能是中年男性平均疏散速度相比青年男性略有增加的主要原因；

试验中中年男性的疏散速度变化经历从加速→上下略有波动两个阶段。

加速阶段过程中，中年男性在前 50m 内疏散速度平均增长 12%；而后续疏散过程中，中年男性的平均疏散速度变化幅度处于 4%～12%，疏散速度变化不大。

c. 老年。

老年男性和老年女性疏散速度变化规律如图 2.1-74 所示。

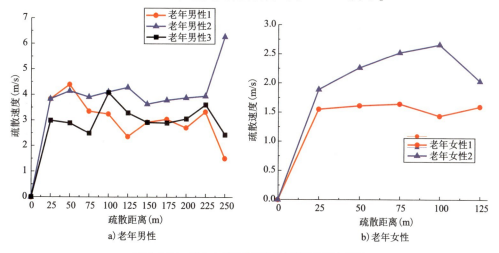

a) 老年男性　　　　b) 老年女性

图 2.1-74　单体人员疏散实验老年疏散速度变化图

分析图 2.1-74 可得如下结论：

老年男性整个疏散过程中的平均疏散速度为 3.44m/s，老年女性整个疏散过程中的平均疏散速度为 1.92m/s。

试验中老年男性的疏散速度变化呈加速→轻微起伏→减速三个阶段，唯一例外是老年男性 2 在接受采访时声称，当他看到前方横通道时产生应激反应，加速疏散进入横通道，这也是该样本最后疏散速度大幅上升的原因。

老年女性的平均疏散速度总体较低，老年女性 1 的年龄为 74 岁，疏散速度总体呈较低匀速变化的趋势；老年女性 2 的年龄为 63 岁，疏散速度呈先增加后下降的趋势，并在疏散路径 100m 时达到最高疏散速度 2.66m/s，比较两者可说明年龄因素对人员疏散影响极大。

（2）人员下车时间测试试验

①工况一试验结果。

结论如下：35 人总下车时间为 31.39s，人员下车间隔时间变化幅度由小变大，第 22 位受试人员之前下车平均间隔时间为 0.78s，而后续 13 位受试者的下车平均间隔时间为 1.03s，且相隔时间顶峰达到 2.17s，累计下车用时占总时间的 41.5%。出现以上该现象的原因在于，大客车车辆后排的老年人由于体能受限而行动缓慢，从而导致后续人员相隔时间大幅增长。

②工况二试验结果。

结论如下：28 人总下车时间为 19.89s，人员下车间隔时间变化幅度相较而言趋于稳定波动范围内，人员平均下车间隔时间为 0.68s。由此可推论，当大客车内没有老人情况时人员下车疏散效率更高。

（3）人员群体疏散试验

①工况一、工况二、工况三试验结果。

根据不同的车辆障碍物位置及疏散长度设置的三种试验工况，得到各自工况下人员疏散特性及疏散总时间，结论如下：

三种工况均表明，安全疏散人数随疏散时间呈现出稳步上升→趋于平稳→快速上升的变化趋势，且当两辆大客车内人员疏散至横通道位置时，人员拥堵效应达到顶峰。

工况一人员总疏散时间为 140s，工况二人员总疏散时间为 127s；相比之下，当车辆障碍物位于横通道外侧车道时（工况二）的人员疏散时间相较于位于横通道内侧车道时(工况一)缩短13s，且横通道处人员拥堵时长也相应减小，隧道火灾工况应倡导大型车辆尽可能远离横通道位置停车。

当疏散路径长度变为250m时(工况三)，此时人员总疏散时间为164s，相较于前两组工况平均增加约30s，但此处20人座大客车仍位于距横通道最远250m处，这表明隧道火灾工况下有绝大多数人员的大客车停车位置与横通道之间的距离是人员安全疏散的关键因素。

②工况四、工况五试验结果。

工况四和工况五的人员疏散特性及疏散总时间，结论如下：

工况四的人员疏散时间为70s，工况五的人员疏散时间为84s，当人行横通道宽度为2.0m时(工况四)，其人员疏散总时间相较于横通道宽度为1.5m时缩短14s(工况五)，其表明人行横通道加宽对隧道火灾工况下人员疏散逃生具有积极影响。

2.1.3.4 成果四：超长三车道公路隧道群救援模式和联动救援技术研究

1) 灭火救援时间的确定

一般而言，隧道内火灾燃烧主要可分为以下三个阶段：

第Ⅰ阶段(5~8min)：燃烧着火→升温→冒烟及燃烧；

第Ⅱ阶段(8~20min)：燃烧扩散→燃烧高峰；

第Ⅲ阶段(20min以后)：持续燃烧→火势减弱→熄灭。

对于隧道及隧道群灭火救援来说，其最有成效的应为第Ⅰ、Ⅱ阶段，这也恰好是火灾发展过程的第Ⅰ阶段(初始阶段)，时间约在8min之内；若无法在前两个阶段扑灭火灾，一旦火势达到第Ⅲ阶段将造成较为严重的恶性后果。同时根据秦岭终南山特长隧道运营管理经验，秦岭终南山隧道消防队到达火灾事故地点为8min，因此宝坪高速公路秦岭天台山隧道及隧道群救援时间也设置为8min。

2) 隧道群分区及分段救援模式

对于秦岭天台山隧道群，考虑到其为15.5km的秦岭特长隧道和32km隧道群，区段救援长度较长、从两端救援或疏散，每一段大约为16km，按照80km/h的速度，大约需要12min，这样救援和疏散时间显得较长。因此需要对秦岭天台山隧道群进行安全救援分区。通过在宝鸡南互通、神沙河及大台山服务区位置分别设置救援站，将全线分为2大段4小段。宝鸡南互通个神沙河为第一区段，神沙河至天台山服务区为第二段。第股中间节点K143+845到宝鸡南互通救援站作为第一段，采用宝鸡南互通救援站进行救援。中间节点 K143+845 至神沙河救援站作为第二小段，利用神沙河救援站进行救援。神沙河救援站至第二段中间节点 K160+263 为第三小段，利用神沙河救援站救援，第二段中间节点 K160+263 至天台山服务区为第四小段，利用天台山服务区救援站进行救援。同时利用青石岭隧道斜井和秦岭隧道 1 号斜非进入高速公路进行救援。结合秦岭隧道防灾救援逃生需要，将此处两座施工斜井作为永久逃生通道设计。

基于以上布置，从任意救援站出发，到达最远救援点的距离缩短至 8km，整个隧道群各分区段的防灾救援时间都大大减少，即使按照 60km/h 的救援速度，也可满足 8min 的救援时间。

3）隧道群内部消防站设置

当宝鸡南救援站和天台山服务区救援站之间的区段隧道发生火灾时，消防车从宝鸡南救援站和秦岭救援站到达火灾地点，需要通过隧道群或秦岭特长隧道，事故影响下，由于隧道通行不畅，势必影响救援和灭火；消防车由神沙河救援站通过施工斜井进入中间区段时，夏季可以满足消防救援需求，秦岭地区冬季气温较低，斜井和便道纵坡坡度较大，消防车辆爬坡困难，可能会耽误救援。因此在秦岭特长隧道洞内进口第二条和第四条加宽回转车道内，设置消防车和摩托车救援站，站内配备消防摩托车、24h 值班室，从而解决神沙河救援站服务区段内冬季消防爬坡困难的问题，保证火灾情况下及时救援。回转车道布置在通风井附近，因此可以有效利用通风井提供的新鲜空气，保证值班室内人员身心健康。

加宽回转车道将特长隧道划分为隧道救援区段、回转车道内消防车辆区段和值班室区段及消防摩托区段，布置示意图如图 2.1-75 和图 2.1-76 所示。

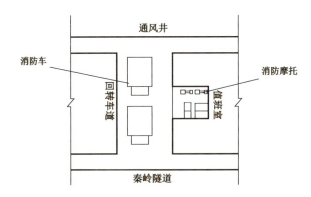

图 2.1-75　消防车和值班室布置示意图

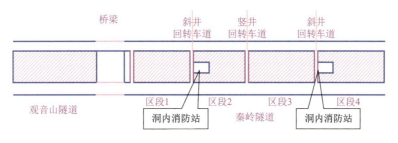

图 2.1-76　回转车道及洞内消防站示意图

4）隧道群救援联动体系

当秦岭天台山隧道及隧道群发生诸如火灾或重大交通事故后，隧道管理人员确认事故后，立即启动隧道与外部力量联动救援体系，开启隧道洞内紧急救援方案，并由外部消防、公安及医疗部门派就近的救援力量进行救援，其外部救援力量可通过两端互通立交或者中间匝道进入秦岭天台山隧道群路段。

外部救援力量可采用顺行和逆行两个行驶方向进入隧道内事故地点。两个方向进入均需要采取适当措施，保证进入顺畅。若救援队顺行进入事故地点，在事故关闭隧道时，需要在顺行方向留出一车道作为消防救援队进入通道；若消防救援队逆行方向进入事故地点，则需要确认逆向车辆是否全部驶出，否则应实施交通管制。

根据隧道所属辖区的情况，对隧道左、右线发生事故，外部消防救援队进入路线布置如下。

(1) 顺行方向进入

情况 1：如果事故发生在隧道右线，消防队通过宝鸡南互通进入路段右线，行至隧道，直接进入，到达火灾区域；如果隧道左线发生事故，则通过隧道车行横洞或者由洞口联络通道进入火灾隧道上游。如图 2.1-77 所示。

图 2.1-77　救援队进入路线情况 1（顺行驶方向）

情况 2：如果隧道事故发生在左线，救援队通过田坝互通进入路段左线，行至隧道，直接进入，到达隧道事故区域上游；如果事故发生在右线，则进入路段左线，行至隧道事故上游附近，由车行横洞进入右线。如图 2.1-78 所示。

图 2.1-78　救援队进入路线情况 2（顺行驶方向）

（2）逆行驶方向进入

情况 1：如果事故发生在左线，确认逆向车辆全部驶出，或实施交通管制后，消防救援队通过宝鸡南互通进入路段左线，逆行至隧道，进入隧道，通过联络通道或者隧道车行横通道，到达隧道事故区域上游；如事故发生在隧道右线，直接逆行至隧道由洞口联络通道进入或者有隧道内车行横通道进入隧道右线。如图 2.1-79 所示。

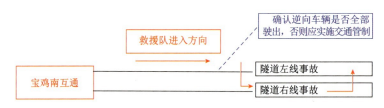

图 2.1-79　救援队进入路线情况 1（逆行驶方向）

情况 2：事故发生在左线，如果隧道确认逆向车辆全部驶出，或实施交通管制后，消防救援队通过田坝互通右线逆行进入路段，行至隧道，联络通道或者隧道车行横通道，到达隧道事故区域上游；如事故发生在右线，则车辆由左线隧道进入事故区域上游。如图 2.1-80 所示。

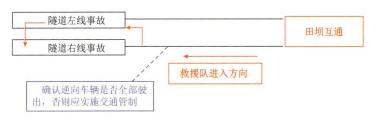

图 2.1-80　救援队进入路线情况 2（逆行驶方向）

2.1.3.5　成果五：隧道群连接段遮阳棚设计方法与关键参数研究

当隧道群连接段设置遮阳棚之后，洞内的明适应过程受到巨大影响，从最不利情况考虑，应当认为其不再存在洞内明适应过程。即驾驶员在隧道出口的瞳孔直径等于其在隧道内部光环境对应的瞳孔直径。

为得到各设计速度下的出口处最大瞳孔直径差值，利用前述研究中出口段的瞳孔变化速率计算公式计算非隧道群情况下各个工况下的出口处瞳孔直径与外部目标瞳孔直径的差值，以寻找上游隧道出口所能承受的最大瞳孔直径差。

计算不同工况下的出口处最大瞳孔直径差值，并绘制映射曲面图，如图2.1-81所示。

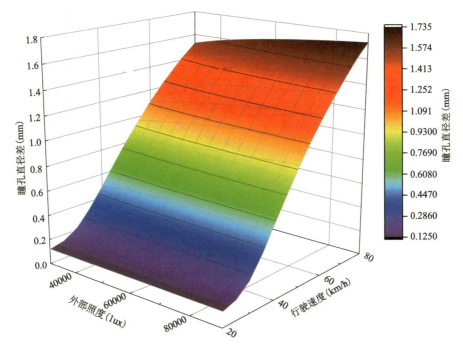

图2.1-81　最大瞳孔直径差值映射曲面图

可见最大瞳孔直径差为1.735mm，发生在速度为80km/h、外部照度为90000lx的工况下。故取该值作为设计遮阳棚的隧道内外瞳孔差值阈值。即隧道内对应的瞳孔直径与遮阳棚环境下的对应的目标瞳孔直径差值应小于1.735mm。

由于隧道群连接段设置遮阳棚降低外部照度，且下游隧道洞口较近，统计分析其上游隧道明适应分布明适应距离约为110m。故取上游隧道明适应距离为110m，遮阳棚下设计照度取3000~20000lx，其余参数与上文一致，计算其最大瞳孔直径差值，如图2.1-82所示。可得控制照度值为：在80km/h速度条件下，遮阳棚照度应小于13500lx，此时离开上游隧道的瞬时瞳孔直径差为1.727mm。最终可以得到隧道群路段的光环境构建方案，如表2.1-31所示。

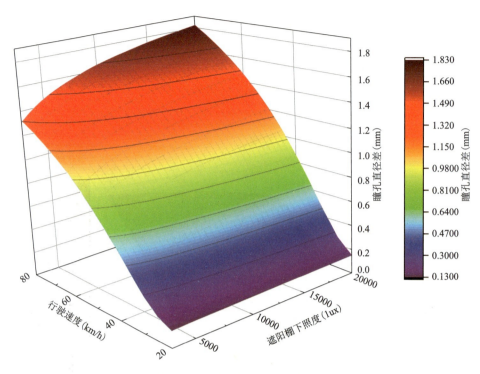

图 2.1-82　最大瞳孔直径差值映射曲面图

隧道群舒适光环境构建方案汇总表　　　　表 2.1-31

隧道间距	设计方案	设计时速(km/h)						
		20	30	40	50	60	70	80
<50m	连接段设置遮阳棚	遮阳棚区域最大亮度不得大于900cd/m^{-2}，并在该区段按照规范中对中间段照明的相关要求进行基本照明设计						
50m	下游隧道入口段进行照明设计折减	1.0	1.0	0.8	0.6	0.4	0.4	0.4
75m		1.0	1.0	1.0	0.8	0.6	0.4	0.4
100m		1.0	1.0	1.0	1.0	0.8	0.6	0.6
125m		1.0	1.0	1.0	1.0	1.0	0.8	0.8
150m		1.0	1.0	1.0	1.0	1.0	1.0	0.8
175m		1.0	1.0	1.0	1.0	1.0	1.0	1.0
200m		1.0	1.0	1.0	1.0	1.0	1.0	1.0
>200m	两座隧道分别按照单体隧道进行照明设计							

2.1.3.6　成果六：疲劳缓解灯光带构建技术研究

对于特长公路隧道驾驶员的驾驶疲劳问题，考虑到隧道内的驾驶疲劳问题从根本上来说是由于隧道内的环境昏暗且单调，对驾驶员来说缺乏类似洞外环境的有效刺激所致。因此，通过在隧道内设置疲劳缓解灯光带是一种与疲劳致因对应的缓解方案，即通过在隧道内部增设景观，增强亮度以缓解环境昏暗单调带来的驾驶疲劳。

1）疲劳缓解灯光带的位置

疲劳缓解灯光带的首要作用是缓解因在隧道这种单调环境下驾驶而引发的驾驶疲劳。因此，疲劳缓解灯光带的位置设置应与驾驶员在隧道内的驾驶疲劳规律相对应。在第3章中，通过真实隧道路段自然驾驶试验和室内驾驶模拟试验，基于心电指标降维构建了驾驶疲劳累积指标，得到了特长高速公路隧道驾驶疲劳规律。驾驶员在特长高速公路隧道内驾驶疲劳的产生是一个逐渐累积的过程，这一累积的过程在不同时间段内有不同的速率，呈现出从缓慢上升到迅速上升的特点。在刚进入隧道的前5min，其增长较缓，从第6min开始迅速增加。在离开隧道前的最后1min，也就是第10min，增长速率下降。虽然指标表现出积累的特征，但不同时刻的累积速率并不相同。也就是说，由于隧道内的环境相对于隧道外是不舒适且容易疲劳的，驾驶员进入隧道后，指标便开始呈上升趋势，但由于驶入隧道的时间尚不长，增长速率较慢；当驾驶员行驶至隧道中部时，由于已经在隧道中行驶了较长时间，驾驶员受隧道环境影响效果开始显现，疲劳指标迅速上升。

为了判断驾驶疲劳开始快速累积的时间点，对初始几分钟的驾驶疲劳累积指标数据依次进行线性拟合，通过线性拟合的拟合度来判断拟合效果，进而判断出增长速率变快的时刻。拟合度结果如表2.1-32所示。

驾驶疲劳累积指标线性拟合度　　　　表2.1-32

时间（min）	R^2	时间（min）	R^2
1~3	0.972	1~6	0.422
1~4	0.948	1~7	0.224
1~5	0.786		

如表2.1-32所示，1~4min时间段内的线性拟合度较高，说明1~4min内指标基本呈线性增长，而到1~5min，线性拟合度下降。也就是说，在5min这一时间段内，驾驶疲劳累积指标开始呈超线性的快速增长。

站在反应时间的角度来看，驾驶疲劳的产生直接导致了驾驶员认知和操作能力受到减损，反应时间增加，驾驶员在面对危险情况时无法及时准确地对环境进行判断进而做出相应的操作，大大危害驾驶安全。反应时间的增加直接导致了驾驶员在危险情况发生时无法及时应对，驾驶员在隧道内驾驶时没有发现前方的状况并及时采取对应的措施是隧道内事故发生的重要原因之一。

国际照明委员会 Guide for the Lighting of Road Tunnels and Underpasses[《公路隧道和地下通道照明指南》(CIE 88—2004)]中建议将停车视距作为判定隧道驾驶安全的重要依据。停车视距为驾驶员看到前方障碍物至安全停到障碍物前所需的最短距离，主要由制动反应距离和制动距离构成。制动距离主要与路面纵向摩阻系数以及路面坡度等外部客观因素有关。因此，在车速一致的情况下，反应时间主要决定了反应制动距离的长短。在目前的国内外道路设计的相关规范中，在计算停车视距时，通常将驾驶员的制动反应时间设置为2s(欧洲)或2.5s(美国、加拿大、南非)。然而，规范中规定的驾驶员反应时间值考虑了较大的富余量，目前许多研究结果表明，大多数的驾驶员反应时间在1.5s内属于正常。美国国家公路与运输协会在其报告中指出，在正常情况下，驾驶员的反应时间约为1.5s。M. Mitschke认为，驾驶员识别判断时间为1.48s，制动器协调时间为0.00s，总制动反应时间为1.54s。李霖通过采集并研究真实交通环境中"前车减速"工况下驾驶员的制动反应时间，发现实测的反应时间均值为1.5s。

国内外驾驶员反应时间的相关研究表明，在正常情况下，驾驶员通常的反应时间为1.5s，超过1.5s时驾驶员可能无法在面对紧急情况时做出及时的反应。因此，在本书的研究中，选取1.5s为驾驶员安全反应时间的阈值，以此作为判断驾驶员在特长高速公路隧道内驾驶疲劳开始影响驾驶员驾驶安全的临界点。在3.2.3节中，构建了驾驶员反应时间和特长高速公路隧道内驾驶时间的关系式。借助此关系式，可以计算出驾驶员约在隧道内驾驶5min时，反应时间达到阈值点1.5s，如图2.1-83所示。

综上所述，考虑到驾驶疲劳累积指标和驾驶员反应时间，应在隧道内驾驶路程4~5min结束后的位置处进行疲劳缓解灯光带的设计。驾驶员在隧道内4~5min行驶的距离与隧道内的行车速度有关，考虑最不利的情形，应按照隧道的最低限速确定疲劳缓解灯光带的位置，最低限速不同的公路隧道，疲劳缓解灯光带的设置位置也应不同，如表2.1-33所示。

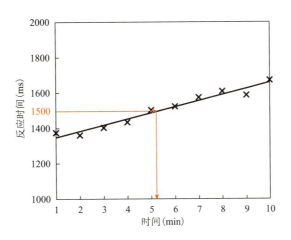

图 2.1-83　反应时间推算隧道内驾驶时间

疲劳缓解灯光带位置设计　　　　　表 2.1-33

最低限速（km/h）	50	60	70	80	90	100
疲劳缓解灯光带位置（km）	3.3~4.1	4~5	4.6~5.8	5.3~6.6	6~7.5	6.6~8.3

表 2.1-33 中的疲劳缓解灯光带的位置是指从隧道入口开始计算的最大距离，在满足经济性等的前提下，可以考虑适当加密疲劳缓解灯光带的设置。对于长度较长的隧道，可能需要设置多条疲劳缓解灯光带，灯光带之间的最大间距可以同样参考表 2.1-33 的距离。对于双向交通隧道，考虑在满足表 2.1-33 的基础上对称布置疲劳缓解灯光带。对于通过时间小于 4min 的隧道，可以不进行疲劳缓解灯光带的设置。

2）疲劳缓解灯光带的长度

站在疲劳缓解灯光带对驾驶员视觉功效的角度考虑，疲劳缓解灯光带若要引起驾驶员的视觉反应，缓解驾驶疲劳，需要满足两个条件：首先，需要一定的刺激强度，这主要通过疲劳缓解灯光带段的光源特性进行反映，灯光带段的光源特性将在后续小节中进行分析；其次，灯光带的设计应保证驾驶员合理的视觉作用时间。如果隧道内疲劳缓解灯光带的长度过短，灯光带可能无法给驾驶员产生有效的刺激。根据公路景观设计的相关研究基础和"555"原则，驾驶员在视野内察觉驾驶环境中的景观存在一个时间阈值 5s，低于这一阈值会导致景观不会得到驾驶员的充分注意。因此，站在疲劳缓解灯光带的角度来说，如果驾驶员在灯光带段的驾驶时间低于阈值，则驾驶员对灯光带的感知效果和灯光带对驾驶疲劳的缓解效果将难以保证。因此，站在灯光带缓解驾驶疲劳功效的角度来说，驾驶员在疲劳缓解灯光带段的驾驶时间不能低于 5s。不同设计速度下隧道疲劳缓解灯光带的最小长度如表 2.1-34 所示。

疲劳缓解功效角度疲劳缓解灯光带最小长度　　　　表 2.1-34

设计速度(km/h)	60	80	100	120
疲劳缓解灯光带最小长度(m)	85	115	140	170

疲劳缓解灯光带的设置实现了将一个超特长隧道划分成几个较短隧道的功能，使驾驶员感觉是在一系列较短的隧道中穿行，这种改变解决了驾驶员在单调环境下长时间驾驶的问题，有效地缓解了隧道内长距离驾驶带来的疲劳。但当驾驶员通过灯光带时，需要经历从暗到明，再由明到暗的交替变化，同通过毗邻隧道时出进隧道一样，也面临着明暗视觉适应的问题。人眼对于环境十分敏感，当外界光照环境发生变化时，人眼需要一定的时间来适应光环境的变化。从交通安全因素考虑，驾驶员从隧道中间段照明进入疲劳缓解灯光带时驾驶环境亮度发生变化，可能影响驾驶员对于远处路面或交通信息的认知。对于毗邻隧道间距值的研究建议，驾驶员从上游隧道出口驶出，应能看到下游隧道进口的障碍物并可以及时制动至完全停下，按此考虑应保持一个停车视距的距离。根据《公路路线设计规范》(JTG D20—2017)，高速公路停车视距取值如表 2.1-35 所示。由于驾驶员在通过疲劳缓解灯光带与通过连续隧道具有类似的特征，从交通安全因素考虑，疲劳缓解灯光带的长度也应至少满足驾驶员一个视距的要求。

高速公路停车视距　　　　表 2.1-35

设计速度(km/h)	60	80	100	120
疲劳缓解灯光带最小长度(m)	75	110	160	210

综合考虑灯光带缓解驾驶疲劳的功效和灯光带段交通安全的要求，选取根据二者推算出的不同车速下疲劳缓解灯光带最小长度的最大值作为最终疲劳缓解灯光带最小长度的要求，如表 2.1-36 所示。

疲劳缓解灯光带长度设计　　　　表 2.1-36

最高限速(km/h)	60	80	100	120
疲劳缓解灯光带最小长度(m)	85	115	160	210

3）疲劳缓解灯光带的亮度

由于疲劳缓解灯光带在隧道中采取增强亮度的方式，在驾驶员穿越灯光带时同样要经历明暗变化。因此，为避免驾驶员通过疲劳缓解灯光带时因剧烈的光照环境变化而引起不适，需要对疲劳缓解灯光带的亮度做出一定的要求。

考虑到驾驶员在驶入和驶出隧道时的视觉适应问题，《公路隧道照明设计细则》(JTG/T D70/2-01—2014)中提出将隧道照明分区段设置，满足驾驶员视觉从低亮度向高亮度，或从高亮度向低亮度变化的适应需求。驾驶员驶入疲劳缓解灯光带时是一个明适应的过程，与驾驶员驶出隧道的过程相同。根据《公路隧道照明设计细则》(JTG/T D70/2-01—2014)，出口段的照明宜划分为 EX_1 和 EX_2 两个照明段，每段长度宜取 30m，与之对应的亮度 L_{EX_1}、L_{EX_2} 按下式计算：

$$L_{EX_1} = 3 L_{in} \tag{2.1-15}$$

$$L_{EX_2} = 5 L_{in} \tag{2.1-16}$$

式中：L_{EX_1}、L_{EX_2}——EX_1 和 EX_2 两个照明段亮度；

L_{in}——中间段照明亮度。

《公路隧道照明设计细则》(JTG/T D70/2-01—2014)中做出的规定是基于 Guide for the Lighting of Road Tunnels and Underpasses(《隧道与地下通道照明指南》)(CIE 88—2004)中推荐的白天隧道出口段的亮度线性增加，在隧道出口前的 20m 范围内，隧道内的亮度由中间段亮度变化到中间段的亮度的 5 倍。因此，借鉴 Guide for the Lighting of Road Tunnels and Underpasses(《隧道与地下通道照明指南》)(CIE 88—2004)的设计原则，为保证亮度的变化符合驾驶员的明适应规律，防止由于驾驶员因亮度的剧烈变化产生不适，保障驾驶安全，疲劳缓解灯光带段的亮度最大不应超过中间段亮度的 5 倍，即

$$L_1 = 5L_{in} \tag{2.1-17}$$

式中：L_1——疲劳缓解灯光带段的亮度。

4) 疲劳缓解灯光带的色温

本质上来说，光源的颜色由其光谱辐射能量分布所决定，即在光源光谱辐射能量的分布确定之后，光源的色温也随之可以确定。因此，色温在一定程度上可以表征光谱能量分布情况：光源光谱的短波成分相对越多，色温越高，蓝色光就越多；长波成分相对越多，色温越低，红色光就越多。《建筑照明设计标准》(GB 50034—2013)中将光源的色表按照色温分为暖色(<3300K)、中色(3300~5300K)及冷色(>5300K)。色温与发光颜色如图 2.1-84 所示。

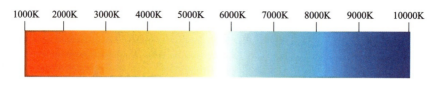

图 2.1-84　色温与发光颜色

在隧道照明中，光源的色温会影响隧道内物体表面的色彩，进而影响隧道内驾驶环境气氛，对驾驶员产生生理和心理层面上的影响。色温对驾驶员的影响主要集中于对视觉效应和非视觉效应两个方面。

目前，国内外已有较多针对光源色温和驾驶安全性的研究，这些研究通常基于视觉功效法开展不同色温下的视觉试验。视觉功效法可以直接评价在不同照明条件下被试对象进行驾驶作业的能力，包括认识能力和反应时间等，通过建立视觉模型来评价色温对人眼真实的视觉功效的影响。国内外针对隧道内照明的多数研究认为，短波成分多的光源照明效果更好，驾驶员的视觉功效也更好。因此，站在视觉功效的角度来说，富含短波的蓝光对隧道内疲劳缓解灯光带段的驾驶安全更加有利。

除了更加有利的视觉效果以外，许多研究已经深入分析了富含短波的蓝光的非视觉影响，并表明蓝光对人的警觉性和工作效率有着非常积极的影响。光照，尤其是富含短波的光照，可以显著提高人的警觉性，减少反应时间，减少主观疲劳感，并在如驾驶这种需要集中注意力的任务中提高认知能力。此外，许多研究表明富含短波的光源比富含长波的光源更加有效，这与富含短波的光源会影响人类的生理节律系统有关，特别是对褪黑素的抑制方面。

综上所述，从光源的视觉功效和非视觉影响两个方面来说，公路隧道疲劳缓解灯光带段的照明光源宜采用富含短波的冷色温蓝光。

由此建议疲劳缓解带处色温 T_c 不宜低于 5300K，即

$$T_c > 5300K$$

2.1.3.7　成果七：基于多目标雷达的公路隧道交通流精确监测技术研究

1）多目标雷达原理及目标跟踪基本理论

（1）多目标雷达的原理

多目标跟踪雷达作为交通信息采集装置是将雷达天线、信号处理电路、中央处理器、存储、通信等模块集成在一起构成一个完整的系统性的装置。最终

雷达通过通信端口输出报文，再利用软件系统进行报文的解析获取有用信息。具体的多目标跟踪雷达硬件结构见图 2.1-85。

图 2.1-85　多目标跟踪雷达硬件结构图

多目标跟踪雷达的检测区域足够大，测误差较小；同时，多目标跟踪雷达的检测目标上限为 64 个，足够满足一般情况下各种路段车道的检测。多目标跟踪雷达采用厘米波，因此，多目标跟踪雷达发射的微波具有很强的穿透力，对复杂检测环境的适应能力强。

（2）多目标雷达检测车辆原理

①多目标雷达检测车辆角度原理。

多目标跟踪雷达的天线为"单发双收"制，通过单发双收阵列天线确定车辆相对于雷达所在的角度，确定车辆的位置，区分不同的车辆。多目标雷达通过单发双收天线检测车辆相对位置示意图如图 2.1-86 所示。

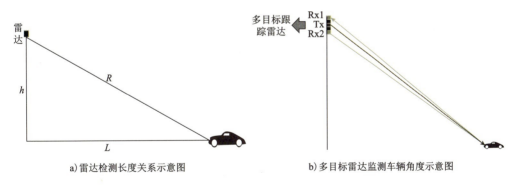

a）雷达检测长度关系示意图　　b）多目标雷达监测车辆角度示意图

图 2.1-86　多目标雷达通过单发双收天线检测车辆相对位置示意图

图 2.1-87b）中，Rx 为接收天线，Tx 为发射天线。由于两根发射天线之间存在一定间距 d，则二者接收到的雷达波波长相差 ΔR，相位相差 $\Delta \varphi$ 计算公式如式（2.1-18）所示：

$$\Delta \varphi = \frac{2\pi \cdot \Delta R}{\lambda} \qquad (2.1-18)$$

式中：λ——雷达波波长；

ΔR——两根发射天线之间接收到的雷达波波长差。

接收天线接收回波信号示意图如图 2.1-87 所示。

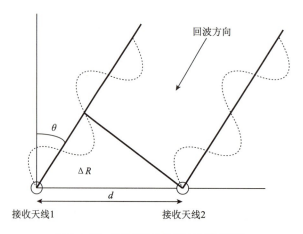

图 2.1-87　接收天线接收回波信号示意图

由图可得，雷达检测车辆角度 θ 计算公式如式（2.1-19）所示：

$$\theta = \arcsin\left(\frac{\lambda \cdot \Delta\varphi}{2\pi \cdot d}\right) \qquad (2.1\text{-}19)$$

式中：d——两根接收天线之间的距离；

$\Delta\varphi$——接收到的雷达波波长的相位相差。

②多目标雷达检测车辆速度原理。

多目标跟踪雷达对车辆速度的检测是基于多普勒原理进行检测的。多目标跟踪雷达将穿透能力很强的厘米雷达波发射出去，该雷达波强大的穿透能力使其不受小的遮挡物的干扰，24～24.25GHz 频段的雷达波以扫频的形式送往检测区，当遇到行驶的车辆时，与车辆存在相对速度的雷达波与车辆碰撞后被反射回去，因此反射回的雷达波在波长和频率上均发生变化，由此得检测车辆的行驶速度计算方法，如式（2.1-20）所示：

$$v = \frac{f_d}{2f_0 \cdot \cos\alpha} \qquad (2.1\text{-}20)$$

式中：f_0——雷达波的发射频率；

v——雷达传播速度；

α——雷达与车辆行驶方向连线构成的夹角；

f_d——回波信号的载频相对于发射信号的频移。

（3）多目标雷达目标跟踪原理

雷达对多目标的跟踪是在对单一目标跟踪的基础上实现的，对单一目标跟踪的原理可以用图 2.1-88 描述。

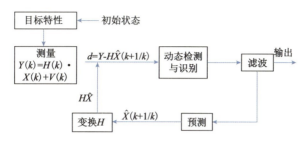

图 2.1-88　单目标跟踪基本原理框图

可见单目标跟踪可看作一个自适应的滤波过程。由 k 时刻的目标状态方程对目标 $K+1$ 时刻的状态进行预测，得到 $\hat{X}(k+1/k)$，然后由 $k+1$ 时刻的预测量 Y 和预测量 $H\hat{X}(k+1/k)$ 构成残差向量 d，并依据 d 对目标动态特性进行检测；之后通过滤波得出目标 $k+1$ 时刻的估计量 $\hat{X}(k+1/k+1)$ 及下个时刻的预测量 $\hat{X}(k+2/k+1)$。

整个跟踪过程为逐时刻递推的过程；假设在先前的扫描周期各目标的航迹已经形成，当前时刻由传感器接收到的观测数据首先被考虑用于更新已经建立的目标轨迹。首先，对当前时刻各航迹的预测位置应用关联门进行观测和航迹配对，以便确定观测和航迹配对是否合理或者正确；接着，通过多目标数据关联过程最终确定最合理的观测和航迹配对情况；然后，根据跟踪维持方法包括机动辨识及自适应滤波与预测估计出各目标轨迹的真实状态；在跟踪空间中，那些不与已经建立的目标轨迹相关的观测回波可能来自新的目标或虚警，由跟踪起始方法可以辨别其真伪，并相应地建立新的目标档案；当某些目标逃离跟踪空间后，由跟踪终结方法可立即消除多余目标档案，减轻不必要的计算负载。最后，在新的观测到达之前，由滤波算法预测目标下一时刻状态以确定关联门的中心和大小，并重新开始下一时刻的递推循环。

2）基于多目标雷达的隧道交通流监测系统方案设计

该设计是利用多目标跟踪雷达环境适应性强、同时可跟踪多个目标、检误差小等特点将其利用于隧道环境下的交通参数采集设备，这些特点与隧道中行车时光线不足、污染物排放困难等造成的能见度低、噪声污染严重、隧道行车禁止停车、超速、超车、禁止紧急停车道停车等行车特点相比，二者相得益彰，优势互补。最重要的是其足够精确地检测到所需数据能够减少许多不必要的交通事故的发生，或者在交通事件发生时根据车流的行驶状态信息及时检测到事故发生的位置，第一时间发出警报以减少事故造成的损失。

要将多目标跟踪雷达应用于隧道的交通参数采集，首先，对系统的第一个要求就是保证系统检测结果的可靠性；其次，系统必须经济环保，应该在多目标跟踪雷达的检测效果达到要求的同时，其利用率也要达到最大；另外，需保证系统的可延展性，可随时更换和增加多目标跟踪雷达进入系统。

（1）系统功能及架构

多目标雷达的公路隧道交通流精确识别系统是以多目标跟踪雷达为基础，对隧道进行全覆盖检测，利用二维主动扫描式阵列雷达微波检测技术对检测区域的目标进行实时动态检测，包括车辆速度、车辆位置、车辆的运行轨迹等；统计分析交通数据，包括车流量、车道占有率、平均车速以及车头时距等；并分析触发交通事件，给中心平台提供告警功能，包络超速、异常停车、违章变道等，并通过内部网络把检测和统计分析的数据传输给中心数据平台，中心数据平台可对雷达数据进行解析，在态势界面上展示当前隧道实时车辆运行状态及分布、交通统计数据以及事件告警信息，如图 2.1-89 所示。

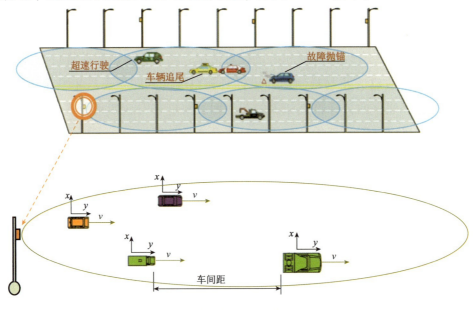

图 2.1-89　功能效果图

系统架构如图 2.1-90 所示。

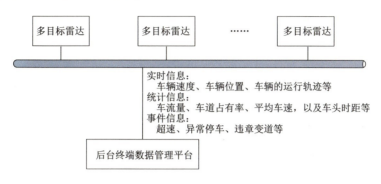

图 2.1-90　系统架构

（2）系统设计方案

多目标跟踪雷达作为外部安装式检测设备，可以有两种安装方式，即正装或侧装。侧装是将多目标跟踪雷达安装于路侧拥有一定高度的直杆或横杆上，使雷达面向行驶车辆的侧边，侧装安装图如图 2.1-91 所示。

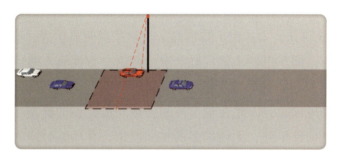

图 2.1-91　多目标跟踪雷达侧装图

由图 2.1-92 可以看出，这种安装方式要求较为简单，只需要一根高度足够的杆即可，而这种杆在马路上有很多，如路灯、电线杆、路标等，但对于隧道这个类似于半圆形建筑，由于两边的高度原因，成为其最大的限制。除此之外，这种检测方式依然存在许多缺点：

检测范围小。多目标跟踪雷达侧装后，其检测长度范围被用作道路横宽，即车道宽度，反将波束宽度用作车辆波检测区域长度，其检测优势未被利用起来，反检测出许多无用的区域，使得被检测的有效区域范围减小，目标跟踪时间缩短，多目标跟踪雷达本身的检测多目标的功能受到极大的限制。

适用范围大打折扣。侧装后的多目标跟踪雷达与普通雷达相比便失去了其本身巨大的优势，与普通雷达一样，为了检测到距雷达最近的车道，雷达架设时必须距车道有一定距离，这就使得雷达侧装在许多场合，如高桥、隧道等不能提供多余空间的场合下并不适用。

精确度降低。由于检测范围缩小，检测过程便缩短，检测过程便存在随机误差性，只能隔段检测而很难实时跟踪，且安装距离受到限制时易存在因大车对小车的遮挡而未检测到小车的情况，因而会使得出现误差的概率也大大增加。

另一种安装方式为正装，即架于伸向公路中间的横臂上，使多目标跟踪雷达正向或背向行驶的车流，以天桥为例，如图2.1-92所示。

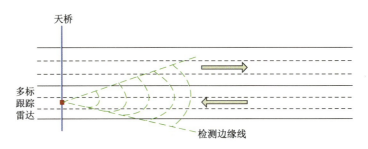

图2.1-92　雷达正装检测示意图

由图2.1-93可知，雷达在正装情况下检测范围明显扩大。检测过程中，可以通过定位检测不同车道的车辆行驶情况，将这一特性放入隧道中交通参数的采集，则可以利用这一性质检测隧道内行车的换道、应急车道行车等的问题。同时，由于检测范围大，因此在整个检测区域均被遮挡的概率则小了很多。再则正装的环境适应性更强，无须许多的空间要求，有马路的地方均可以进行安装。由此得出结论，多目标跟踪雷达的安装选择正装方式。

在系统正式投入运营前期提前安装检测好背景坐标以确定好 X 方向的阈值，即应急车道所在位置，设置隧道的最大最小限速。系统的工作流程图如图2.1-93所示。该流程图中可获取到超速车辆、停车车辆、应急车道行车车辆、应急车道停车车辆，并对不同情况采取了违章获取车辆信息及车辆故障派专员查看的不同措施。

2.1.4　依托工程实施情况与效果

1）公路隧道群全方位路况感知与预警系统应用示范

（1）示范地点和规模

公路隧道群全方位路况感知与预警系统包括公路隧道全方位路况雷达感知系统和公路隧道群智能行车诱导与预警系统，实施范围为秦岭天台山隧道左线。

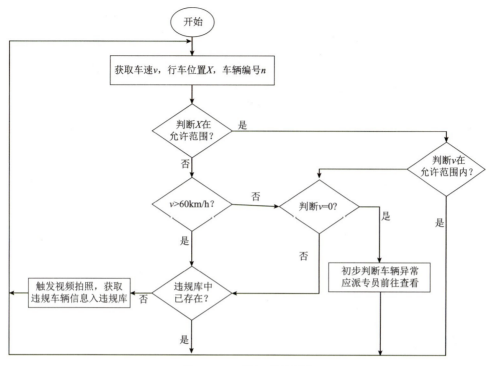

图 2.1-93　系统工作流程图

(2) 示范实施情况

公路隧道全方位路况雷达感知系统以高精度雷达交通运行状态检测器作为路侧感知单元，通过雷达对高速公路上行驶的车辆进行实时跟踪、定位、检测并及判断其运动状态和位置信息，并由其内置的边缘计算模块将感知的路况信息、交通状态信息、车辆实时信息分析、处理、融合汇总传输至监控中心，实时检测交通事故、拥堵等十余类不同的交通事件，见图 2.1-94、图 2.1-95。最后，通过信息推送(至车辆)、路侧诱导等方式保证车辆的安全、高效通行，为管理者开展分析、决策提供有力的数据支撑。

由于高精度定向雷达检测器可不受光线、天气变化影响，能够始终保持高可靠的数据输出，24h 稳定工作，而这种特性是现有传统监控系统所无法做到的。整个系统能够对各种类型道路(单向多车道、双向多车道、互通匝道)进行高可靠的事件检测，检测事件类型包括：车辆停驶、交通事故、车辆拥堵、车辆排队、车辆逆行、占用应急车道、压线行驶、非法换道、车辆慢行等异常事件，并对异常事件快速形成报警信息予以提示。系统检测到异常事件时能够及时报警，对异常车辆或事故现场进行视频录制保存，降低监控人员的劳动强度。

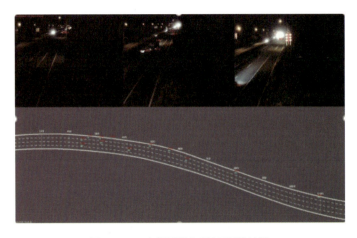

图 2.1-94　夜间低照度环境下精准检测

图 2.1-95　实时监测追踪车辆轨迹

公路隧道群智能行车诱导与预警系统利用沿线光纤传输网络采用 IP 接入方式，将系统的现场控制器接入到隧道监控中心，在监控中心通过与综合监控系统其他感知与传感数据的融合，利用现场隧道内行车安全诱导与预警装置实现车路交互功能，根据不同的应用场景及需求，隧道内行车安全诱导与预警装置可借助自身的多组不同的发光单元提供隧道轮廓强化、行车安全诱导、防止追尾警示、事件上游预警、施工作业警戒、疏散路径提示、低位引导等多重功能，提升驾驶员在长大隧道内行驶的舒适性，预防和降低单车碰撞、隧道内追尾、隧道内二次碰撞等主要事故形态的事故，提升隧道群的交通运营服务、安全保障、应急处置能力与水平，见图 2.1-96～图 2.1-99。

第2章 超长隧道群安全智慧运营技术研究与应用

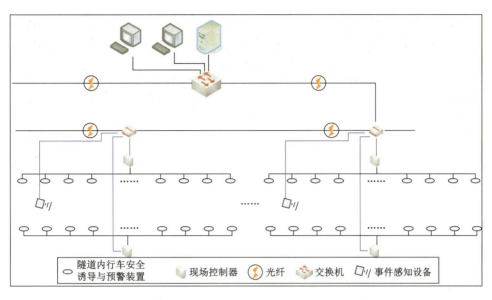

图2.1-96　智能行车诱导与预警系统组成及通信架构

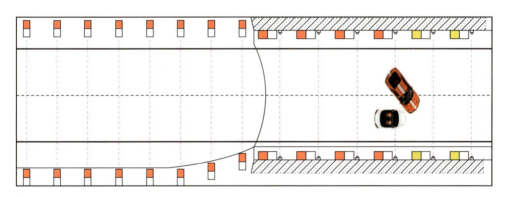

图2.1-97　隧道内行车安全智能诱导装置事件/事故上游预警工作模式

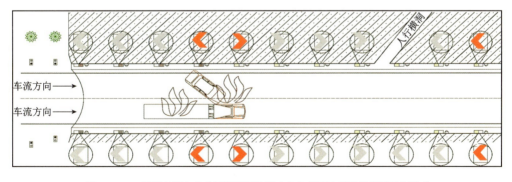

图2.1-98　隧道内行车安全智能诱导装置应急条件下人员疏散指示工作模式

图 2.1-99　隧道内行车安全智能诱导装置行车安全诱导工作模式实际运行效果

雷达感知系统和事故预防系统通过隧道管理系统有机融合，即雷达系统将感知信息传递给隧道管理系统，隧道管理系统根据预设规则，控制事故预防系统，与驾驶员进行交互，实现系统联动，见图 2.1-100。同时，雷达系统可精确定位交通事件位置，隧道管理系统根据具体位置，启动事件位置附近事故预防系统，实现精准管控。

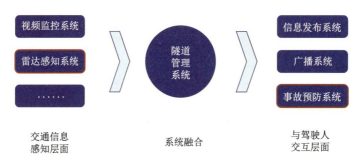

图 2.1-100　公路隧道群全方位路况感知与预警系统融合

FM 广播：秦岭天台山隧道内左右线实现了 FM 广播全覆盖。当驾驶员行驶进入隧道开启车载广播时，监控中心可控制隧道内过往车辆内的车载收音机，插播实时语音播报或事件播报，实现 FM 强制广播。利用无线 FM 广播系统播报隧道行车安全和基础知识，可以方便驾乘人员了解天台山隧道基本情况，如遇突发状况，我们也可以通过无线广播安全疏散滞留人员。目前可通过 FM 91.6 陕西交通广播、FM 93.4 宝鸡综合广播、FM 99.7 宝鸡交通旅游广播、FM 102.8 宝鸡经济交通广播等 7 个省、市广播频道进行插播。除此之外，当隧道内信号较差情况下,也可以通过手持对讲机终端与救援人员取得联系,保证救援通信畅通。

紧急停车带红外线车辆自遇感知预警系统:紧急停车带指的是在高速公路和一级公路上,供车辆临时发生故障或其他原因紧急停车使用的临时停车地带。紧急停车带只供紧急情况下使用,不得无故占用紧急停车带。一般隧道的紧急停车带是无人值守管理,在紧急停车带内有车辆停放的情况下,如何提醒停放车辆和过往车辆驾驶人显得尤为重要。

隧道紧急停车带红外线车辆自遇感知预警系统能够提高紧急停车带内车辆的安全性,也能够提醒后方来车,有故障车辆在紧急停车带处停车,避免后方来车发生故障时,与正停在紧急停车带的车辆相撞。

该系统在紧急停车带入口处安装声光报警灯,停车带内安装红外对射探测器、设备控制器。当检测到紧急停车带内停有车辆时,实时进行声光报警提示,一方面通知后方车辆减速慢行,请勿驶入,另一方面警示停车带上的车辆尽快驶离;紧急停车带内车辆驶离后,红外对射探测器中断信号,声光报警器停止报警。同时,该系统接入监控中心,可实时监测隧道所有紧急停车带是否有车辆驶入。

2)公路隧道群安全舒适光环境集成应用示范

(1)示范地点和规模

公路隧道群安全舒适光环境集成应用包括:LED电光诱导标、特殊灯光带以及可变色温照明技术应用。LED电光诱导标实施范围为秦岭天台山隧道左、右线,在隧道左右洞各设置两处特殊灯光带,在秦岭天台山隧道洞口段设置可变色温健康光照明灯具。

(2)示范实施情况

在秦岭天台山隧道两侧检修道顶面增设主动发光LED诱导标,发挥行车诱导功能。采用插拔式设计,便于维修替换。设置间距为12m,与原设计洞内反光轮廓标间距相同,并替代原设计位于检修道顶面的反光轮廓标,如图2.1-101所示。

特殊灯光带通过不同的灯光和图案变化,可以将特长隧道演化成几个短隧道,从而消除驾驶员的焦虑情绪和压抑心理,缓解驾驶员视觉疲劳,保证行车安全。

图 2.1-101　LED 电光诱导标实际应用效果

秦岭天台山隧道为超长隧道，为了减轻驾乘人员驾乘疲劳，缓解紧张情绪，在距隧道路面 3.5m 的高度安装有节能型 LED 投影灯，投影灯具采用对称交错布置，间距 8m，沿隧道两侧壁布置 200m 长度。投影灯投采用仰角安装方式，将投影灯图案如蓝天、白云、水纹及其他各种图案投射到隧道顶部，见图 2.1-102。同时在隧道两侧壁距隧道路面 6.5m 高度，连续设置三色发光二级管（RGB LED）洗墙灯，三原色（RGB）洗墙灯可向隧道顶部投染底色，底色可变化为红、蓝、紫等颜色。为保证逼真的投影效果，应将特殊灯光段隧道顶部墙面找平，并涂抹底漆进行处理。丰富的环境照明可改善隧道内枯燥的行驶环境，使驾驶员达到良好的视觉体验和健康的心理状态。

图 2.1-102　特殊灯光带实际应用效果

3）山区公路隧道群恶劣气象行车安全保障集成应用

（1）示范地点和规模

山区公路隧道群恶劣气象行车安全保障集成应用包括：公路雾天智能行车诱导系统以及遮阳防雪棚+液态融雪剂智能喷淋系统，见图2.1-103。

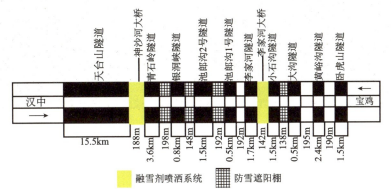

图2.1-103　遮阳防雪棚+液态融雪剂智能喷淋系统布设示意图

公路雾天智能行车诱导系统实施范围为易发生团雾的中岩山2号隧道至卧虎山隧道之间主线及宝鸡南立交匝道上下行方向，同时在秦岭天台山隧道群路基段设置遮阳防雪棚，桥梁段设置液态融雪剂智能喷淋系统，全方位防止路面积雪结冰，保障隧道群冬季行车安全。

（2）示范实施情况

公路雾天智能行车诱导系统布设于大雾、团雾区段路基、桥梁道路两侧，起到行车诱导和事故防范作用，见图2.1-104。灯具具有黄、红亮色，黄灯诱导，红灯预警。根据大雾等级，智能诱导灯具呈现不同颜色，或以不同频率闪烁，诱导行车和提醒驾驶员减速慢行。系统配置红外探测装置，可在大雾等低能见度情况下（能见度低于特定阈值时）通过调整正常行驶车辆（或违停车辆）后方一定范围内灯具颜色，起到防追尾作用；也可调整事故车辆后方一定范围内灯具颜色，起到预防二次事故的作用。此外，智能诱导灯还具有碰撞事故检测功能，当车辆撞击到护栏引起智能诱导灯震动时，诱导灯根据内容算法检测研判碰撞事件并上报系统。根据预设规则也可以对碰撞点上游特定范围的智能诱导灯开启联动预警模式，警示上游来车谨慎驾驶。

本项目选取团雾易发路段中岩山2号隧道至卧虎山隧道之间（K135+122～K135+172，K135+573.5～K137+546.4）主线及宝鸡南立交匝道上下行方向，每隔24m设置一组智能边缘标。

图 2.1-104　公路雾天智能行车诱导装置实际应用效果

在路基和桥梁段设置遮阳防雪棚(图 2.1-105),不仅能有效防止路面积雪,避免路面湿滑,还可形成一个光过渡带,减少隧道出入口的明暗适应问题,确保行车安全。液态融雪剂智能喷淋系统借助先进的交通气象环境传感器技术及预测方法,实现对路面温度及路面结冰的精确短临预警,依据监测、研判、预警结果,适时启动系统泵站和融雪剂溶液喷洒终端机构,精准撒布适量的融雪剂,降低路面液体冰点,预防路面出现影响行车安全的冰雪湿滑路面状况,防止相关交通事故的发生。

图 2.1-105　遮阳防雪棚实际应用效果

秦岭天台山隧道群大部分线位高程位于积雪线以上。根据现场建设期间粗略统计,每年降雪(积雪达到 5mm 以上)次数 6~10 次,单次降雪持续 1~3d。洞口连接段积雪严重影响运营安全。通过在路基段设置遮阳防雪棚,桥梁段设置液态融雪剂智能喷淋系统(图 2.1-106),全方位防止路面积雪结冰,保障隧道群冬季行车安全。

图 2.1-106　液态融雪剂喷淋系统实际应用效果

4）山区公路隧道群防灾救援设施集成应用

（1）示范地点和规模

山区公路隧道群防灾救援设施集成应用实施范围为秦岭天台山隧道。

（2）示范实施情况

超长隧道群疏散救援通道布设：宝鸡至坪坎高速公路秦岭天台山隧道救援时间设置为 8min。由于从两端互通立交进入该区段不满足 8min 行程要求，因此将秦岭隧道 1 号施工斜井和青石岭斜井，后期作为永久性通道，形成微型立交互通，当发生事故且距离两端的宝鸡南互通和岩湾互通较远时，采用两条斜井作为疏散通道，将该区段内的滞留车辆和人员疏散出隧道区段（图 2.1-107）。

图 2.1-107　秦岭天台山隧道北口救援通道

超长隧道群消防救援站布设：全线于宝鸡南互通、神沙河及天台山服务区位置分别设置 3 处消防救援站，见图 2.1-108～图 2.1-110。根据消防救援站的位置，可将全线分为 2 大段 4 小段。宝鸡南互通至神沙河为第一区段，神沙河至天台山服务区为第二区段。第一段中间节点 K143+845 到宝鸡南互通消防救援站作为第一小段，采用宝鸡南互通消防救援站进行救援，中间节点 K143+845 至神沙河消防救援站作为第二小段,利用神沙河消防救援站进行救援。神沙河消防救援站至第二段中间节点 K160+263 为第三小段,利用神沙河消防救援站救援,第二段中间节点 K160+263 至天台山服务区为第四小段,利用天台山服务区消防救援站进行救援。

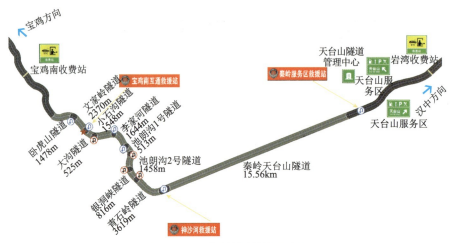

图2.1-108 消防救援站位置示意图

图2.1-109 秦岭天台山服务区消防救援站

"八"字形洞内交通转换带:秦岭天台山隧道是山岭区特长公路隧道,且该隧道全长处于宝鸡方向连续长下坡路段,运营期交通安全管控、洞内滞留车辆紧急疏散以及养护维修时的交通保畅等难度较大,通过在洞内增设"八"字形洞内交通转换带(图2.1-111、图2.1-112),可以进一步优化完善洞内应急救援和交通疏散设施,实现左、右洞交通灵活转换,提高应急处置工作效率,保障养护维修期间的交通保畅工作,按照"长隧短管"理念,构建隧道区段间便捷的交通转换体系,确保行车安全,进一步提高运营管理水平。

图 2.1-110　神沙河救援站实际应用

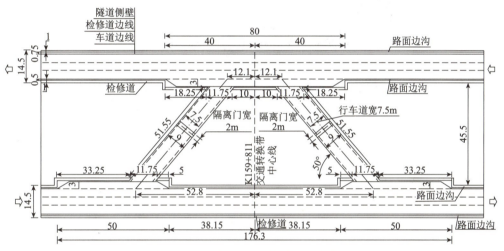

图 2.1-111　交通转换带平面布置图（尺寸单位：m）

图 2.1-112　"八"字形洞内交通转换带实际应用

神沙河救援广场加宽段安全设施配置：神沙河大桥左线、右线桥梁起点接青石岭隧道出口，终点接秦岭天台山特长隧道进口。本桥由五幅横向并排的连续刚构桥组合，各桥相互独立，横向通过纵向桥面伸缩缝进行连接，见图 2.1-113。左线神沙河大桥和右线神沙河大桥作为本项目主线的通行功能，小桩号侧为青石岭隧道，大桩号侧为秦岭天台山隧道；中间 1 号桥、中间 2 号桥和中间 3 号桥承担着秦岭天台山特长隧道和青石岭隧道施工时的交通救援功能、运营时的交通拥堵疏散功能和运营时长坡段重车临时停车、降温的功能。

图 2.1-113　神沙河救援广场

2.1.5　经济和社会效益分析

1）通过全方位感知、智慧决策、主动管控、分区快速救援等技术措施，集成超长隧道群安全智慧运营技术体系，保障行车安全，提高秦岭天台山隧道群事故预防能力。

秦岭天台山超长隧道群交通事故统计见表 2.1-37。交通事故统计数据显示：秦岭天台山隧道群年平均交通事故数量为 50 起，与秦岭其他隧道群相比，交通事故率降低 40%~66%。

秦岭天台山超长隧道群交通事故统计　　　　表 2.1-37

路段名称	时间(年)	事故数量(起)	区段长度(km)	年车流量(万辆)	年平均事故率(起/km/万辆)	备注
秦岭天台山超长隧道群	2021 年	8	32	69.30	0.0037	2021 年 9 月开始运营
	2022 年	50	32	414.10		—

秦岭天台山隧道上下行交通事故对比：秦岭天台山隧道交通量和交通事故统计数据显示，2022年全年秦岭天台山隧道共发生交通事故33起，其中上行线25起，下行线8起。秦岭天台山隧道下行方向为连续长下坡路段，其事故率相比上行路段显著减少，约为上坡方向事故数量的1/3，突破一般隧道下坡方向事故率高于上坡方向的现状，秦岭天台山隧道2022年交通流量与交通事故统计见表2.1-38。2022年各月份秦岭天台山隧道群上行、下行车流量和交通事故对比统计见图2.1-114和图2.1-115。

秦岭天台山隧道2022年交通流量与交通事故统计　　表2.1-38

线路	交通流量	交通事故数量
上行线	224.9万辆	25起
下行线	175.8万辆	8起

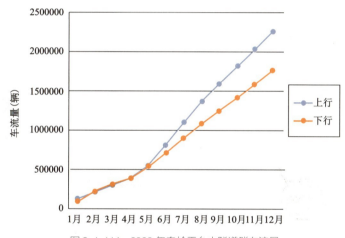

图2.1-114　2022年秦岭天台山隧道群车流量

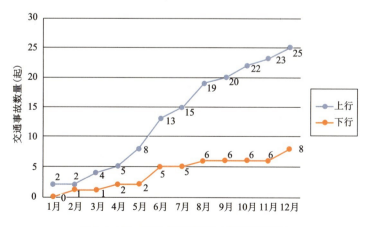

图2.1-115　2022年秦岭天台山隧道交通事故

2）长隧短管，提升秦岭天台山隧道群防灾救援能力

按照"长隧短管"理念，设置"八"字形洞内交通转换带、救援疏散通道、消防救援站等设施，构建便捷的交通转换体系。全线分为两大段，即宝鸡南互通至神沙河段以及神沙河段至岩湾互通立交段。结合宝鸡南救援站和天台山服务区救援站以及神沙河救援站，配合秦岭隧道内消防站，按照救援站的服务区间，形成4个小救援区段，最快可8min到达，实现秦岭天台山超长隧道群运营安全分区管控，全方位提升秦岭天台山隧道群防灾救援能力，见图2.1-116。

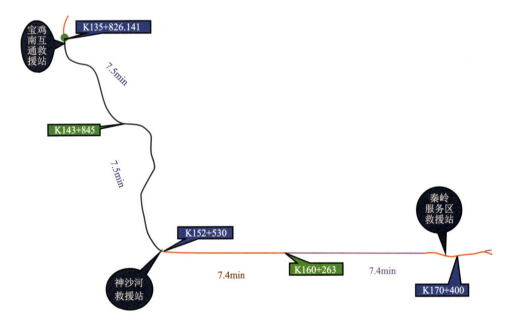

图2.1-116　宝坪高速公路救援站位置分布图

2.2　超长隧道群大数据智能运营管控技术

2.2.1　研究背景和必要性

我国高速公路发展迅猛，但高速超长公路隧道管理的信息化水平难以满足信息综合管理的需要，在运营过程中积累了大量的设施、车辆、运行、管理、环境等信息，但对数据的开发和利用还远远不够；设备采集数据无统一数据编码标准，重监视、轻控制，自动化程度较低，信息加工深度不够等问题。主要

体现在以下方面：

交通运营风险大：超长多车道公路隧道在横纵方向同时扩展延伸，交通容量大幅增加，人、车、路之间的矛盾加剧，运营管理难度及安全风险高；32km隧道群桥隧比例极高，防灾救援难度大。目前国内外既有成果主要为双向四车道公路隧道群，尚未形成系统的针对双向六车道公路隧道群的运营安全状况评价方法，隧道群运营管控与交通安全保障缺乏完善技术和成熟经验。

数字化管理能力不足：超长公路隧道内设的各个系统作为监测管控的数据来源，积累了大量的监测数据，而目前其数据的分析及利用程度较低，未构建专用数据库或已构建但利用率低下，阻碍了数字化管理。总体来说，就是已有资源综合利用不足导致管理与服务效率较低。

系统集成、关联程度不高：随着车流量日趋增长，超长公路隧道安全综合管理是管理工作的重难点。而目前大多隧道管控系统诸如照明、监控、供电、通风、消防等系统分别为独立控制，系统功能单一，各系统的联动及综合控制管控能力需进一步加强，集成度不高、数据共享程度不够是影响隧道综合管理的症结所在。

应急处置能力需进一步提升：目前多为视频监控结合人工巡查来对交通事件进行预警监测，缺乏公路隧道智能联动救援系统提供应急方案，而当遇有突发交通事件发生时，一方面是人工识别事件需要时间，另一方面是依据事件发生的程度，也需人工对各系统进行选择性启动来采取不同措施，这不仅影响了事故处理效率，而且在紧急状况下难免存在疏漏。

通过隧道智能运营管控系统的建立，一方面能够实现对现有机电设施资源的高效利用，降本增效，提高了系统交互能力，减少人为操作，深化隧道综合联动管控能力。提高管理的主动性、实时性及预测性、交通安全发展态势，通过多目标雷达跟踪技术为高速公路管理者提供了一种更为有效、实时、安全的车辆检测和跟踪办法，通过感知到的交通信息，实时掌握路网交通状况及车辆行驶轨迹。另一方面，通过数据采集、传输及远程控制完成对驾驶员预警、疏导，降低交通事故发生率，最大限度避免二次事故发生，减少人员伤亡。此外，开展深层次的隧道系统数据挖掘，能够更好地掌握隧道各类机电设备运行状态及交通环境，为驾乘人员提供更为安全、舒适的出行保障。

2.2.2 主要研究内容

（1）公路隧道紧急情况下无线网络通信与移动定位技术研究。

（2）基于物联网的公路隧道设备智能化管理和维护系统研究。

（3）基于云服务的公路隧道智能联动救援系统研究。

（4）公路隧道一体化综合管理平台构建方法与应用研究。

2.2.3 主要技术成果和技术指标

2.2.3.1 成果一：超长公路隧道紧急情况下无线通信及移动定位技术

1）超长公路隧道紧急情况下无线网络通信技术

宝坪高速公路隧道群全长共32km，具有"超长、多车道、长纵坡、大埋深、生态敏感"等显著工程特征。通信系统作为隧道管理和安全保障的信息传输通道，起着高速公路隧道管理中枢神经的作用，尤其是在超长隧道中更是安全运行的必要条件。当发生紧急情况时，一旦作为超长隧道通信系统主干的光纤网发生损坏，各隧道和管理中心的通信将会中断，无法对隧道交通控制现场设备进行控制以及对消防救援提供信息支撑，因此需要进行超长公路隧道紧急情况下无线网络通信的方案研究。

（1）高速公路（隧道群）通信系统概述

①高速公路通信系统结构与组成。

高速公路通信系统主要包含光传输系统、程控交换及软交换系统、通信电源系统、紧急电话及广播系统。

光传输系统：光传输系统是通信系统的核心，一般分为骨干层和接入层两部分。光传输系统为高速公路沿线设施之间的话务通信（诸如业务电话及对讲电话）以及监控、收费系统的数据、图像等非话音业务提供传输通道。

程控交换及软交换系统：传统的程控交换系统多采用独立局域网为主要模式。以模拟中继线和信令两种媒介分别连接上级话务机关和其他路端，多采用V5协议作为主要连接方式。软交换系统是承载于以太网平台上的新型交换模式，是下一代网络的核心技术，为业务网与承载网的分离以及各业务网的融合提供了可能；具有良好的继承性，支持PSTN网、7号信令网的全面互通，因而能与传统的程控交换兼容。

通信电源系统：通信电源是通信系统的动力基础，主要由高频开关电源和阀控式密闭蓄电池组、电源环境监控器构成。常规下为传输和程控交换等设备提供直流电源；在交流输入中断情况下自动切换蓄电池组工作，确保直流电源输出，后备时间一般不少于10h。在建设中，稳定性及严密性是通信电源的基本要求。通信电源同时配备电源环境模块，以实现"遥信、遥控、遥测"功能。

紧急电话及广播系统：紧急电话及广播系统是整个通信系统中必不可少的部分，在紧急性突发事故的通信及救援等方面发挥着极其重要的作用。紧急电话及广播系统分为模拟型和数字型两种。随着技术的进步，模拟的紧急电话及广播系统逐渐退出市场，而数字型紧急电话及广播系统采用IP通话技术，将语音信号以数据包形式在网络中传输，是纯数字传输的对讲广播系统。该系统由中心控制设备、对讲分机、功放、扬声器几部分构成。一套中心控制设备可实现对多个紧急电话及广播终端的统一管理。

②高速公路主干通信。

高速公路传输网络作为各类业务的支撑系统与承载平台，为全省高速公路语音电话、收费结算、监控图像、视频会议、办公自动化等数据业务提供了传输通道。目前的干线传输系统都采用SDH光同步数字传输路，各路段管理处接入层也全部采用同步数字体系(Synchronous Digital Hierarchy，SDH)光同步数字传输设备。近年来，随着高速公路网络业务迅猛增长，使得高速公路中原来建设的传输网络已经远远适应不了用户的需求，所以研究高速公路传输网技术在指导、评估传输网的建设方面具有重大的经济意义和实用意义。

高速公路通信系统传输网由干线传输网和路段接入网构成，目前主要有PD-FI、SDH/SONET、OTN等类型(都是光纤网)。高速公路传输网为其他业务网络提供传输通道，是各种上层业务网的承载体，是保障高速公路安全、高速、畅通、舒适、高效运营必不可少的关键网络技术，起着高速公路管理系统中枢神经的作用，是实现高速公路现代化管理必不可少的基础设施。

干线传输网主要由通信管道、电(光)缆线路和光纤数字传输系统组成，设立在省级通信中心和路段通信(分)中心之间，其主要功能是为省内交通电话网组织提供中继通道；为省间交换电话网互联或组织全国交通电话网预留中继通道；为监控系统、收费系统的数据、传真、图像等非话业务提供传输通道；为组织CCTV网络提供图像传输手段和控制信息传输通道；为会议电视系统以及其他新增业务的需求提供数字通道和接口。干线网应能有效覆盖全省(自治区、直辖市)高速公路网，在路段通信(分)中心与其直接管辖的几层无人通信站之间应设立路段接入网。路段接入网主要为沿线收费站、服务区、养护工区的各种业务需求提供接口或传输通道,是路段间的传输系统。

目前传输网主要是光纤数字传输系统,其特点有:大容量、高速率、接口丰富、具有网络自愈功能、兼容性强,低速率复用成高速率,适用于不同的业务。

高速公路通信系统的主干通信网络相对于其他通信网络具有一定的特殊性,主要体现在以下几个方面:

覆盖范围:高速公路是线状分布的,所以也就决定了主干通信网络的覆盖范围为沿着省中心和各路段分中心之间线形的几十公里,这是和一般电信网结构的最大区别。

承载业务种类:通常通信系统承载的业务是数据、语音和图像。高速公路工程中主干通信网络负载的各业务的特点是:最重要的为数据业务,特别是收费系统的数据信息,需要较为可靠的通信保障;而业务量最大的是监控系统的图像信息,而且是一天24h连续不间断的;各节点之间的语音传输需求量较少。

可靠性要求:高速公路主干通信网由于承担着为高速公路监控等关键系统提供数据通信的服务,所以对主干通信网的可靠性提出特殊的要求。因为一旦出现通信故障,监控系统无法采集实时的道路交通信息,也无法对道路进行必要的控制管理,导致监控系统失灵,以致引起交通秩序混乱,都将造成不良影响和经济损失,甚至重大伤亡事故。因此,高速公路通信系统要求较高的可靠性保障。

③高速公路隧道(群)通信网。

通信系统实现隧道内各区域控制器之间的数据通信和区域控制器与监控中心的数据通信。监控中心要求能够以以太网实时监控隧道内现场设备的状态,隧道内各区域控制器实时将历史数据传送至监控中心。整个系统从网络结构上一般分为三层。第一层是以监控计算机、网络服务器等为主挂在以太网的监控管理层。第二层是交通区域控制机单元,包括各隧道内的区域控制机及通信站的以太网交换机等,组成在光纤网上的现场控制。第三层是传输层,主要对隧道中机电设备,如摄像机等检测设备,起到直接传输监控设备所采集信息的作用。

设备由于分布较为分散,传输距离较远,为保证系统信号传输的高可靠性和系统的稳定性,提高系统的抗干扰能力及提供线路冗余能力,且近年来网络技术高速发展,以太网越来越多地得到应用,不仅在民用上,在工业上,工业以太网的技术也越来越成熟,在工业控制领域也得到广泛的应用,此外,用户对以太网络相对较熟悉,易于被接受,另外,隧道监控的管理系统一般多采用

10M/100M以太网络，这样便于直接连接和扩充。故第二层网络采用工业级的以太光纤冗余环网，采用此种网络相对于其他的网络结构有一定的优越性，当线路上有一个断点时，整个网络仍可正常通信，也就是说这种结构带有线路冗余，另外，由于使用光纤作为传送介质，使网络的抗干扰能力大大提高。

虽然隧道内的通信网络采用了以太光纤冗余环网，但是当发生特殊的紧急情况（如地震、塌方等），隧道内外通信的主干光纤网依然会损坏，通信将面临中断的风险，这对于紧急情况下的救援和管理不能起到可靠的支撑作用。

(2) 超长公路隧道应急通信需求分析与解决方案

① 超长公路隧道应急通信需求分析。

公路隧道紧急情况主干光纤网的替代：超长公路隧道内通信依赖于主干光纤网的通信系统，然而一旦特殊情况下（地震、塌方等）主干光纤网损坏，各隧道和管理中心的通信将会中断，缺乏应急情况下隧道内主干光纤网的替代方案，在特殊情况下导致光纤断裂，而隧道的地理环境又相对特殊，一般位于山地、林区等特殊的地理环境。在地震、塌方等情况下对于光纤的布线比较困难的应用环境的时候，将对有线网络的布线工程有着极强的制约力，而用无线数据传输模块建立专用无线数据传输方式将不受这些限制，采用无线传输模块建立实现在紧急情况下对主干光纤网的替代。

公路隧道紧急情况下的紧急救援：隧道紧急情况下通过无线通信设备建立无线通信链路，可为隧道提供公共需求、运营维修、消防防灾、灾害调度等紧急情况下的通信联络；可以确保消防及公安人员在隧道内通信的畅通，满足隧道内交警、消防人员、巡警等在隧道内的预警、维护工作需求；可为隧道提供多元的维护及防灾指挥系统；满足隧道运营人员的维护通信需求。紧急告警通信，可更好地指挥和疏散驾驶员及隧道内人员。

公路隧道紧急情况下的管理与控制：高速公路紧急情况下通过无线通信传输对隧道交通控制现场设备进行控制和管理主要包括交通信号灯、车道指示器、车检器、可变限速标志和可变情报板等。同时向管理中心传送车流量和车速数据、交通信号灯及车道指示器的状态信息和隧道视频图像信息。管理中心根据现场实际情况发送相应指令，实现对隧道的管理和交通信号灯和车道指示器等设备的控制。

② 基于微波点对点接力传输方案。

该方案采用微波无线通信技术，主要采用微波ODU（outdoor unit）基站、微波中继站等微波设备,实现替代有线网络传输数据的功能,在网络的两端(隧道、管理中心)完成有线到无线的转换。整个系统架构如图2.2-1所示,微波ODU基站实现业务接入、调制解调及微波信号传输,微波中继站实现微波的放大及转发,以延长微波通信传输的距离,管理中心集成ODU总站能够与多个微波中继站或微波ODU基站进行微波通信。

如图2.2-1所示,将三层交换机通过网线连接到微波ODU基站上,微波ODU基站通过微波中继接力,逐步把信号传给管理中心的微波ODU集成总站,再连接到管理中心的三层交换机,实现隧道和管理中心的数据传输。

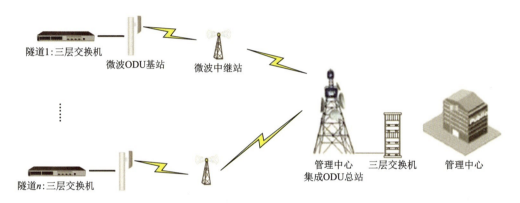

图2.2-1 微波点对点接力传输架构(方案1)示意图

微波中继每个隧道和管理中心之间需要用到的微波中继站的数量,取决于该隧道和管理中心间的地形地貌状况。如果距离近且没有山头等阻挡,则需要的中继站点数量很少,甚至不需要中继,使用ODU直接传输。

该方案主要优点:数据传输速率较高,点对点接力传输可达200Mbps(上行及下行);独立组网,自成系统,属专用网络,安全性和可靠性不受外网的影响,相对稳定可靠。

该方案的缺点是因要架设基站设施,建设成本相对较高。

③基于4G/5G公网无线传输方案。

本方案采用4G/5G无线网络实现无线数据传输,如图2.2-2所示,以太网-4G/5G转换盒将网络数据通过4G/5G发送到公网。

本方案中,隧道内三层交换机连接一个4G/5G转换盒,该转换盒通过4G/5G接入Internet,与管理中心服务器连接。管理中心的服务器则通过有线和Internet网络相连,将隧道内的数据接入管理中心的三层交换机。

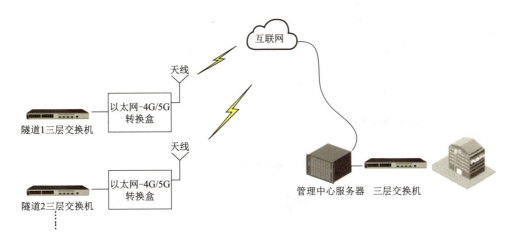

图 2.2-2　4G/5G 公网无线传输方案架构（方案二）示意图

方案中的每个隧道都架设独立的转换盒和天线，管理中心服务器则只需要通过有线网络连接，就可以将所有隧道数据汇入三层交换机内。

本方案的主要优点是建设简单（无须如上一方案所述中继组网）、成本低，在带宽允许的条件下，一个隧道只需一个转换盒，在隧道外有运营商 4G/5G 基站处架设转换盒天线即可。缺点是依赖 4G/5G 网络，有部分隧道因为身处山内，运营商 4G/5G 信号不一定覆盖，且稳定性较差，不能保证数据传输所需网络带宽。

本方案所能达到的数据传输速率取决于运营商在隧道外覆盖的信号质量。如果有良好的 4G 网络覆盖，且基站小区 UE（User Equipment）不多的情况下，数据速率能达到上行约 10Mbps，下行约 50Mbps（具体视不同运营商基站情况而定）。如果有良好的 5G 网络覆盖，则速率能达到上行约 100Mbps，下行约 200Mbps（具体视不同运营商基站情况而定）。

（3）对现有机电系统设计对接需求

①原设计方案。

隧道内原有的通信系统是一个有线网络架构的系统，由专用通信网 + 三层交换机 + 二层交换机 + 应用终端组成，如图 2.2-3 所示。

②系统框架。

一旦特殊情况下（地震、塌方等）主干光纤网损坏，各隧道和管理中心的通信将会中断，此时，必须建立一套不依赖于主干光纤网的通信系统，实现隧道内各设备和管理中心的应急通信。

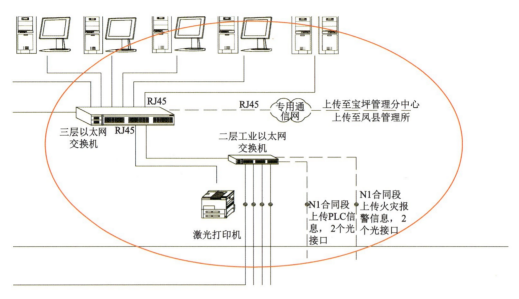

图 2.2-3　隧道原有网络与主干通信网络的连接示意图

本项目采用无线通信网络方案，在应急情况下，替代隧道内主干光纤网，框架结构示意图如图 2.2-4 所示。

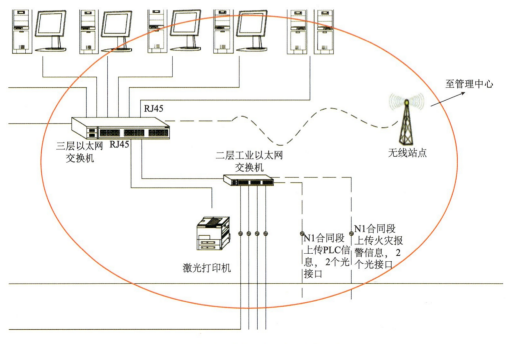

图 2.2-4　隧道原有网络与无线通信网络框架结构示意图

③对现有机电系统设计对接总结。

上述两种方案和机电系统对接都较为简单，在隧道内，只要将无线通信系统的网线和主干网的网线同时接到三层交换机上即可。在管理中心，只要将集成 ODU 总站或服务器的网线也接入到三层交换机上即可。需要另配设备，需要专用稳压供电。

2）基于无线传感器网络移动定位技术

在秦岭天台山 32km 的隧道群中，为保障隧道内行车安全、关键设备位置监控和隧道内施工人员安全及紧急情况下的事故救援快速定位，可对隧道内大型车辆或者危化品车辆、关键设备和人员利用 UWB 无线定位技术进行实时定位跟踪，一旦发生事故，能够在第一时间定位事故地点，方便快速展开救援。

（1）超长公路隧道移动定位需求分析

①公路隧道内移动人员定位。

秦岭天台山 32km 隧道群中，若隧道内人员出现事故时未及时发现并处理，极易发生二次事故，隧道群里程长，加之隧道内人员目标过小，使得人员位置不易定位，增加了搜救难度。利用隧道内无线定位系统可以对隧道内移动人员的实时位置进行跟踪定位，记录其行动轨迹，掌握运行动态。

秦岭天台山隧道群为两头开放的封闭式环境，仅在隧道交接处采用了遮阳棚结构，隧道内布设有移动基站，正常情况下可满足隧道内通信要求，但在紧急情况下隧道内会出现人员无法利用移动通信设备发出求救信息。此时，移动定位设备可克服人员自身无法求救的难题，加快了搜救人员定位速度，准确掌握人员位置。

隧道群内机电设备众多，为保障隧道内安全运营，需要对隧道内设备进行维护，在隧道人员数量多情况下，面临巨大的管理难度。传统的隧道安全控制方法效果和实用性较差，尤其在事发前的危险预警、事后救援等方面，难以发挥有效作用。因此，可利用 UWB 无线定位管理系统保障隧道内人员的安全。对危险情况进行预警，并对危险区域设置电子围栏。一旦发生事故，掌握隧道内人员的位置信息为灾后紧急救援提供有效保障。

②公路隧道内移动车辆定位。

超长高速公路隧道封闭性强，结构复杂，内部空间狭长，隧道内大型车辆或者危化品车辆一旦发生重大事故，会造成不可挽回的损失，且超长高速公路隧道为高速公路的瓶颈路段，近些年车辆密度迅速增加，交通拥挤日趋严重，各类交通事故不断增多，若高速公路隧道发生交通事故会严重影响高速公路的通行能力，保障超长公路隧道安全问题日益成为公路隧道建设者和管理者关注的焦点。对隧道内事故发生的原因进行统计分析，主要有以下三种情况：

a. 人为因素直接导致事故发生。由于隧道内环境单调恶劣，很容易导致驾驶员心理压抑和精神疲劳，较易出现操作失误，导致事故发生。

b. 载有易燃易爆危险品或载有黄油、木头、纸屑等助燃品的车辆(潜在危险品)遇到热源或明火而起火引起爆炸，这里的热源或火源包括车辆电子线路短路起火、发动机过热自燃、刹车片起火、轮胎摩擦起火、隧道内部线路起火、烟蒂等。

c. 车辆运行中突发故障，如车辆爆胎、制动失灵等，造成连环碰撞。

针对以上三种情况，其中危险车辆对超长公路隧道的破坏最大，危险品发生起火引起爆炸可对隧道建筑造成破坏。因此，需在现有的隧道机电系统中加入一种对车辆运行状况具有强针对性的监测定位系统，该系统用于针对危险品运输车辆或潜在危险品运输车辆进行全程监测定位，并将所检测各项指标数据实时上传至隧道管理中心监控室，方便工作人员做好事故监控、预警及救援。

③公路隧道内设备定位。

秦岭天台山隧道群机电设备数量大，机电系统的稳定运行是保证超长隧道安全运营的必要条件，公路隧道由于环境封闭、光线差、行车视线不好、能见度低、空气质量较差等原因导致交通事故率高于一般路段；由于隧道内迂回空间有限、救援难以快速展开，导致隧道内的交通事故处理效率低下，若隧道内机电设备发生脱落，导致交通事件，将对隧道内驾乘人员产生安全威胁。

秦岭天台山超长高速公路隧道环境非常复杂，封闭性强，构造物多，部分机电设备常处于振动环境下，而且空间也相对狭小，给维护人员的维护和管理带来了相当大的困难。对机电设备通过高精度定位，可以确定机电设备结构是否出现变化，通过超宽带(UWB)定位技术实现关键设备定位，掌握设备是否出现松动和移位。

对超长高速公路隧道易脱落移位机电设备位置进行监控是非常有必要的，完善的隧道机电设备监控能够改善洞内行车环境、减少交通事故率、增强驾乘人员驾驶的安全性和舒适性，以达到保障公路隧道安全运营的目的。

(2)超长公路隧道无线定位方案设计

①超宽带技术(UWB)无线定位技术概述。

超宽带(Ultra-wideband，UWB)技术是一种无载波的无线通信技术，具有传输速率快、功耗低、抗多径干扰能力强等特点。20世纪60年代，UWB最初用于军事目的，直到2002年美国联邦通信委员会（FCC）才发布商业化规范。FCC给出了超宽带信号的定义：绝对带宽大于500MHz或者相对带宽满足以下条件。

$$B_f = \frac{2(f_h - f_l)}{f_h + f_l} \geq 0.2 \quad (2.2\text{-}1)$$

式中：B_f——相对带宽；

f_h、f_l——信号衰减为10dB时的上限截止频率、下限截止频率。

为了避免对其他无线波通信系统的相互干扰，FCC规定超宽带信号的规范工作频谱为3.1~10.6GHz（可用频谱为7.5GHz），辐射功率不超过41.25dBm/MHz。应用于隧道定位的技术主要有红外定位技术、超声波定位技术、射频识别（Radio Frequency Identification，RFID）定位技术、蓝牙定位技术、Zigbee定位技术、Wi-Fi定位技术等，然而这些定位技术大多存在传输距离短、抗多径效应差、定位精度低等问题。

UWB定位技术使用时间极短的窄脉冲传输信息的工作方式，成为精准测距的理想方式，其具有以下特点：

传输速率快：由于超宽带脉冲信号具有非常大的带宽，根据香农第二定理式(2.2-2)，当信噪比恒定时，超宽带信号具有非常高的数据传输速率。

$$C = B \cdot \log_2\left(1 + \frac{S}{N}\right) \quad (2.2\text{-}2)$$

式中：C——信道支持的最大速度或者信道容量；

B——信号传输带宽；

S——平均信号功率；

N——平均噪声功率，则S/N为信噪比。

测距精度高：信号抗多径效应干扰能力强。由于超宽带通信采用时间非常短的窄脉冲传播消息，因此其信号具有良好的时域分辨率性质。

成本低，功耗低：为了不干扰其他通信信号，FCC规定超宽带需使用极低的信号发射功率（-41.25dBm/MHz），因此超宽带信号功耗较低。

针对这些问题，采用一种基于UWB定位系统应用于超长隧道定位，充分利用UWB技术具有的抗干扰性能强、功耗低、传输速率高、传输距离远、空间传输容量大、穿透性高，而且硬件结构简单、系统复杂度低等特点，可以很好地与其他系统共存，实现隧道人员、车辆、设备的精确定位。

②超长公路隧道无线定位系统架构及算法设计。

基于 UWB 的隧道定位系统主要由移动标签、定位基站、交换机和定位服务器构成，其系统结构如图 2.2-5 所示。

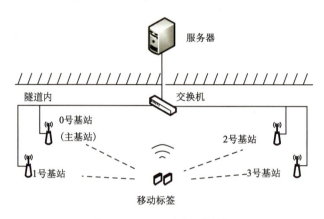

图 2.2-5 UWB 定位系统结构

移动标签由隧道中的作业人员携带以对其进行跟踪定位，定位基站被固定等高布置在隧道中已知坐标的位置，当作业人员在定位基站分布范围内施工作业时，定位基站通过获取移动标签的测距信息和 ID 号等相关内容信息，并通过交换机上传至服务器，服务器上的上位机采用 TOA 跟踪算法实现对隧道中施工人员的实时跟踪。基于 TOA 的定位系统中，测距精度决定目标定位的精度，但测距精度的提高有限，因此选择合适的坐标位置估算方法也是提高定位精度的必要前提，结合超长隧道环境的特点，研究合适的位置估算方法。

定位目标节点经典常用的方法之一是几何定位法，其原理简单易懂，也被称为直接计算法，以三边定位为例，将被测节点坐标求解问题转换为三个已知坐标的锚节点求交点问题，形成以自身为圆心、与被测节点的距离为半径的圆，其原理如图 2.2-6 所示。

已知三个基站锚节点坐标 $A(x_1, y_1)$，$B(x_2, y_2)$，$C(x_3, y_3)$，被测目标节点 (x, y)，则距离为：

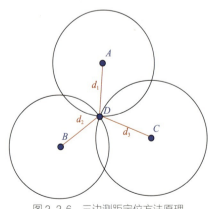

图 2.2-6 三边测距定位方法原理

$$\begin{cases} \sqrt{(x-x_1)^2+(y-y_1)^2}=d_1 \\ \sqrt{(x-x_2)^2+(y-y_2)^2}=d_2 \\ \sqrt{(x-x_3)^2+(y-y_3)^2}=d_3 \end{cases} \quad (2.2\text{-}3)$$

由上式我们可以得到未知节点坐标：

$$\begin{bmatrix} x \\ y \end{bmatrix}=\begin{bmatrix} 2(x_1-x_3) & 2(y_1-y_3) \\ 2(x_2-x_3) & 2(y_2-y_3) \end{bmatrix}^{-1} \cdot \begin{bmatrix} x_1^2-x_3^2+y_1^2-y_3^2+d_3^2-d_1^2 \\ x_2^2-x_3^2+y_2^2-y_3^2+d_3^2-d_2^2 \end{bmatrix} \quad (2.2\text{-}4)$$

几何定位法中多边定位过于理想，正如前文提到的 NLOS 误差，导致几个圆无法交于真实点，方程组的求解误差大，位置坐标无法精确估算。多角定位方法在 NLSO 传播下的多径效应也会给角度带来偏差，无法精确定位坐标。

加权最小二乘法：

因式(2.2-3)的非线性方程组无法精确求解，解决上述误差问题的常用定位方法是最小二乘法(Least square algorithm，LS)，其原理如图 2.2-7 所示，假设二维定位中已知 n 个基站节点坐标，表示为 (x_i, y_i)，待测标签节点为 (x, y)，根据距离公式得到：

$$d_i^2=(x-x_i)^2+(y-y_i)^2, \quad (i=1, 2, \cdots, n) \quad (2.2\text{-}5)$$

式中：d_i——标签节点与第 i 个锚节点之间的距离，具体情况如图 2.2-7 所示。

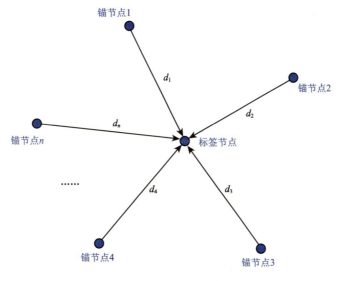

图 2.2-7　最小二乘法

将上式前 $n-1$ 项分别于第 n 项作差得到方程组：

$$\begin{cases} (x_1-x_n)x+2(y_1-y_n)y=d_n^2-d_1^2+x_1^2-x_n^2+y_1^2-y_n^2 \\ (x_2-x_n)x+2(y_2-y_n)y=d_n^2-d_2^2+x_2^2-x_n^2+y_2^2-y_n^2 \\ \vdots \\ (x_{n-1}-x_n)x+2(y_{n-1}-y_n)y=d_n^2-d_{n-1}^2+x_{n-1}^2-x_n^2+y_{n-1}^2-y_n^2 \end{cases}$$

其矩阵形式记为：

$$AX = B \tag{2.2-6}$$

令 $r_i^2 = d_i^2 - x_i^2 - y_i^2$, $i=1,2,\cdots,n$, 其中：

$$A = \begin{bmatrix} 2(x_1-x_n) & 2(y_1-y_n) \\ 2(x_2-x_n) & 2(y_2-y_n) \\ \vdots & \vdots \\ 2(x_{n-1}-x_n) & 2(y_{n-1}-y_n) \end{bmatrix}, X = \begin{bmatrix} x \\ y \end{bmatrix}, B = \begin{bmatrix} r_n^2-r_1^2 \\ r_n^2-r_2^2 \\ \vdots \\ r_n^2-r_{n-1}^2 \end{bmatrix}$$

因存在测距误差，设其模型为：

$$AX + N = B \tag{2.2-7}$$

N 是随机误差向量，因此 X 的解要使得 $N = B - AX$ 最小。LS 算法是解决非线性方程组和优化误差的常用方法，设方程 $N(X) = \|B-AX\|^2$，当 $N(X)$ 导数为 0 时求解 X 的最优解：

$$\frac{\mathrm{d}N(X)}{\mathrm{d}X} = 2A^\mathrm{T}B - 2A^\mathrm{T}AX = 0 \tag{2.2-8}$$

化解式(2.2-8)得到最小二乘解：

$$X = (A^\mathrm{T}A)^{-1}A^\mathrm{T}B \tag{2.2-9}$$

考虑各节点之间误差和测量距离有关，因此根据不同位置的位置精度和距离精度为每个节点赋予不同的权值，得到加权最小二乘法（Weighted least square algorithm，WLS），因此公式(2.2-9)转化为：

$$WAX = WB \tag{2.2-10}$$

式中：W——加权系数，由锚节点本身的定位精度和对应各标签节点的距离精度共同决定。

假设标签节点收到第 i 个锚节点 S 的信息，锚节点 S_i 的定位精度为 δ_i，与标签节点 X 之间的距离精度为 μ_i，因此锚节点 S 对于标签节点 X 的加权系数：

$$\omega_i = \frac{1}{\sqrt{\delta_i^2 + \mu_i^2}} \tag{2.2-11}$$

所以加权最小二乘解为：
$$X = (A^\mathrm{T}WA)^{-1}A^\mathrm{T}WB \tag{2.2-12}$$

基于 Taylor 的加权最小二乘法：

由式(2.2-6)，利用方程组两式相减消除的二次项，会使坐标信息损失，因此引入泰勒公式展开的方式进行线性化，解决上述问题。利用 Taylor 算法，设定定位误差低于门限值时输出目标节点最优坐标结果。

$$d_i = f_i(x, y) = \sqrt{(x-x_i)^2 + (y-y_i)^2} \tag{2.2-13}$$

令初始位置为(x_0, y_0)，对$f(x, y)$泰勒公式展开：

$$f(x, y) = f(x_0+\Delta x, y_0+\Delta y) = \sqrt{(x_0-x_i)^2 + (y_0-y_i)^2} + \frac{x_0-x_i}{f(x_0, y_0)}\Delta x + \frac{y_0-y_i}{f(x_0, y_0)}\Delta y + \cdots \tag{2.2-14}$$

据加权最小二乘解(2.2-12)可以求解误差量：

$$\hat{X} = (A^\mathrm{T}W^{-1}A)^{-1}A^\mathrm{T}W^{-1}B \tag{2.2-15}$$

设定的门限为：

$$|\Delta x| + |\Delta y| \leqslant \varepsilon \tag{2.2-16}$$

判断式(2.2-16)是否成立，成立则停止迭代，输出结果；否则，进行下一次迭代，令$x_0 = x_0 + \Delta x$，$y_0 = y_0 + \Delta y$作为初值，再代入式(2.2-15)重新计算，直到满足式(2.2-16)为止，求得的最终迭代结果坐标(x_0, y_0)即目标节点的预估坐标。

Taylor 算法的缺陷在于迭代初始值与真实值之间需尽可能接近，若初始值偏离太大，不仅增加算法的迭代次数，还会导致算法产生局部收敛，算法无法全局寻优。所以将 Taylor 算法和 WLS 融合改进，利用 WLS 得出结果作为 Taylor 算法的初值，保证 Taylor 迭代的快速收敛。

综上所述，不同的定位方法都可以获得位置坐标值，结合秦岭天台山隧道群特殊的定位场景，为了降低目标节点位置坐标的误差，算法不断优化，同时也会增加算法复杂度。理论上讲，直接几何定位法利用几何关系求解计算简便快捷，但过于理想化，在高速公路超长隧道环境实际应用中不能直接使用，基于 Taylor 的加权最小二乘法更符合实际环境，加权的初始值能加快全局收敛，减少递归次数，还可以获得更高的精确度。目前基于 Taylor 的加权最小二乘法更符合定位系统，因此，选择基于 UWB 定位系统选用基于 Taylor 的加权最小二乘法作为位置估计算法。

(3) 基于 UWB 的公路隧道无线定位系统设计

针对秦岭天台山隧道内行驶车辆的特殊环境，所提出的系统的应用场景如图 2.2-8 所示。定位系统主要分为三个部分：数据采集、数据传输及数据处理。

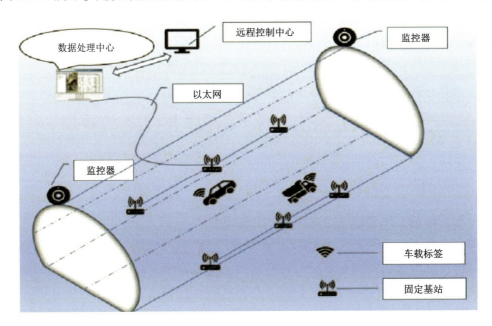

图 2.2-8 UWB 定位系统部署示意图

数据采集包括固定基站、车载标签以及安装在隧道出入口的监控器。用两个类似网关作用的基站作为系统的监控器，监控器主要实现车辆检测、流量统计及时隙分配。固定基站与车载标签主要用于完成两点间测距功能，为车辆位置坐标的求解提供原始数据，其中基站以小区化的方式覆盖隧道，移动标签通过 USB 接口接至车载电脑(Electronic Control Unit，ECU)。

数据传输采用以太网传输，考虑隧道电源供给，故采用 PoE 方案，包括固定基站到本地位置引擎(Local Location Engine，LLE)的封装标签与参考基站距离以及时间戳等信息的数据帧，及本地位置引擎到远程监控中心(如市交通运输局)的封装待定位车辆位置坐标数据帧，以及通过 Micro USB 的车载标签与车载 ECU 通信。设备部署的位置不受电源限制，布线灵活且易于管理。

数据处理，即本地位置引擎，根据 TCP/IP 协议解析来自固定基站的数据帧并存储有用信息，通过 Kalman 滤波消除误差，然后利用三边定位算法解算标签相对各参考基站位置坐标并转换为 WSG84 坐标,在控制台界面上刷新此次定位结果。同时存储历史轨迹用于轨迹预测、事故检测、事故后期调研取证。

系统工作过程可以分为三个阶段:车辆进入隧道前的监测、隧道内车辆定位与监测、车辆驶出隧道后的监测。

车辆进入隧道前的监测,系统初始化完成后,监控器广播 Beacon 消息帧,检测是否有车辆要进入隧道。当监测到有车辆要进入隧道时,基站从休眠状态被唤醒,监控器统计隧道车流量并调用编写的时隙分配函数给车载标签分配通信时隙,同时建立参考坐标系。

隧道内车辆定位与监测,车载标签在分配时隙到达时被唤醒,广播 Poll 帧,与固定基站完成测距,位置引擎根据接收来自基站的数据完成车辆位置坐标解算、轨迹预测以及事故检测并传输至远程监控中心,在下一时隙反馈给车载标签告知车辆位置坐标并进行校正,车载端 ECU 也会通过改良 Kalman 模型进行位置坐标预测,实现隧道内车辆实时定位与监测。

车辆驶出隧道后的监测,当车辆驶出隧道后,监控器释放该时隙用于后来车辆定位。同时判断隧道内是否有车辆,当隧道内无车辆时,固定基站进入休眠状态用以节省功耗,直至监控器检测有车辆将驶入隧道时,基站再由休眠状态转换为工作状态,继续为车辆定位。

UWB 隧道定位基站布置原则:使用 TOA 粒子群算法测量一个 UWB 定位终端和多个 UWB 定位基站之间的光传播时间。至少需要三个定位基站才能使用三边法精确定位终端的位置。

覆盖距离:单基站覆盖范围超 100m。

UWB 隧道定位基站布设方式:采取隧道两侧布设,布设间距为 100m,隧道两侧基站采取间隔布设,提高基站利用率,示意图如图 2.2-9 所示。

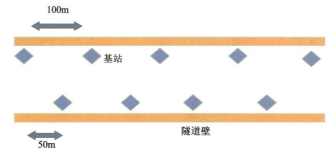

图 2.2-9 UWB 隧道定位基站布设示意图

基于 UWB 的隧道辅助车辆定位系统集成目标车辆定位、安全预警、事故检测、日常管理和监控等功能于一体。硬件终端承载着软件系统，软件系统作用于硬件终端，硬件终端是整个系统的基础，如可靠性、功耗、信号完整性、电磁兼容 EMC/EMI、阻抗匹配、电源设计等，硬件终端的优劣对系统的性能会产生直接影响。本章针对隧道应用场景特点和功能需求，给出硬件整体设计目标，搭建示范系统，分析工作过程，分别完成固定基站与车载标签的硬件终端设计与实现。

2.2.3.2　成果二：基于状态监测的超长公路隧道机电系统关键设备运营状态评估

1）超长公路隧道关键机电设备运行状态监测系统设计

（1）公路隧道关键机电设备运行状态监测系统概述

隧道机电系统包括隧道通风系统、照明系统、环境监测系统、交通流数据监测系统、火灾报警数据等。对于不同的机电设备，能够表征机电设备运行特征的数据也不尽相同，提取运行特征的方法也有所区别。因此，需要对隧道关键机电设备进行针对性监测并建立评估模型。

公路隧道机电设备的运行环境复杂，需要配置相关的监测系统实时了解机电设备的运行状态，同时需要通过必要的数据采集方法对机电设备的运行状态进行监测，以便通过监测数据分析提前了解机电设备的运行状态，为机电设备的维护和管理提供必要的数据支持。

该监测系统采集机电设备运行时的环境参数（温度、湿度、震动和粉尘颗粒物浓度）及设备状态参数（电压和电流），并将这些运行参数与设备状态进行标记，建立评估模型和对机电设备运行状态进行评估。

（2）公路隧道关键机电设备运行状态监测系统组成与功能

该系统主要由监测节点和监测平台两部分构成。

①监测节点。

监测节点基于嵌入式系统，通过传感器采集相关的环境参数和设备状态参数，并采用统一的数据格式将所采集的数据存入系统缓存。嵌入式系统中系统软件采用实时操作系统，将各个传感器的采集数据以定时的方式和统一的格式汇总到环形缓存中，并通过以太网接口发送到监测服务器。每一个数据采集节点将被分配唯一的 IP 地址，并在发送数据中包含该节点相关的机电设备识别信息。

②监测平台。

监测平台由 Web 服务和数据库服务功能构成，实现对核心机电设备的实时运行状态参数监测。同时，对多源监测数据进行分析和挖掘，实现公路隧道核心设备运行状态的趋势判别。

公路隧道机电系统的正常运行，对保障公路隧道运营安全、及时发现隧道异常等具有重要作用。本系统选取公路隧道区域控制器、横洞变电所、斜竖井变电所作为机电核心设备(区域)，对其进行运行状态监测，实现连续状态监测、实时报警及运行状态评估等功能。

(3)监测系统布设方案与技术指标

机电设备监测节点主要布置在以下 6 个位置：

①区域控制器的监测节点布设在秦岭隧道 23 个 PLC 控制柜中。

②横洞变电所监测节点布设在秦岭隧道 8 处配电横洞中。

③1 号斜井变电所监测节点布设在秦岭隧道 1 号斜井配电室中。

④2 号竖井变电所监测节点布设在秦岭隧道 2 号竖井配电室中。

⑤3 号斜井变电所监测节点布设在秦岭隧道 3 号斜井配电室中。

⑥监测平台部署于秦岭隧道监控中心的公路隧道机电核心设备运行状态监测服务器。

监测节点设备指标，主要包括五个指标：

①温湿度：温度测量范围为 -20 ~ 80℃；温度测量分辨率≤0.1℃；温度测量精度≤ ±0.3℃；湿度测量范围为 0% RH ~ 100% RH；湿度测量分辨率≤0.1% RH；湿度测量精度≤ ±1% RH。

②烟雾：测量范围为 0 ~ 5000ppm；烟雾灵敏度≤5% obs/m；测量精度≤ ±8%；响应时间≤3s；工作温度为 -20 ~ 80℃；工作湿度≤95% RH。

③震动(加速度)：测量震动参数：3 轴(加速度)；加速度测量量程：±10g；加速度测量精度为 1%。通信接口：RS485。

④电压/电流：测量电压量程为 AC/0 ~ 600V；测量电流量程为 AC/0 ~ 20A；测量电压分辨率为 0.1V；测量电流分辨率为 1mA；电压测量精度为 ±0.2% F.S；电流测量精度为 ±0.5% F.S；通信接口：RS485。

⑤粉尘颗粒：测量范围为 0 ~ 1000ug/m^3；测量精度≤ ±8%；响应时间≤10s；通信接口：RS485。

监测平台服务器、操作系统、数据库软件与隧道监控系统指标要求相同。

2)超长公路隧道机电系统关键设备运行状态数据监测

(1)隧道机电核心设备运行状态数据监测

隧道机电设备运行状态监测系统的主要功能是利用隧道监控系统集成的数据信息结合自建的监测节点采集数据构成主数据源,对各类数据进行实时/定时抽取和采集,通过评估系统对设备运行状态进行评估,对异常运行状态进行报警提示。

①温湿度采集方案。

温湿度参数,通过温湿度传感器实现对横洞变电所、斜竖井变电所内设备温度、湿度参数的连续监测与记录,采样间隔为5min。

②烟雾采集方案。

烟雾参数,通过烟雾传感器实现对横洞变电所、斜竖井变电所内烟雾参数报警,采样间隔为5min。

③震动(加速度)采集方案。

通过震动(加速度)传感器实现对区域控制器震动参数的连续监测与记录,采样间隔为5min。

④电压/电流采集方案。

通过电力仪表实现对区域控制器设备运行电压/电流参数的连续监测与记录,采样间隔为5min。

⑤粉尘颗粒采集方案。

粉尘颗粒物参数,通过粉尘颗粒物传感器实现对区域控制器粉尘颗粒物参数的连续监测与记录,采样间隔为5min。

(2)隧道机电核心设备运行状态监测数据预处理

数据预处理就是在对数据进行分析前,先对原始数据进行必要的清洗、集成、转换和规约等一系列的处理工作,使之达到进行知识获取研究所要求的最低规范和标准。数据预处理是数据分析的准备工作,一方面保证待数据分析的有效性和正确性,另一方面提高数据挖掘算法处理的准确性和高效性。

隧道机电设备运行状态监测系统数据源预处理过程主要包括数据清洗、数据集成、数据变换和数据规约。

数据预处理是一个广泛的领域,上面所列出的分类不是互相排斥的,总体目标都是为了进行后续的数据挖掘工作提供可靠数据、减少数据集规模、提高数据抽象程度、提高数据挖掘效率。在实际中，需要根据所分析数据的具体情况选用合适的处理方法。

3）基于状态监测的超长公路隧道机电系统关键设备运营状态评估

（1）评价指标体系的建立原则与评价指标筛选方法

为了使所构建的指标体系能够综合反映隧道核心机电系统运行状态，在建立评价指标体系的过程中需要科学、合理地选取评价指标。由于隧道机电系统是一个庞大复杂的体系，其职能和作用随着隧道投入运营年限的增长而不断加大，因此在构建评价体系时必须要遵循一定原则，一般情况下需遵循如下原则：

①系统性：应将隧道机电系统运行管理作为一个相对独立的整体，从隧道机电系统自身和影响运行效果的各个方面分析隧道机电系统运行状态的评价目标。

②科学性：指标体系应建立在科学基础上，指标概念必须明确，体现隧道机电系统运行状态综合评价的内涵，突出隧道机电系统的目标。

③简明性：选择的指标应尽可能简单明了，具有代表性。

④实用性和可行性：指标体系作为一个有机整体，应从不同角度反映被评价系统的特征，所选指标的数值应能够直接计算测量或观察得到。

⑤层次性：重要指标可设置细密些，次要指标可设置稀疏些，以简化后期评价工作。

⑥规范性：选择指标时，应尽量采用常用范围内的指标。一方面具有通用性，另一方面为收集数据资料带来方便，同时也便于理解。

定性指标和定量指标相结合原则：隧道机电系统运行状态的评价指标体系应尽可能量化，但对于一些意义重大却又难以量化的指标，也可用定性指标来描述。

影响隧道机电系统运行状态的因素较多，不可能全部反映在评价指标体系中。因此，对评价指标集合当中可能存在着一些"次要"的评价指标，就需要按某种原则进行筛选，分清主次，组成合理的评价指标集。

在实际应用中，通常用专家调研法、主成分分析法、最小均方差法、极小极大离差法等方法来进行评价指标的筛选。

(2)公路隧道机电设备运行状态评价方法选择

多元统计综合评价方法是结合了数学和数理统计方法而得到的,在数学上更为严谨。它是一种不依赖于专家判断的客观方法,因此可以排除评价中人为因素的干扰和影响,而且比较适宜于评价指标间彼此相关程度较大的对象系统的综合评价。该类方法的最大优点在于其评价模型生成过程中同时也生成了信息量权数,这是其他方法所不具备的。然而,利弊共存,这同样造成了其缺点之一,即无视指标的实际重要性,过于强调指标数据的客观性,这类方法的另一大缺点是其评价结论的相对性。

神经网络方法对于复杂的非线性模型仿真从理论上来说其误差可以达到任意小的程度。它的最大优点是自适应性与学习能力强,但它也存在一些缺点,如学习速度慢、容错性下降、浮点溢出和网络不收敛等问题。

从总体上看,单一评价法可分为两大类:主观赋权评价法和客观赋权评价法。前者多是采取定性的方法,由专家根据经验进行主观判断而得到权数,如层次分析法、模糊综合评判法;后者的原始数据来源于实际数据,根据指标之间的相关关系或各项指标的变异系数来确定权数,如数据包络分析法和人工神经网络方法。

选用不同的方法实际上是从不同的角度进行综合评价,如果仅仅用一种方法进行评价,其结果很难令人信服,因而有必要选用多种方法进行评价,而后将几种评价结果进行组合,于是提出了"组合评价"的研究思路。通过各种方法的组合,可以达到取长补短的效果,这是因为每种方法都有自身的优点和缺点,他们的适用场合也并不完全相同,通过将具有同种性质的综合评价方法组合在一起,就能够使各种方法的缺点得到弥补,而同时兼有各方法的优点。本书选择层次分析法—模糊综合评价模型对机电运行状态进行评价。

(3)公路隧道关键机电设备运行状态评价

应用层次分析法确定指标权重,通过对多名高速运营管理单位内部有经验的工程师、交通行业专家进行调查,发放评分表,让他们对各指标的重要度进行打分,打分标准按九标度法执行,从而得到各指标相对于其上层的判断矩阵。

在层次分析法的基础上,应用模糊评价方法进行综合评价,在规定周期里对指标层共计8个评价指标的实际情况进行调查,计算出各指标的取值,各指标类型分析见表2.2-1。

各指标类型分析　　　　　　　　表 2.2-1

准则层	指标层	指标类型
设备运行技术参数 B_1	电压指标	定量指标
	电流指标	定量指标
	振动指标	定量指标
设备环境参数 B_2	温度	定量指标
	湿度	定量指标
	粉尘颗粒物	定量指标
设备维护参数 B_3	故障严重度	定量指标
	故障频率	定量指标

①指标层单因素评价和模糊评价。

在表 2.2-1 中指标层各指标取值的基础上，将计算结果进行无量纲化处理，再结合隶属度函数公式计算得到各单因素评价结果，以准则层中机电设备技术状况 U_1 的计算为例，设备运行技术参数 U_1 包含 3 个分解指标：电压指标 C_{11}、电流指标 C_{12}、振动指标 C_{13}。

$$C_{11} = (0\ \ 0\ \ 0\ \ 1\ \ 0)$$
$$C_{12} = (0\ \ 0\ \ 0\ \ 1\ \ 0)$$
$$C_{13} = (0\ \ 0\ \ 1\ \ 0\ \ 0)$$

将 U_1 各单因素评价结果组合起来就可得到 U_1 的模糊关系矩阵 R_1：

$$R_1 = \begin{pmatrix} 0 & 0 & 0 & 1 & 0 \\ 0 & 0 & 0 & 1 & 0 \\ 0 & 0 & 1 & 0 & 0 \end{pmatrix}$$

同理可计算得到设备环境参数 U_2、设备维护参数 U_3 的模糊关系矩阵 R_2、R_3：

$$R_2 = \begin{pmatrix} 0 & 0 & 0 & 1 & 0 \\ 0 & 0 & 1 & 0 & 0 \\ 0 & 0 & 0 & 1 & 0 \end{pmatrix}$$

$$R_3 = \begin{pmatrix} 0 & 0 & 1 & 0 & 0 \\ 0 & 0 & 0 & 1 & 0 \end{pmatrix}$$

②准则层模糊评价。

依据 $B_1 = A_1 \cdot R_1$ 评价模型可得设备运行技术参数 U_1 的评价结果：

$$B = A \cdot R$$
$$= (0.6370 \quad 0.1047 \quad 0.2583) \begin{pmatrix} 0 & 0 & 0.1047 & 0.8953 & 0 \\ 0 & 0 & 0.6370 & 0.3630 & 0 \\ 0 & 0 & 0.7500 & 0.2500 & 0 \end{pmatrix}$$
$$= (0 \quad 0 \quad 0.4271 \quad 0.5729 \quad 0)$$

因此，可得到隧道关键机电设备运行状态的评价结果，见表2.2-2。

评价结果评分表   表2.2-2

评价等级	很差	较差	一般	较好	很好
运行状态评价	60	70	80	90	100

由表2.2-2可知，隧道关键机电设备运行状态的综合评价结果由综合评分来界定，综合评价完成后，为了更加清楚、明确地表现出结果，往往还需要对结果做进一步的处理（反模糊化处理）。采用加权平均法对评价结果做进一步处理，即以 b_j 为权数，评价集元素 V_j 的等级值作为变量，进行加权平均，最后的结果为评价最终的结果。本书的评价等级为五个，设 $V = (60, 70, 80, 90, 100)$，由反模糊化的结果衡量隧道关键机电设备运行状态等级。

2.2.3.3 成果三：超长公路隧道交通事件处置流程研究

宝坪高速—秦岭天台山隧道群为超长距离连续纵坡隧道群，一旦发生交通事件，危险系数相比一般交通事故大，事故处置不当，会对隧道通行安全和事故救援产生较大影响，因此，在隧道内发生交通事件的情况下，需要一套交通完整事件处置流程和应急信息处置机制，通过建立一个应急救援综合信息平台，协同消防、交警、医护和路政等救援部门，实现多方配合、统一指挥，实现交通事件快速、妥善处置。

1）超长公路隧道事件分类、分级方法

（1）超长公路隧道交通事件特点分析

①超长隧道交通事故的时间分布特征。

宝坪高速公路秦岭天台山隧道群全长32km，隧道群连接处采用遮阳棚处理，避免了雨雪天气对路面附着力的影响。由于隧道群通行时间较长，容易导致驾驶员视觉疲劳。隧道群交通事故的时间分布特征主要可从两个方面分析，一方面为天气因素，另一方面为人为因素。

隧道交通事故和天气密切相关，不同月份交通事故发生的次数存在明显的差异，大雨和浓雾天气会导致能见度非常低，易出现交通事故，且出现交通事故的主要地点为隧道的出、入口位置。此外，由于隧道内部的照明情况较差，驾驶员受到明暗交替、路面湿滑、附着系数下降等多种因素的综合影响，出现观察和判断失误的情况较多，最终导致交通事故的发生，交通事故的频繁发生也会受到人为因素的影响，每年的1—3月为春运时间，期间人流量非常大。交通部门为了提高交通服务的质量集中所有的资源进行管理和整治，提高了交通运营的安全性。但是在春运结束之后，交通部门会有所松懈，进而导致交通事故反弹严重。

秦岭天台山隧道群全程通行时间约30min，长时间处于昏暗环境容易导致驾驶员疲劳，3个高发时间段为每日的4：00—7：00、9：00—11：00、15：00—17：00，出现这种情况的原因主要是驾驶人员在清晨、黄昏常处于疲劳驾驶的状态，且这些时段的交通流量比较大，驾驶员对隧道出、入口明暗变化的适应能力较差，易出现交通事故。

②交通事故的空间分布特征。

秦岭天台山隧道群为连续纵坡隧道群，交通事故发生较多的地点主要为隧道内、隧道出口位置、隧道入口位置、隧道之间的连接位置。在隧道内部，由于汽车尾气无法快速消散，常滞留在隧道内部进而形成烟露，吸收隧道内照明设备发出的光以及车灯发出的光，使隧道内部的能见度非常低，影响了驾驶员的视线；在隧道的出口位置，明暗交替会导致驾驶员的视觉一时难以适应，且难以很好地辨别洞外的道路情况而产生视觉盲区，易发生追尾、碰撞等交通事故。

秦岭天台山隧道群的长坡路段，容易导致大型货车机械故障或失控，发生紧急避让碰撞和爆胎事故，隧道最容易出现交通事故的路段为隧道衔接处和隧道转弯地带。加之隧道内光线昏暗，使驾驶员难以快速适应，因而出现交通事故。

(2) 超长公路隧道交通事件分类方法

针对交通事件的产生原因，可将高速公路交通事件分为突发性事件与计划性事件两类。突发性事件包括自然灾害事件、事故灾难事件、危险货物运输事件以及其他事件等；计划性事件包括施工养护、重大社会活动、特殊车辆通行以及其他事件等。秦岭天台山高速公路隧道交通事件分类如图2.2-10所示。

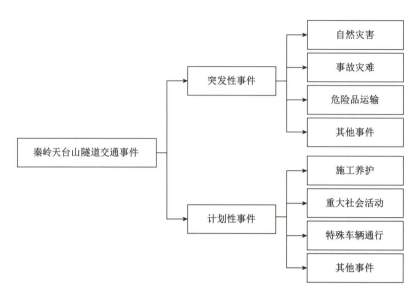

图 2.2-10　秦岭天台山隧道交通事件分类图

(3)超长公路隧道交通事件分级方法

目前针对超长公路隧道突发事件的分级,根据突发事件发生时对公路隧道交通运输能力的影响,可选取的指标有伤亡人数、经济损失、通行能力影响范围、人员疏散时间、抢修、处置时间等。但是没有一个全国统一的标准,各省市根据实际情况选取合适的标准对突发事件进行分级。在陕西省交通运输厅发布的《陕西省公路交通突发公共事件应急预案》(陕政办函〔2021〕146 号)中,主要根据处置抢修时间以及通行能力影响范围将突发事件分为四级,分别为Ⅰ级事件(特别严重事件)、Ⅱ级事件(严重事件)、Ⅲ级事件(较重事件)、Ⅳ级事件(一般事件)。在本书的研究中,为更好地适应秦岭天台山高速公路隧道突发事件现状,现增加日常突发事件—Ⅳ级以下事件(轻微事件),分级结果如下:

①超长公路隧道Ⅰ级事件。

超长公路隧道遇下列情况之一,导致或可能导致隧道交通中断,处置、抢修时间预计需要 24h 以上,通行能力影响周边省份;或急需省政府出面协调有关地方、部门或军队、武警部队共同组织救援;或需要交通运输厅负责组织实施国家紧急物资运输或交通防疫措施时,拟发出高速公路Ⅰ级预警的事件。

②超长公路隧道Ⅱ级事件。

当遇到下列情况之一,导致或可能导致隧道运输中断,处置、抢修时间预计需要24h以内、12h以上，通行能力影响范围在本省以内；急需省级交通主管部门组织实施紧急物资运输或交通防疫措施时，拟发出高速公路Ⅱ级预警的事件。

③超长公路隧道Ⅲ级事件。

当遇下列情况之一，导致或可能导致高速公路隧道交通中断，处置、抢修时间预计需要12h以内、6h以上，通行能力影响本地区内；或急需市级交通主管部门组织实施紧急物资运输或交通防疫措施时，拟发出高速公路Ⅲ级预警的事件。

④超长公路隧道Ⅳ级事件。

当遇下列情况之一，导致或可能导致高速公路隧道交通中断，处置、抢修时间预计需要6h以内、3h以上，通行能力影响范围在本县内；或急需县级交通部门负责组织实施紧急物资运输或交通防疫措施时，拟发出高速公路Ⅳ级预警的事件。

⑤超长公路隧道Ⅳ级以下事件。

导致或可能导致高速公路交通中断，处置、抢修时间预计需要3h以内，道路的通行能力影响范围在本路段管辖范围内；或对人身安全造成轻微伤害，不至于使受伤人员的身体受到伤害；或对公路路产造成轻微损失及其他对社会财产、社会秩序及生态环境等造成的轻微损害，事发路段的管理所（隧道所）可以进行有效处置的事件，统称为高速公路日常突发事件。

2）超长隧道交通事件下的信息处置研究

（1）秦岭天台山隧道突发事件信息处置组织机构

秦岭天台山隧道监控管理机构框架遵循"统一领导、分级管理、条块结合"的基本原则来构建管理体系，依据"数据规范、信息集中、资源共享、业务协调"的原则建设相应的管理平台。

信息报送机构得到突发事件信息后，根据突发事件类型及事件级别，通知相应的应急管理机构，并根据事件的级别向上级应急机构报送信息以及保证应急信息的续报工作。

突发事件处置机构接到信息报送机构上报的信息后，根据对上报突发事件的类型及事件级别的判断决定采取相应的应急处置措施。同时，应注意监测涉及交通系统的重特大安全事故灾难信息，或可能引发公路运输、交通建设工程等交通安全事故灾难的信息：包括安全事故风险源、诱发风险因素和事故灾难的影响范围、预警预防与应急对策以及其他内容等。

秦岭天台山隧道突发事件应急信息报送机构和处置机构主要由以下三级组成，如图2.2-11所示。

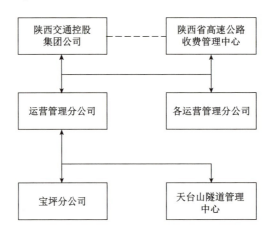

图2.2-11　秦岭天台山隧道突发事件信息处置机构框架示意图

（2）秦岭天台山隧道突发事件应急信息处置机制研究

高速公路超长隧道突发事件信息的处置工作是高速公路突发事件处置的一项基础性工作。为了提高突发事件信息处置工作的科学性和有效性，需要建立起一套科学有效的信息处置机制，加强突发事件信息的采集、分析以及传播等工作，从而成功地解决各种公路突发事件。

①信息采集机制。

信息采集是突发事件信息处置工作的实际起点，是突发事件处置工作的前提和基础，其基本任务是将各种突发事件信息集中到应急管理信息平台中来。只有及时、全面地获取事件信息，并保证信息的真实、完整、准确，才能根据实际情况制定适当的处置方案，快速、高效地消除突发事件或隐患。现代科学技术的迅速发展为突发事件应急信息的获取提供了基础和必要的手段。

在电子政务环境下，应急管理部门要建立科学、规范的突发事件信息采集机制，就必须在基础信息建设方面，加强消防、卫生、公安、交通等相关职能部门的信息系统之间的整合与共享，促进信息沟通，避免重复建设，通过信息资源的整合工作，保证突发事件信息被全面、准确并及时地集中起来。

目前秦岭天台山隧道信息采集的来源主要分为动态（报警）信息和静态（报

警）信息两大类，其中动态（报警）信息主要包括秦岭天台山隧道管理中心主动发现和路政巡查等，静态（报警）信息主要包括公众报警、突发事件预警和政府特别指令等。具体表现在如下几个方面：

a. 监控分中心主动发现。

b. 路政、养护等巡查。

c. 公众报警。

d. 政府特别指令。

e. 突发事件预警（自然灾害、社会公共安全事件、施工养护等）。

高速公路突发事件信息汇集方式如图 2.2-12 所示。

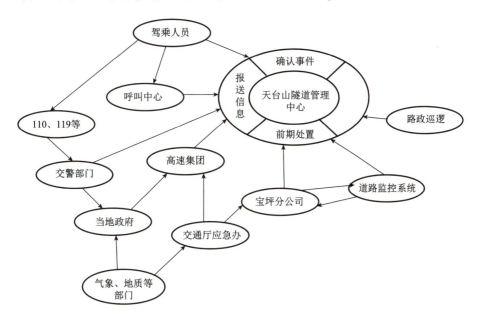

图 2.2-12　秦岭天台山隧道突发事件信息汇集图

②信息报送机制。

a. 信息报送原则。

突发事件信息报送应遵循合法、合规、准确、高效、快速、翔实、认真负责的原则。

b. 信息报送方式。

与其他信息一样，突发事件信息的报送也需要一定的报送方式，并且同一信息可以同时使用不同类型的报送方式。比如，报纸、电视、网络、手机短信等都可以成为突发事件信息的报送方式。在电子政务环境下，应根据突发事件的类型与级别，选择性地利用各种现代媒介作为突发事件信息的报送方式，从而充分发挥信息技术的优越性，提高突发事件信息传播的速度和效率。

信息上报可通过电话、传真、交通信息网传输等信息报送方式。在紧急情况下，应当立即通过电话报送的方式上报，遇有暂时无法查清的情况，待查清后续报。

一般情况下，报送方式基本上是先电话报送，接着在内网上填报或传真报送，但是对于特殊的或紧急的突发事件应充分利用各种资源，灵活地采用各种报送方式。

c. 信息报送内容。

信息上报的内容应当包括事件发生时间、地点、原因、目前道路交通状况、事件造成损失及危害、判定的响应级别、已经采取的措施、工作建议以及预计恢复交通的时间等情况，完整填写《高速公路交通应急管理信息上报表》。

《高速公路交通应急管理信息上报表》的内容应包括：事件的基本情况、事件分级分类、处置措施和统计数据等。

d. 信息报送流程。

突发事件报送过程是一个信息在各级之间反复流转的过程。在这个过程中可能涉及交警、公路管理部门、路政管理部门、消防、医疗等多个部门，实现突发事件快速响应，并建立一个高效运作、快速联动的报送机制，尽可能缩短信息报送时间是本书的一个研究重点。

按照突发事件级别不同，将信息报送流程分为五类，即Ⅰ级突发事件信息报送流程、Ⅱ级突发事件信息报送流程、Ⅲ级突发事件信息报送流程、Ⅳ级突发事件信息报送流程和日常突发事件报送流。一般情况下，突发事件信息报送实行逐级报送制度。

e. 信息首报与续报时间。

突发事件一旦发生，突发事件信息就应当及时上报给相关应急管理部门或人员，只有这样，才能在有限的时间内采取必要措施进行应对，反之，如果刻意隐瞒、迟报或不报有关信息，错过控制突发事件的最佳时机，则很有可能会酿成更为严重的危机，造成更为严重的损失。

续报时间的确定是由突发事件的不确定性所决定的。正因为突发事件的不确定性，导致有关突发事件本身的信息也具有不确定性，即突发事件本身的信息不一定完全表现出来，不一定完全被确认，是一个动态的发展过程。这种不确定性加大了处理突发事件的难度。因此，需要提高对突发事件预测和处理能力，加强对突发事件信息的确认与采集、准确，确定突发事件的续报时间等工作，以提高处理突发事件的有效性。

突发事件根据事件类别、事件级别和事件造成的后果等因素合理规定信息首报与续报时间。

③信息发布机制。

a. 信息发布机构及发布内容。

省收费管理中心是主要信息发布机构，一方面可以根据上报信息和突发事件的社会影响自行判断发布信息，另一方面可以根据省交通运输厅应急指挥部的授权发布信息。主要将预警性信息（如雨、雪、雾等）以及突发性信息（如交通事故、危险品泄漏等）可能引起交通拥堵的信息提前发布出来，为公众出行提供安全、舒适的服务。

发布的内容应包括突发事件的类别、预警级别、起始时间、可能影响范围、警示事项、应采取的措施和发布机关以及突发事件发生的具体位置、事故的性质、伤亡情况、事故影响范围、实际造成的损失、针对事件采取的措施以及针对其他车辆建议采取措施等基本方面。

发布的时间问题与信息的上报一样，预警信息的发布也要把握及时性，在事发后的第一时间把有关信息向有关部门或人员通报，提醒其做好有关准备工作，以有效应对各种突发事件。总之，预警信息要言简意赅、直截了当、明确具体。

b. 信息发布系统在突发事件发生时可以实现的控制策略。

省收费管理中心直接管理各路段监控分中心，路段监控分中心直接管理该路段沿线外场设备。如果高速公路内发生交通拥挤或突发性事件，那么路段监控分中心会将本路段内的信息标志、主线控制、匝道控制和相关交叉口控制等进行协调控制、动态组合。整个路网管理体系具有纵向联系、横向阻隔的特点。即同一层面之间的管理单元（中心、分中心、外场设备）不存在越级交叉，只有相邻层面的管理单元才具有交互的权限。同一层面的管理单元只能进行间接交互，即通过上一层面的管理单元来协调。

通常情况下，由各路段监控分中心独立执行本路段内的日常监控事务处理。

在特殊情况下(包括重要车队通过、严重交通堵塞,或者严重的异常气候影响等),发生了紧急事件或者突发事件时,涉及相邻高速公路,甚至局部或整个路网的车辆运行,影响整体路网通行能力时,才由省监控中心从路网的角度进行协调控制。

一般信息发布系统在具体的突发事件下应该可以实现路线诱导及分流、恶劣天气警告、排队与拥挤警告、道路施工警告、可视距离警告、事件警告、车道限制、速度限制、节假日交通控制。

c. 突发事件应急信息发布的优先级别。

突发事件应急信息优先是指在多种不同的突发事件同时发生的时候,最重要的突发事件信息能够确保优先显示。高优先信息比低优先信息优先显示,并保持这种显示方式到当前状态发生变化。同时发生的事件有相同的优先显示权利,影响到路网的交通事件比路段的事件优先级别高。

④信息反馈机制。

突发事件信息反馈机制,是检验突发事件处置效果的重要手段。灵敏高效的信息反馈机制的建立,可以反馈各种有关突发事件处置工作的评价、意见或建议,这样不仅可以使得突发事件处置效果大大提高,而且还可以赢得公众的理解与支持,从而为战胜各种突发事件打下坚实的群众基础。

信息反馈机制要以公众为中心,要尊重公众的意愿,要切实对公众反馈的信息认真进行处置,虚心接受公众的意见、建议与监督,及时了解决策执行的情况,发现突发事件处置过程中存在的问题,适时调整和完善决策内容,规范并改进突发事件的处置方式与方法,从而进一步提高处置突发事件的能力。

突发事件信息反馈机制的建立,应该从两个基本方面入手:

一是外部信息的反馈,即社会公众对突发事件处置过程及其结果的评价与建议。

二是应急管理机构内部不同部门之间的反馈,即各职能部门及时总结经验教训,并将这些经验教训及时反馈到统一的监督、管理部门,以求改进工作,争取更好地协同处置各种突发事件。

为此,还要在各个监控部门建立起科学的奖惩制度,对勇于报忧、避免决策失误、弥补工作缺陷、挽回工作损失的人员要给予奖励,对信息漏报、误报、迟报或不报,弄虚作假、欺上瞒下者,要给予严肃批评,依法追究责任。

3) 超长公路隧道智能联动救援系统设计

(1) 超长公路隧道智能联动救援系统功能分析

系统由三大部分组成。其中，第一部分为全路多屏显示单元，第二部分为突发事件信息输入单元，第三部分为交通控制策略与预案显示单元。全路多屏显示单元包括微观、中观、宏观显示窗口模块以及多屏显示控制模块。突发事件信息输入单元包括事件位置输入、事件类型输入、事件级别输入三个模块。交通控制策略与预案显示单元包括策略与预案生成、诱导路线显示、预案信息显示、视频信息显示四个模块。系统总体功能结构图如图2.2-13所示。

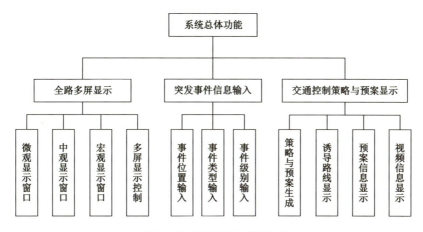

图2.2-13 系统总体功能结构图

(2) 超长公路隧道智能联动救援系统架构设计

高速公路（隧道）交通控制策略与紧急预案仿真软件的系统结构框图如图2.2-14所示。主要由人机交互系统、知识库与管理系统、推理机、数据库与管理系统、模型库与管理系统和交通控制策略显示模块来构成。

(3) 超长公路隧道智能联动救援系统功能设计

根据软件需求，了解到该系统需要实现的功能有如下几个方面：通过对高速公路交通事件发生的位置、事件类型和事件等级的分析，自动生成相应的控制策略与紧急预案，将突发事件发生位置、交通流控制节点状态、车辆诱导分流路线、预案相关信息、事故路段环境信息视频等，直观、形象地显示在由微观窗口、中观窗口、宏观窗口组成的多屏系统上，实现对高速公路（隧道）可能发生的各类交通事件的控制策略与紧急预案的仿真。根据前面的描述，该系统分为九个模块，模块与系统实现的功能之间存在一定的对应关系，可用表2.2-3描述。

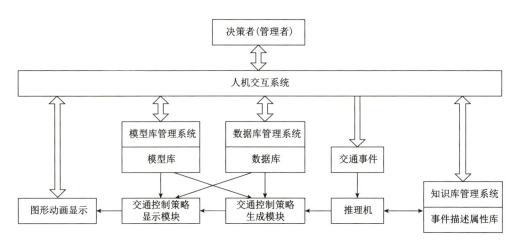

图 2.2-14 系统结构框图

系统功能模块与需求关系对应表　　　　表 2.2-3

序号	模块名称	对应需求关系
1	微观显示窗口	显示道路主线，水平方向上显示交通事件发生地点上游两个活动护栏及下游一个活动护栏所在区域，以及其相关设备状况，垂直方向上显示道路车道数情况
2	中观显示窗口	显示道路主线，水平方向上能够显示任意两相邻收费站与其之间区域，以及其相关设备状况，垂直方向上显示道路车道数状况
3	宏观显示窗口	显示郑尧高速公路全段，并标注其相关概况，包括道路桩号、收费站、互通立交、隧道、服务区、门架式可变情报板、道路环境等
4	多屏显示控制	微观、中观、宏观三个显示窗口的联动控制
5	事件信息输入	实现事件位置、事件类型以及事件级别等相关信息的输入
6	策略与预案生成	依据输入的事件信息生成相应的交通控制策略及预案
7	诱导路线显示	显示突发事件下的交通流控制节点状态、车辆诱导分流路线
8	预案信息显示	显示事件处理流程、可变情报板状态改变，以及危险品处理相关信息
9	视频信息显示	显示事件发生地点周围环境的视频信息

2.2.3.4 成果四：公路隧道一体化运营管控平台构建方法与应用技术

秦岭天台山隧道群拥有隧道监控、照明、通风和应急管控等多个系统，如何构建具有系统安全、标准统一、管理规范、资源共享、融合分析的一体化管控平台，使秦岭天台山隧道群调度指挥实时化、全面化、系统化、准确化、科学化，利用采用多元化信息发布手段，建设涵盖公众出行链，大众化和个性化兼备的公众服务平台，提升高速公路隧道运营与智能化服务水平。

1）公路隧道运营管控平台需求分析

（1）信息采集系统需求

信息采集系统通过采集前端采集隧道传感器数据、定位数据和交通流参数数据，将实时采集到的数据进行处理，并将处理后的交通、环境、机电设备数据经由不同的传输网络传送至云计算数据中需求中心，同时将数据进行相应存储。信息采集系统的基本需求如下。

①数据接入的需求：信息采集系统依据数据源各自的特性，实现实时、准确、可靠地将交通、环境、机电设备感知数据分别接系统。

②存储的需求：信息采集系统对于已接入的数据，按联网中心相关数据存储要求进行归档、存储。

③处理的需求：信息采集系统根据接入的交通、环境、机电设备感知数据，分别进行数据的加工处理，得到交通状态结果数据。

④标准化的需求：信息采集系统按云计算数据中心对数据格式的要求，将交通状态结果数据转换为联网中心统一定义的标准发布数据。

⑤数据报送（传输）的需求：信息采集系统需要将进行过标准化处理的交通状态结果数据报送至云计算数据中心多源采集库。

⑥实时性的需求：信息采集系统需要根据联网中心定义的数据上报周期要求上报数据。

⑦准确性的需求：信息采集系统需要根据联网中心定义的各数据源信息采集准确性要求提供数据。

⑧可靠性的需求：信息采集系统需要根据联网中心要求的系统可靠性保障系统的运行，并要求本系统的故障不能影响其他系统的运行。

（2）云计算数据中心需求

云计算数据中心需要对处理后的隧道交通、环境、机电设备数据进行计算分析，云计算数据中心需求主要如下。

①数据汇总的需求：云计算数据中心需要支持对信息采集系统采集处理后的符合数据中心要求的标准化数据进行接入。

②数据存储管理的需求：云计算数据中心对汇聚后的数据进行分类管理，根据数据特性进行归档、存储。

③数据融合的需求：云计算数据中心为提高数据精度，要求根据需要对接

收到的数据源进行融合，包括交通流检测数据、视频数据、交通管控数据、路侧车检数据、气象数据等。

④交通状态预测的需求：云计算数据中心需要在融合数据的基础上进行短期的交通状态预测。

⑤交通态势分析的需求：云计算数据中心需要对当前和历史的交通数据进行态势分析比对。

⑥数据共享的需求：云计算数据中心需要提供标准统一的服务接口向内外部系统提供数据服务。

⑦安全性管理等方面的需求：云计算数据中心需要在物理安全、主机安全、网络安全、应用安全和数据安全等方面建立一整套保障体系。相关规范和制度需要符合相关机构对安全性方面的要求。

（3）指挥调度平台需求

指挥调度平台根据云计算中心的计算结果，实施监控调度与应急指挥、GIS综合展示、交通事件管理、情报板信息管理与发布等需求。

（4）公众服务平台需求

秦岭天台山隧道群通过公众服务平台为公众提供实时数据服务，提供定位导航诱导和信息互动等功能，公众服务平台的需求主要包括：

①公众服务辅助分析系统的需求。

②隧道定位交通诱导系统的需求。

③基于手机的信息互动服务系统的需求。

2）公路隧道一体化运营管控平台架构设计

（1）一体化运营管理系统总体设计原则

秦岭天台山超长三车道隧道其里程之长、规模之大举世瞩目，实现其智慧运营与服务，建设秦岭天台山隧道群智能化平台，是高速公路信息化向更高价值创造层次发展的里程碑，以交通云计算数据中心为核心，融入大量的新技术并发展新的服务形式，以达到提高指挥调度水平、打造高速公路隧道服务品牌的目的。因此，其建设须遵守以下原则：

①注重先进性和成熟性。

高速公路隧道运营和服务智能化平台涉及跨系统和跨平台的复杂交互，应坚持开放共享原则。因此采用国际上先进且成熟的技术，注重技术、设备、软件、工具的主流性、成熟性。平台不仅反映当今国际先进水平，具有国内领先地位，又具备发展潜力，保证在未来若干年内仍占主导地位，可顺利过渡到下一代技术。

②注重开放性和标准性。

为了应对新技术的发展变化以及系统功能不断扩展的需求，系统建设充分考虑良好的开放性和标准性，采用的标准与规范是遵循统一的国际标准或工业标准，有很好的开放性和嵌入能力。

③注重互换性和实用性。

平台建设始终贯彻面向管理、应用和服务需要的实效方针，注重所采用的软硬件设备的互换性和实用性。

④注重经济性和专业性。

本平台建设充分研究已有资源现状，尽可能充分利旧，避免浪费与重复建设。同时贴近业务应用需求，如可制作出具有专业水平的 GIS 图层、展示系统等。

⑤注重稳定性和可靠性。

平台建设在注重技术先进性与开放性的同时，从系统结构、技术措施等方面着手，确保系统的稳定性和可靠性，特别是云计算数据中心子系统。

⑥注重可持续性和可扩展性。

为了满足未来发展的需要，在进行平台建设时充分考虑到未来业务发展的各种可能性，预留适当接口，保证系统的可扩展性，以确保系统的进一步优化和完善。

⑦注重长效性和可维护性。

⑧体现安全性和保密性。

（2）隧道一体化管控平台总体逻辑架构

综合隧道管理机制、运营与服务智能化平台与系统之间关系以及隧道群之间关系的基础上，建立了包含"一个中心，两大平台"的高速公路隧道运营与服务智能化平台。隧道一体化管控平台架构如图 2.2-15 所示。

信息采集系统包括隧道群采集系统和单个隧道采集系统。隧道群采集系统采集的数据直接上传至联网中心的云计算数据中心。信息采集系统应用隧道定位、视频检测器、车辆检测器、气象检测器等应用或设施，全面收集隧道交通运行，突发事件、隧道环境、基础设施、应急资源等数据，实现隧道群的交通运行状态、路网环境和调度资源等信息的动态感知，为云计算数据中心的存储处理、指挥调度和公众服务的应用提供充分的数据支撑。单个隧道采集系统采集的数据上传有三种方式：交通运输部交调检测数据直接上传至云计算数据中心，视频数据直接上传至路段数据中心，联网中心按需调取；其他路段数据不仅传送至路段公司的路段数据中心，还实时传送至云计算数据中心。

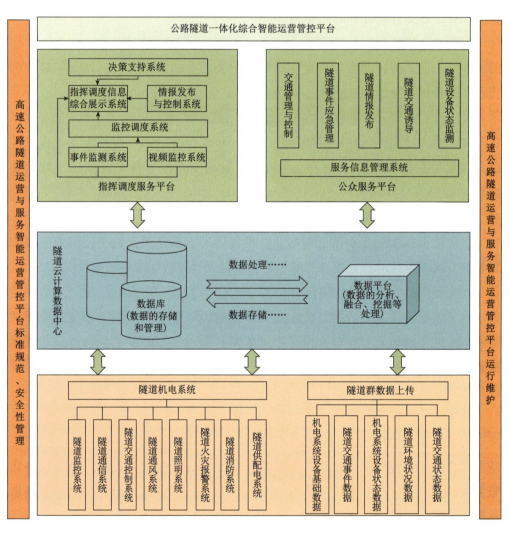

图 2.2-15 隧道一体化管控平台架构图

云计算数据中心的建设是运营与服务智能化平台设计的核心，包含数据整合存储、数据融合等信息分析处理和信息共享交互功能，实现各业务系统之间的数据共享与信息集成，为营运管理提供有效的数据支持。云计算数据中心总体可分为：数据仓库、交互共享处理平台、运行维护系统、安全性管理系统和云平台。数据仓库主要实现数据存储管理等功能；交互共享处理平台实现数据融合、交通状态估计与预测、数据共享、数据归档、数据接口等功能；运行维护系统保障智能化平台硬件运行情况、数据库运行情况、数据质量情况；安全性管理系统从物理、主机、网络、应用和数据等方面保障系统的安全；云平台为云计算数据中心重要系统提供备份系统。

指挥调度应用平台，以信息采集系统和云计算数据中心为基础，为高速公路隧道交通营运与安全业务提供强有力的应用服务支持，提升交通营运管理的"流程化、智能化、精准化、科学化"水平。

公众服务平台包括公众服务辅助分析系统、基于隧道UWB定位交通诱导系统、基于手机的信息互动服务系统以及基于网站的信息服务信息系统。公众服务平台能够为交通出行者提供综合的信息服务，通过各种信息发布工具，为交通出行者提供包括交通、气象、管养等基本实时出行信息的服务，实现广域信息资源共享，并在此基础上进一步提供出行途中实时诱导服务、个性化的增值信息服务等，提高高速公路驾乘人员的出行效率和舒适度，提升高速公路隧道服务水平和吸引力，提升高速公路的运营效益。

3) 公路隧道一体化运营管控平台功能设计

(1) 信息采集系统功能设计

信息采集系统为指挥调度平台、公众信息服务平台等应用系统提供丰富准确的信息资源，是整个运营与服务智能化平台的重要组成部分。现有高速公路信息采集系统为信息化发展奠定了良好基础。但随着业务需求的提升，现有系统在满足精细化、广覆盖的数据需求方面还存在一定差距。

公路隧道一体化管控平台采用多样化交通信息采集技术，构建经济可行化、区域差异化、高解析度、多维全覆盖的信息采集系统，信息采集系统从隧道监控系统、隧道通信系统、隧道交通控制系统、隧道通风系统、隧道照明系统、火灾报警系统、隧道消防系统、隧道供配电系统八个系统采集信息。

(2) 云计算数据中心功能设计

云计算数据中心主要包括交互共享处理、数据仓库、云平台。

交互共享处理平台主要实现数据的清洗转换，基于各类交通模型提供数据融合、交通状态估计预测、交通状态指数分析服务，提供数据归档、数据接口，并实现与外部系统、数据中心、路网指挥调度和公众服务平台的数据交互与共享等。

数据仓库主要完成数据存储、管理功能。云计算数据中心的数据库可分为多源采集数据库、GIS服务数据库、融合数据库、专题数据库、历史数据库、反馈数据库六大类。

云平台的设计主要通过云计算技术，整合计算存储和网络等资源，实现资源的按需分配，为数据中心业务处理提供支撑。

（3）指挥调度平台功能设计

①监控调度与应急指挥系统。

监控调度与应急指挥系统是隧道指挥调度中心的核心业务系统，用以高效支撑高速公路隧道监测、预警、响应、处置过程，提供一套能够完全覆盖应急处理周期的支持服务。系统实现微观隧道应急指挥的功能，同时在宏观路网层面支持隧道群整体交通势态分析、交通疏导、交通应急和交通协调。通过监控调度与应急指挥系统，进行隧道群日常视频监控，可实现各隧道视频实时切换和查看；当某一路段公司为满足自身业务需求而需要调看其他路段视频时，确认后可向其提供其他路段视频服务。特殊情况下，联网中心指挥调度中心与路段监控中心可实现对高速公路隧道突发事件、天气灾害等情况进行应急指挥调度，在指挥调度过程中通过网络语音通信平台、值班电话系统等实现对现场情况的实时掌握。根据现场情况，制定应急处置方案，下达应急指令，开展应急救助及路网指挥调度。

②应急响应。

a. 建立应急预案库。

根据监控调度与应急指挥系统业务需求，建立应急预案库：第一，预案类别要包括交通管制、气象预警等所有情况。第二，每个预案包括事件等级、应急资源调配、情报板发布内容及发布持续时间等完整信息。第三，预案标准化，主要包括发布预案模型标准化、流程标准化以及权限标准化，预案模型标准化是指不同的情报发布应急指挥业务需求对应着特定的发布预案模型；流程标准化是指监控调度与应急指挥处置流程发布需求、发布确认等顺序和对应部门及系统要遵循标准。权限标准化是指明确各级高速公路管理单位职责权限，根据标准化权限划分，执行相应应急指挥处置。

b. 事件等级分类。

利用交通事件信息以及势态信息，按照高速公路事件分级标准，建立事件影响评估模型，对事件进行定级分类，并按照事件级别启动相应应急处置流程。

c. 全面管理应急资源。

实现对应急管理相关单位、应急队伍、物资设备、通信保障等资源的统筹与调拨，对应急资源调度与使用的全过程监督。

d. 应急处置方案制定。

根据事件发生地点、事件性质、事件规模、事件级别等信息从应急预案库中筛选合适的预案，并提供交通异常事件统计数据、实时视频、应急资源调度等信息，形成完备的应急处置方案。

e. 结合应急处置方案下发指令。

根据应急处置方案与人工参与过程，实现同一操作界面下的可视化、可控协调与指挥指令的分发与操作。

f. 动态实时调度反馈。

监控调度与应急指挥系统应具备远程调度、移动监控、实时语音、多方通话的功能，并建立外场人员与路段公司监控中心、路段公司监控中心与联网中心、指挥调度中心的反馈机制，以便实时地跟踪交通应急调度状态。

③GIS综合展示。

GIS综合展示系统是基于地理信息系统的路网级营运管理信息综合展示系统。实现高速公路交通信息、基础设施、气象信息等相关数据的实时展示、检索，并为路段以及省中心其他系统提供GIS展示方面的服务。

系统功能要求如下：

a. 交通业务资源整合。

利用系统数据接口，形成按GIS与业务应用规划整合的数据集。

b. 交通数据展示。

获取云计算数据中心交通状态数据，显示交通状态指数、交通状态预测和交通流量数据。

c. 多样式业务统计报表生成。

通过定制统计规则与流程，完成交通营运业务数据、统计数据的关联，实现数据的多样化展示。

d. 多尺度数据显示。

利用丰富互联网技术实现 GIS 平台多途径显示与互动，利用声音、文字、图像、视频等方式提供多样化的用户界面，对交通数据变化进行动画展示。

e. GIS 服务。

GIS 数据平台提供数据流出与数据流入的标准化接口，供调度业务系统进行数据交换，从而实现 GIS 服务。

f. 地图界面实时态势。

地图界面包含统一路网底图、路况等级划分等，并参照美国七级色带划分方式；宏观把握路段及路段间，即路网的整体交通状况。

g. 先进的系统操作方式。

系统提供 iPad、手势操作等科技手段来实现对大屏展示内容的操作。

h. 全方位的检索功能。

提供基础数据、动态数据等营运管理相关数据的检索功能。

i. 图层数据处理要求。

（4）公众服务平台功能设计

①基于手机的信息互动服务系统。

基于手机的信息互动服务系统是汇聚组织高速公路实时路况信息和气象信息，并提供基于手机应用软件的信息查询、路径导航和用户信息反馈服务的系统。该系统由中心端和客户端两部分组成。通过开发界面友好的智能手机客户端供用户下载，需要在中心端支撑客户端的高速公路基础及实时信息查询，支撑气象信息的查询和发布，支撑客户端的基于位置的高速公路实时交通信息导航服务，支撑用户与联网中心的信息交互服务。

其功能要求如下：

a. 服务范围的全程化。

该系统以手机作为信息服务的媒介，只要出行者持有特定操作系统的智能手机并下载安装了该应用程序，就可以 7×24h 实现信息的查询，进入全省高速公路路网内即可使用该系统提供的实时动态诱导服务。

b. 服务内容的个性化。

通过界面友好的客户端，用户可以便捷地选择出入口收费站，系统可动态地为用户提供最短和最优路径的导航服务。

c. 界面展示的多元化。

将客户端应用程序的导航功能进行模块化，用户可以根据自身的需要，选择图形展示、语音提示等多元化的信息展示方式。

d. 功能的集成化。

客户端应用程序集成了类似于手机网站的信息查询、类似于卫星定位动态导航的导航功能、类似于微博的信息上传功能于一身，真正覆盖了出行前信息查询、出行中动态导航、出行后进行评价的出行全过程。

②基于网站的信息服务系统。

基于网站的信息服务系统是汇聚组织高速公路实时交通信息，并基于网站提供文本、图形、视频等多种方式的信息服务系统。在现有互联网网站和手机网站服务内容基础上，对功能和服务形式进行升级，实现多样化的实时交通信息服务。

a. 信息接入。

通过对网站服务方式所需信息的需求进行分析，通过信息接入模块核入用户服务所需要调用的原始信息，并存入网站服务系统数据库中，同时，将公众服务辅助分析系统产生的图形、查询表等信息通过信息接入模块，存入网站对外服务的相应目录。

b. 信息分类汇总组织。

将接入的信息按照系统数据库的分类标准进行分类汇总，归入相应的储存和处理模块。

c. 面向个性化需求的信息处理。

根据个性化的信息需求，将用户请求的路径导航、路况查询、服务设施查询等信息进行提取和整合成用户所需的行驶信息，结合用户自身情况计算相关参数辅助用户进行出行决策。

d. 信息的多元化发布。

将整合后的信息通过WEB、WAP等渠道，以文本、图像、语音等格式发布。

e. 用户反馈统计。

统计不同类型服务用户的使用情况，以及用户对信息准确性、实时性等服务质量的反馈。

③公众服务辅助分析系统。

公众服务辅助分析系统是汇聚、统计、分析公众服务信息发布情况，掌握用户使用情况，分析用户使用行为的辅助系统。该系统通过汇聚分析公众服务平台其他子系统信息发布情况和用户使用情况相关数据，经统计和分析后，以图表等多种形式展示公众服务信息发布和使用情况历史、实时数据的统计和比对分析结果，了解用户使用行为。

辅助分析系统总的功能要求主要有以下两大部分：

第一部分：公众服务业务支持功能。

a. 发布信息分析。

按发布方式划分，对通过不同渠道进行发布的各类信息进行统计分析。

按发布区域划分，对各条高速公路上所发布的信息内容和数量进行统计分析，包括进行同比、环比分析。

按发布内容分，对信息发布的种类、数量、时间进行统计分析，包括进行同比、环比分析。

b. 信息使用分析。

系统对手机客户端、网站的访问量，以及卫星定位车载终端的用户数量等的统计分析，包括同比、环比分析。

c. 用户反馈分析。

系统对手机客户端、网站的用户所提供的反馈信息进行统计，分析用户对信息的需求情况，形成用户反馈分析报告。

第二部分：数据管理。

a. 历史数据人工导入。

将公众服务辅助分析系统功能需求的所有历史数据通过人工导入，建立公众服务辅助分析系统数据资源池。

b. 辅助分析报表管理。

统一备份周期性自动生成的辅助分析图表、报告，以备查阅。

2.2.4 依托工程实施情况与效果

2.2.4.1 公路隧道机电核心设备运行状态监测系统

（1）示范地点和规模

公路隧道机电核心设备运行状态监测系统覆盖秦岭天台山隧道全部变电所、区域控制器。

(2)示范实施情况

隧道机电核心设备运行状态监测系统包括监测参数采集与数据采样模块、采样数据融合模块、监测节点硬件电路模块、采样控制电路模块、数据传输模块等构成。设备运行状态监测系统硬件结构如图 2.2-16 所示。

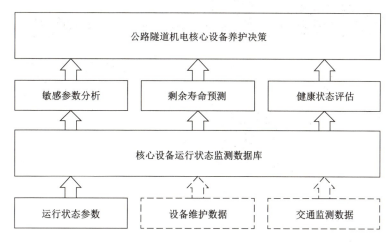

图 2.2-16　公路隧道机电核心设备运行状态监测系统构成图

本系统选取天台山隧道区域控制器、横洞变电所、斜竖井变电所作为机电核心设备（区域），对其进行运行状态监测，实现连续状态监测、实时报警及运行趋势分析预测等功能，如图 2.2-17～图 2.2-19 所示。

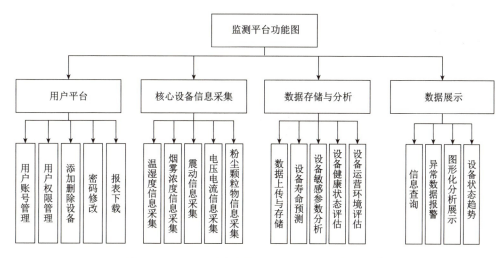

图 2.2-17　公路隧道机电核心设备运行状态监测系统功能图

图 2.2-18　传感数据采集、传输节点搭建及测试

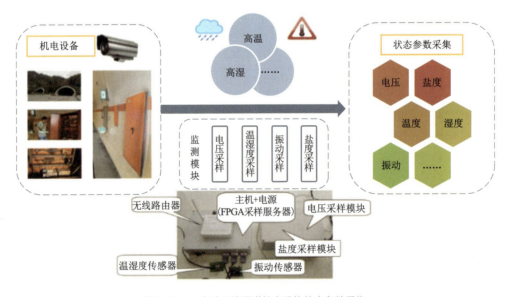

图 2.2-19　高速公路隧道机电设施状态参数采集

2.2.4.2　公路隧道大数据智能运营管理系统

(1) 示范地点和规模

在天台山运营管理中心建立公路隧道大数据智能运营管理系统。

(2) 示范实施情况

公路隧道大数据智能运营管理系统针对现有公路隧道各系统（如通风、照明、监控等)独立运行,联动性差,信息共享弱等问题,利用公路隧道各子系统的信息数据,建立一个智能公路隧道数据库对海量数据进行统一管理,进一步对多源数据进行分析和挖掘,开发一套高效、实用的数据分析处理流程,从而形成支持管理决策制定的有用信息。实现公路隧道信息共享与融合、子系统联动控制功能,提高超长隧道运营管理水平,见图2.2-20和图2.2-21。

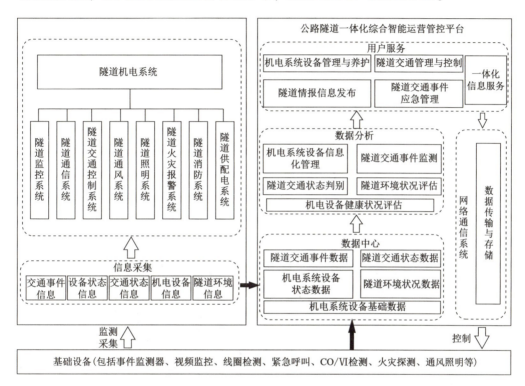

图2.2-20　公路隧道大数据智能运营管理系统平台

图2.2-21　秦岭天台山隧道运营管理中心

天台山隧道里程长、规模大，隧道内机电设备多、品牌多，缆线逻辑关系复杂。天台山运营管理中心以问题和需求为导向，建立公路隧道大数据智能运营管理系统。整合团雾、除雪保畅、温湿度检测、交通事故、车流量统计等12个模块的动态数据框架，完善以资源为核心的顶层管理流程，建立数据库，对比分析通车里程、隧道事故量、温湿度参数、风速风向等运营管理需要的数据，实现了对机电、消防运营维护数据的动态管理。

2.2.5 经济和社会效益分析

基于状态监测数据建立公路隧道机电系统关键设备的评价体系、评价模型以及评价方法研究，实现公路隧道机电系统运行状态量化评价，为设备管理和维护提供决策支持；应用大数据、云计算等技术，对海量多源数据进行融合分析；通过顶层设计，解决各系统独立运行、联动性差、信息共享弱等问题，实现多系统融合与联动控制，为秦岭天台山隧道群安全智慧运营和管理决策提供基础平台支持。秦岭天台山隧道群机电设备监测平台及大数据智能运营管理系统如图2.2-22和图2.2-23所示。

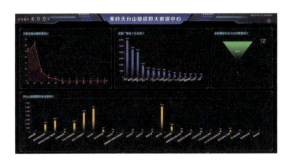

图2.2-22　秦岭天台山隧道群机电设备监测

图2.2-23　公路隧道大数据智能运营管理系统

第3章 公路隧道安全快速施工技术推广应用

开展超长公路隧道施工机械设备配套方案与施工组织、多工作面长距离施工通风技术、有轨斜井施工技术等应用研究，实现全工序机械化安全快速施工，提升施工效率，提高施工安全水平，实现人员"零伤亡"。

3.1 机械化快速施工技术推广应用

3.1.1 技术特点、原理和适用性

在秦岭天台山隧道主洞开展全作业线机械化快速施工技术应用，综合应用三臂凿岩台车、湿喷机械手、二次衬砌防水材料铺挂台车、自行式液压栈桥＋仰拱整体式模板综合技术等机械化施工技术，对隧道开挖、支护、二次衬砌防排水等主要工序的施工质量起到了更优的控制效果，保障了隧道施工中的作业安全，大幅提升了施工效率。

公路隧道施工机械配置原则：施工机械配置应与主要施工方法相配套，与施工工期相适应；施工机械配置的生产能力应大于均衡施工能力，均衡生产能力应大于施工进度指标要求；施工机械配置应注重科学发挥机械的总体效率；施工机械需要有备用设备；施工机械应根据施工进度的计划安排，及时进场，确保正常施工。

在隧道施工中，Ⅰ、Ⅱ、Ⅲ级围岩采用全断面施工；Ⅳ、Ⅴ级围岩采用台阶法施工，Ⅴ级以上围岩采用其他方法施工。对隧道全断面和台阶法施工的设备配置方案分别按照Ⅰ、Ⅱ、Ⅲ级三种模式，分别对应三种综合施工进度指标，如表3.1-1和表3.1-2所示。其中，Ⅰ级机械化配套方案适用于需要施工进度最快且业主有设备专项费用时的配置模式；Ⅱ级机械化配套方案适用于施工进度较快且业主或施工单位自身有需求时的配置模式；Ⅲ级机械化配套配置适用于常规施工组织的配置模式。

长大隧道机械化配套方案划分表　　表3.1-1

项目	月进度(m)		
	Ⅰ级方案	Ⅱ级方案	Ⅲ级方案
一、三车道隧道			
全断面施工(Ⅰ~Ⅲ级围岩)	≥170	140~170	110~140
台阶法施工(Ⅳ~Ⅴ级围岩)	≥90	60~90	45~60

续上表

项目	月进度(m)		
	Ⅰ级方案	Ⅱ级方案	Ⅲ级方案
二、两车道隧道			
全断面施工(Ⅰ~Ⅲ级围岩)	≥150	120~150	90~120
台阶法施工(Ⅳ~Ⅴ级围岩)	≥90	60~90	45~60

三车道隧道全断面施工Ⅰ级机械化设备配套方案设备配置表　　表3.1-2

作业工序	设备名称	规格	数量	备注
超前钻探作业	三臂凿岩台车	—	1台	短距离
	多功能钻机	C6	1台	长距离
开挖作业线	三臂凿岩台车	—	2台	兼顾锚杆作业
	变压器	S11-500	1台	
支护作业线	湿喷混凝土机械手	≥20m³/h	1台	
	混凝土输送车	≥6m³	2台	与二次衬砌共用
	混凝土搅拌站	60m³/h	1台	
仰拱作业线	自行式仰拱栈桥	有效工作长度20m以上	2台	
	挖掘机	1m³	1台	
	自卸车	25t	2台	
	混凝土输送车	≥6m³	—	与二次衬砌共用
	仰拱纵向滑模	—	2套	
	混凝土输送泵	60m³/h	1台	
装碴运碴作业	装载机	≥3m³	2台	备用1台
	自卸汽车	≥25t	5台	根据运距增加
防水板作业	铺设台车	—	2台	
混凝土衬砌作业	模板台车	长12m	2台	
	混凝土输送泵	60m³/h	2台	
	混凝土输送车	≥6m³	5台	根据运距增加
	混凝土搅拌站	≥120m³/h	1台	
	养护作业台架	—	2台	

3.1.2　依托工程实施情况与效果

机械化快速施工技术实施范围为宝坪高速公路LJ-12、13合同段(起讫里程K159+285~K168+217)秦岭天台山隧道(施工区段长度8948m)。主要包括三臂凿岩台车、聚能爆破+水压爆破综合技术、湿喷机械手、二次衬砌防水材料铺挂台车、自行式液压栈桥＋仰拱整体式模板综合技术以及电缆沟槽整体式液压台车施工技术等。

1）机械化（三臂凿岩台车）快速钻孔应用

实施情况：由于宝坪高速公路秦岭天台山隧道 LJ-12 合同段围岩多为Ⅰ～Ⅲ级，具备快速施工条件，LJ-12 合同段右线大里程方向采用机械化（三臂凿岩台车）快速钻孔技术进行施工。配备 2 台 TamRockT12 三臂凿岩台车，每台台车配备 6 名操作人员进行分工协作，分两个作业班组进行施工。配备的三臂凿岩台车为液压传动，作业时钻进速度快，钻孔角度易于控制，能够有效控制隧道超欠挖，如图 3.1-1 所示。进行全断面光面爆破施工，断面开挖成型较好。

图 3.1-1　机械化（三臂凿岩台车）快速钻孔应用

实施效果：三臂凿岩台车快速钻孔施工技术在秦岭天台山特长隧道Ⅲ级围岩中进行了实际应用，具有单循环进尺快、安全性能高、开挖成型好、成本低、作业条件好等优点，大大提高了隧道施工的安全系数，提高了工作效率。

（1）钻孔速度

人工钻孔时，由于花岗岩十分坚硬，气动式风枪压力有限，钻进速度仅为 0.2m/min，钻 3.5m 深的炮孔需 18min，含退钻杆、重新找孔架立风枪的时间，钻 1 个孔总共需要 20min 左右；炮孔数量为 198 个孔，配备 25 台风枪，每台风枪需要钻 8 个孔；每循环钻孔所需时间为：8 个孔 ×[20min/孔（钻孔）+2.5min/孔（清孔）]＝180min。相同围岩条件下，三臂凿岩台车的钻孔速度为 2.0m/min，钻 4.5m 深的炮孔需 2.5min，含退钻杆、移动钻臂的时间，钻 1 个孔总共需要 4min 左右；炮孔数量为 168 个孔，两台凿岩台车施工，钻孔时间约 28×4＝112(min)，每循环钻孔所需时间为：25min（准备时间）+112min（钻孔）+15min（收尾）＝152min。

（2）循环进尺

由于花岗岩十分坚硬，进行爆破作业时岩石夹制作用突出，爆破进尺受到很大限制。人工钻孔时，钻头采用 ϕ40mm 钻头，装药药卷直径为 ϕ32mm 小药卷，爆破力有限，每循环钻孔深度为 3.5~3.8m，爆破后循环进尺为 3.0~3.2m。三臂凿岩台车钻头采用 ϕ45mm 钻头，采用的药卷为直径 ϕ40mm 大药卷，爆破力相对较大；每循环钻孔深度为 4.5m，爆破后循环进尺为 3.6~3.8m。

（3）超欠挖控制

人工钻爆主要依靠工人的经验及熟练程度，人为影响因素较大。三臂凿岩台车钻孔角度、间距、深度由电脑程序设置，钻孔比较精准，孔底能保持在同一水平面；可根据断面检测情况并调整炮眼布置轮廓线，三臂凿岩台车钻爆超欠挖可控制在 10cm 左右。

（4）人员配置及管理

人工钻爆时，掌子面约需配备 27 名班组人员；三臂凿岩台车钻孔时，每台只需要 3~5 人即可。根据现场实际施工及管理需要，将钻孔台车操作手纳入隧道工序管理，由隧道架子队管理，可保证开挖钻孔与其他工序之间衔接紧密，确保隧道施工正常有序地推进。凿岩台车与多功能台架配合人工手持风钻对比见表 3.1-3。

凿岩台车与多功能台架配合人工手持风钻对比表　　表 3.1-3

对比项目	三臂凿岩台车	人工手持风钻开挖
月进尺对比	240m	160m
掌子面施工人员	8 人	27~35 人
洞内施工环境	较好	较差
准备工作	台车自行就位后需用时 10~15min	需大型机械移动台架，接风水管等，需用时 20~30min
安全	人员远距离操作，安全危险较小	大量人员密集在掌子面，安全危险较大
质量	全断面光面爆破，断面成型较好，超欠挖更易控制	人为影响因素较大，超欠挖不易控制
其他	能够实现 40m 距离内的钻注一体化功能，同时对超前地质预报能起到辅助作用，能够进行锚杆钻孔作业	能进行短距离超前小导管作业，锚杆钻孔作业耗时长

2）聚能爆破 + 水压爆破综合技术应用

实施情况：秦岭天台山隧道断面大、洞内围岩以Ⅲ级围岩为主，在隧道施工中推广聚能爆破+水压爆破综合技术，该技术工法通过在掏槽眼和辅助眼使用水压爆破，周边眼使用聚能管的组合爆破技术，大幅提升了隧道开挖光面爆破效果，有效解决了隧道施工中长期存在的超欠挖问题，减少危石，明显改善了洞内作业环境，是一种节能环保的工程爆破技术。本技术可用于各类隧道钻爆法开挖施工，尤其适用于岩体质量等级较高的石质隧道及爆破作业对周边环境影响敏感的开挖施工。聚能爆破+水压爆破主要设备见表3.1-4。

聚能爆破+水压爆破主要设备表　　　表3.1-4

序号	设备名称	规格	数量	单价(元)	备注
1	水袋机	KPS-60	1台	4500	
2	炮泥机	PNJ-160A	1台	6500	
3	空压机	MB550-1A	1台	650	
合计				11650	

实施效果：采用"聚能爆破+水压爆破施工工法"，爆破后隧道轮廓面非常平顺(图3.1-2)，基本不存在超欠挖现象，爆破后不存在安全隐患，加快了施工进度，节能降耗、生态环保优势明显，在隧道开挖工艺上推广前景广阔。

a) 水袋安装

b) 聚能爆破+水压爆破综合应用装药

c) 光爆效果

图3.1-2　聚能爆破+水压爆破综合技术应用

(1)采用聚能管光面爆破，周边炮眼间距较传统爆破增大1倍，炮眼数量减少50%，钻孔所用时间缩短，节省工人作业量，工程进度明显提高，保证了施工节点的实现。

（2）水压爆破在每个辅助眼和掏槽眼中布置了三节水袋和炮泥，以代替该位置的炸药，使炸药用量节约21%。爆破后隧道达到的光面效果，基本不出现超欠挖现象，使隧道初支喷射混凝土用量大幅减少，节约约22.4%的喷射混凝土。

（3）使用聚能爆破+水压爆破开挖工艺，聚能管用塑料套圈被架空在炮眼中间，爆破后围岩面平顺光滑，并且围岩稳定、无剥落现象。辅助眼和掏槽眼爆破后无残留哑炮，并且石渣细碎，满足装车要求。

（4）聚能爆破+水压爆破工艺在炮眼中装填水袋，爆炸瞬间形成水雾，爆破后水雾有效地降低掌子面粉尘含量，提高了隧道内空气质量。

常规爆破与聚能水压光面爆破各方面费用及用料对比见表3.1-5～表3.1-8。

常规光爆与聚能水压爆破光面炮眼钻孔费用对比表 表3.1-5

钻爆方式	孔深（m）	孔数（个）	钻孔总长（m）	每延米钻孔费用（元）	总费用（元）
常规光爆	3.2	45	144	14.54	2093.76
聚能水压爆破	3.2	24	76.8	14.54	1147.39

注：每延米费用根据有轨运输斜井现场统计每班开挖工人工资、钻头钻杆消耗量及水电费计算出来。

常规爆破与聚能水压光面爆破火工品费用对比表 表3.1-6

钻爆方式	材料名称	数量	单价（元）	总价（元）	合计（元）
常规光爆	乳化炸药	266.94kg	9/kg	2402.46	4616.46
	非电雷管	165	6/发	990	
	导爆索	306m	4/m	1224	
聚能水压爆破	乳化炸药	200.20kg	9/kg	1801.84	3642.04
	非电雷管	165	6/发	990	
	导爆索	90m	4/m	360	
	聚能管	60m	6.5/m	390	
	聚能管制作	60m	1.67/m	100.2	

注：常规爆破所用火工材料数量根据有轨运输斜井现场统计平均值得来，单价来自项目合同部。聚能水压爆破所用火工材料数量根据现场统计平均值得出。

常规爆破与聚能水压光面爆破钻爆费用对比表 表3.1-7

钻爆方式	钻孔总费用（元）	火工品总费用（元）	钻爆进尺（m）	平均每延米钻爆费用（元）	聚能水压光爆节省费用（%）
常规光爆	2093.76	4616.46	2.6	2580.85	38.14
聚能水压爆破	1147.39	3642.04	3.0	1596.48	—

常规爆破与聚能水压光面爆破每延米喷射混凝土方量统计表　　表3.1-8

钻爆方式	围岩等级	实际喷射方量（m³/m）	单价（元）	总价（元）	备注
常规光爆	Ⅲ	4.24	360/m³	1526.4	爆破后轮廓凹凸，极易造成超挖
聚能水压爆破	Ⅲ	3.28	360/m³	1180.8	开挖轮廓线平顺，超挖量少

3）湿喷机械手

实施情况：在秦岭天台山隧道群全线建设中推广应用湿喷机械手（图3.1-3），喷射混凝土最高速率可达30m³/h以上，操作人员较人工湿喷2次时减少3~4人，喷射准备时间短；机械手布料区域广，最大喷射高度可达26m，一次定位喷射移动距离12m，具有较高的方便快捷性。此外，机械臂喷射混凝土附着力较好、强度高、整体性强、密实度好；安全系数高，操作人员可在远离支护作业面（15m左右）采用有线遥控器操作设备，具有较高的安全性；经济成本低，机械化程度高，可大幅度降低工费，可减小混凝土回弹率8%~15%，极大地降低混凝土施工成本，且能降低喷浆粉尘污染，施工噪声低，改善了施工作业环境。

图3.1-3　湿喷机械手的应用

实施效果：与传统的湿喷机相比较，混凝土湿喷机械手为自行式设备，到达现场后能快速调整机位，无须接送风水管，混凝土运输到现场后即可直接进行喷射作业，且实际的喷料速度比2台湿喷机（9m³/h）快2倍。对该机组在使用过程中的统计数据进行分析（表3.1-9），结果表明，喷射混凝土的回弹率均控制在12%以内，而传统的湿喷机回弹率均在25%以上，并且此系统具有污染小、噪声低、耗能少、操作灵活方便、故障率低、使用寿命长、工人劳动强度低等优势，同时对提高喷射混凝土内在和外观质量、改善洞内施工环境、确保施工安全起到了很好的作用。

喷射混凝土机械手与湿喷机的使用情况对比表　　　　表 3.1-9

对比项目	Sika-PM500 PC	TK500 卧式湿喷机
全断面施工作业范围的适应性	能达到所有范围	能达到所有范围，全断面施工需配置台架，人工转移喷点较为困难
喷射角度	90°	受人为因素影响，小于90°
喷射距离	人利用遥控器远距离操作可根据随时调整	人近距离操作随意性很大
喷料速度	4~30m³/h	9m³/h
回弹率	10%~12%	25%以上
速凝剂添加系统	精确度较好	精确度差
人员配备	4人	每台机需6人，两台机需要12人
工序衔接时间	自行至洞内，调机就位需5~8min	利用装载机吊运进洞，需安装风水管，需要15~25min

4）二次衬砌防水材料铺挂台车应用

实施情况：在宝坪高速公路 LJ-13 合同段秦岭天台山隧道推广应用二次衬砌防水材料铺挂台车弥补传统简易台车的不足，在设计制造时，充分考虑施工便利，提高时效，新开发的防水板作业台车主要由行走系统、提升系统、支架三部分组成，如图 3.1-4 所示。

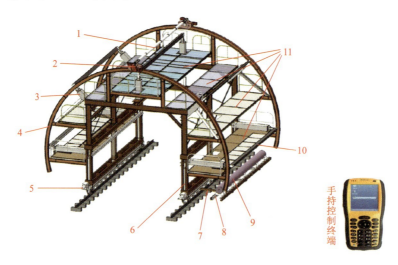

图 3.1-4　防水材料铺挂台车的基本组成示意图

1-滚筒夹具；2-爬行小车；3-顶升油缸；4-导轨；5-电机；6-顶升油缸；7-托架；8-滑轨；9-防水布（土工布）卷筒；10-连接横梁（以及钢筋放置）；11-人工作业平台

行走系统:采用轮式行走,需借助装载机动力进行移动,较普通防水板台车更为方便、快捷,可提高工作效率。

提升系统:无纺布、防水板均可通过提升系统进行提升,通过门架四周的卷扬机,将防水板通过顶部弧形轨道从一侧牵引至另一侧,解决了以往上防水板较慢的问题,大大降低了工人的劳动强度。

实施效果:台车具有土工布和防水板挂设功能,在使用过程中能够有效节约人力物力,降低作业人员劳动强度;防水板定尺加宽,可减少防水板接缝数量,提高挂布质量,防止漏气;可以有效控制防水板铺设松弛度,提高铺设质量,保证了防水板焊接质量和平整度,如图3.1-5所示。

a)　　　　　　　　　　　　　　b)

图3.1-5　二次衬砌防水材料铺挂台车应用

5)防水板激光定位+超声波焊接综合技术应用

实施情况:在宝坪高速公路LJ-3合同段秦岭天台山隧道推广应用防水板激光定位+超声波焊接综合技术。超声波焊接机,通过超声波发生器将50/60Hz电流转换成15kHz、20kHz、28kHz电能。被转换的高频电能通过换能器再次被转换成为同等频率的机械运动,随后机械运动通过一套可以改变振幅的调幅器装置传递到焊头。焊头将接收到的振动能量传递到待焊接工件的接合部,在该区域,振动能量被通过摩擦方式转换成热能,将塑料熔化。振动停止后,维持在工件上的短暂压力使两焊件以分子链接方式凝固为一体。一般焊接时间小于1s,所得到的焊接强度可与本体相媲美。

超声波焊接不需加溶剂、黏接剂或其他辅助品,使用成本低;超声波焊接开机即可焊接,正常情况下焊接枪头不会烫伤操作人员,安全性好;一个接触点在3s内即可完成焊接，工作效率高，不会因出现焊点破洞修补而浪费时间；焊点外观质量和熔接程度好，焊点不破损，防水板铺设质量好。

实施效果：该技术主要是通过激光灯投射光斑对热熔垫圈精确定位，实现了热熔垫圈快速、规范安装，并通过超声波进行固定焊接，提升了隧道衬砌防水材料的施工质量和防水效果，如图3.1-6～图3.1-8所示。

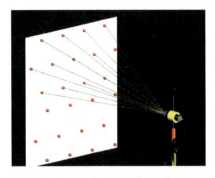
图3.1-6　红外线定位装置示意图

图3.1-7　采用超声波焊机焊接防水板

a)

b)

图3.1-8　防水板激光定位+超声波焊接综合技术应用

6）自行式液压栈桥+仰拱整体式模板综合技术应用

实施情况：在宝坪高速LJ-3合同段秦岭天台山隧道推广应用自行式液压栈桥+仰拱整体式模板综合技术，自行式液压栈桥及仰拱整体式模板主要由桁架、仰拱弧形模板、液压系统、行走系统组成，如图3.1-9和图3.1-10所示。自行式栈桥采用电控液压系统，能够更加方便地前进、后退和横移，实现仰拱全幅施作和仰拱填充施工。通过液压定位系统固定仰拱端模和整体式弧形腹模，以达到仰拱边墙范围曲面一次成型的目的，实现仰拱与仰拱填充的分层浇筑，确保二次衬砌仰拱混凝土的密实度和强度。

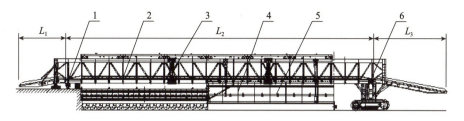

图 3.1-9 隧道自行式液压栈桥及仰拱整体式模板结构侧视图

1-横向行走系统；2-主体栈桥；3-中心水沟模板；4-填充模板；5-仰拱模板；6-行走系统；L_1-后引桥长度；L_2-栈桥作业长度；L_3-前引桥长度

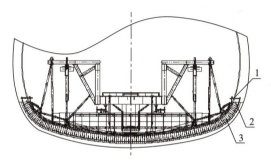

图 3.1-10 隧道自行式液压栈桥及仰拱整体式模板结构主视图

1-纵向止水带夹具；2-钢筋定位器；3-环向止水带夹具

根据仰拱衬砌施工要求，隧道自行式液压栈桥及仰拱整体式模板设备的主要技术参数见表 3.1-10。

自行式液压栈桥及仰拱整体式模板设备主要技术参数表　　表 3.1-10

序号	名称	规格	备注
1	有效衬砌长度	24m	12m/循环
2	最大高度	2800mm	
3	宽度	4345mm	
4	长度	40590mm	
5	有效行车宽度	3600mm	
6	载质量	55t	最大通过质量
7	设备自重	110t	
8	履带承载能力	60t	
9	履带爬坡能力	5°	
10	最大行驶速度	1.9m/min	

续上表

序号	名称	规格	备注
11	主桥后端升降行程	0~500mm	
12	主桥前端升降行程	0~350mm	
13	整体仰拱模板	12000mm	纵向长度
14	中心水沟模板	12000mm	纵向长度
15	填充端模板	12000mm	横向长度
16	填充边模板	12000mm	纵向长度

实施效果：如图3.1-11所示，栈桥在前引桥下进行混凝土施工时，可让车辆从填充层通过栈桥直达下台阶，实现早封闭、早成环的施工要求；采用液压控制，具备前、后、左、右移动功能，行走系统实现自行，临边防护较好，自动化程度及安全性较高；自行式液压栈桥+仰拱整体式模板综合技术实现了仰拱全幅施作和仰拱边墙范围曲面一次成型，确保了仰拱设计弧面和曲率，实现了仰拱与仰拱填充的分层浇筑，保证了混凝土的密实度；可有效保证仰拱与掌子面的安全步距，降低施工安全风险，提升隧道整体施工质量。

a)   b)

图3.1-11 自行式液压栈桥+仰拱整体式模板综合技术应用

(1) 传统工艺与新工艺工装对比分析

针对传统组合模板加栈桥施工和隧道自行式液压栈桥及仰拱整体式模板一体化施工工艺进行对比，一体化施工工艺在模板结构、布料方式、台车就位方式、台车行走方式、振捣方式、纵向止水带安装、环向钢筋绑扎、中心水沟、模板缝等方面具有明显的优势，具体分析见表3.1-11。

传统工艺与新工艺质量控制优缺点对比表　　　　表 3.1-11

序号	项目	液压栈桥/模板	一体化	优缺点
1	模板结构	组合模板	(1)封闭式整体钢模；(2)模板采用液压油缸自动提升模板具有刚度强，定位、脱模便捷；(3)模板配有自动卡紧装置，不易跑模	后者模板强度、刚度优势明显，能快速、精准地实现模板定位、脱模，布料装置应移动自如，使用方便、高效
2	布料方式	采用人工布料	采用多个滑槽漏斗布料装置	后者机械化程度高，施工效率高，降低作业人员劳动强度
3	振捣方式	采用插入式振捣	采用插入式振捣加附着式振捣	优缺点
4	台车定位方式	采用机械加人工辅助定位	采用轨行式移动，液压系统自动定位	后者自动化程度高，施工效率高，降低作业人员劳动强度
5	台车行走方式	机械设备辅助运输	履带式行走装置	后者行走系统具有点动功能，精确定位
6	模板接缝	组合模板，块体小，施工接缝较多	整体式浇筑，整体大块模板，整装整拆，单次浇筑长度一般为12m	后者减少了施工缝，外观美观
7	纵向止水带安装	采用人工安装和钢筋定位	采用止水带夹具进行定位	止水带位置的准确、顺直
8	环向钢筋绑扎	采用人工绑扎	采用人工辅助绑扎	精确定位
9	中心水沟	采用人工关模	整体式箱梁模板，模板配有自动卡紧装置，不易跑模	能够实现模板的快速就位与脱模，且确保混凝土成型面线性效果好

(2)传统工艺与新工艺工序对比分析

隧道自行式液压栈桥及仰拱整体式模板施工工序包括：施工准备→仰拱基底清理(积水抽排)→测量定位及复核→仰拱边墙防排水系统施工→台车行走→台车就位及定位(含中心水沟模板、填充端头模一体就位)→弧形模板定位→安装边墙纵向钢板止水带(弧模自带夹具定位)→安装仰拱端头定型钢模→浇筑仰拱混凝土→安置边墙预留接茬筋(定位器定位)→安装上一组填充内预埋排水管孔→浇筑上一组仰拱填充混凝土→混凝土拆模、养护→成品保护→下一循环施工，如图 3.1-12 所示。

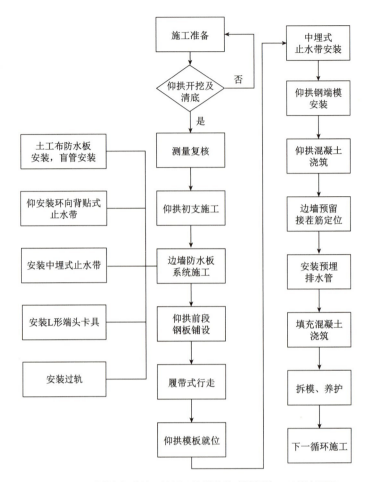

图 3.1-12　隧道自行式液压栈桥及仰拱整体式模板施工工艺流程图

传统工艺与新工艺工序时间对比情况见表 3.1-12 和图 3.1-13，可以看出传统工艺一组隧道自行式液压栈桥及仰拱整体式模板需要 52h，新工艺一组隧道自行式液压栈桥及仰拱整体式模板需要 41h，相差 11h，节约了人工劳动力。

传统工艺与新工艺工序时间对比表　　表 3.1-12

序号	项目名称	传统工艺时间(h)	新工艺时间(h)
1	台车行走	2	2
2	仰拱就位、定位	8	3
3	安装止水带	4	2
4	安装端模	3	2
5	仰拱浇筑	8	8
6	边墙接茬钢筋施工	2	2
7	安装仰拱填充排水管	1	1

续上表

序号	项目名称	传统工艺时间(h)	新工艺时间(h)
8	仰拱填充浇筑	10	10
9	等强	8	8
10	脱模	6	3
	时间合计	52	41

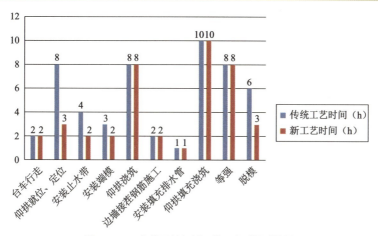

图 3.1-13　传统工艺与新工艺工序时间对比图

7) 隧道衬砌混凝土预防拱顶空洞技术应用

实施情况：在秦岭天台山隧道群二次衬砌混凝土施工过程中，根据液位继电器工作原理，创新应用了隧道衬砌混凝土预防拱顶空洞技术，通过在隧道拱顶最高点埋设感应装置（图3.1-14、图3.1-15），在浇筑拱顶混凝土时，当混凝土淹没感应装置达到一定压强，继电器发出信号提醒施工人员拱顶混凝土已浇筑密实，保证了一次性浇筑成型，避免了二次注浆，确保了衬砌拱顶混凝土施工质量。

图 3.1-14　隧道衬砌混凝土预防拱顶空洞监测器

图 3.1-15　隧道衬砌感应点布置

实施效果：

(1) 经济效益

固定投入成本(监测箱体投入)：约1580元，可周转使用，单组台车消耗费用(一次投入的电线材料)：不大于30元，实际使用时费用更低，本工程总计663组衬砌计算，需用费用21452元，折合每延米费用约2.8元，投入成本极低。根据在建项目已完工程衬砌空洞防治费用经验估算，远远小于后期衬砌缺陷处理费用。

(2) 社会效益

当前对衬砌实体检测一般采用雷达无损检测手段检查拱顶是否存在空洞，此方法属于事后控制，若拱顶存在空洞，质量缺陷已既成事实，而缺陷处理较为困难，一般采取注浆填充处理，处理费用高，效果难以保证，负面影响大。采用此工法可以更好地预防拱顶空洞，大大减少了后期处理的工作量，满足业主及公司管理目标要求。

(3) 节能效益

若二次衬砌施工后检测出拱顶存在空洞，质量缺陷已既成事实，而缺陷处理较为困难，一般采取注浆填充处理，材料消耗较大，不符合现在建设环保、绿色工程的理念。

8) 二次衬砌拱顶带模注浆技术应用

实施情况：如图3.1-16所示，在秦岭天台山隧道群推广应用了二次衬砌拱顶带模注浆技术，在台车上预埋径向注浆管，在二次衬砌混凝土施工完2h后及时通过该注浆管在衬砌背后进行带模回填注浆来解决空洞问题，确保衬砌混凝土的整体质量。

图3.1-16　二次衬砌拱顶带模注浆技术应用

实施效果：通过在衬砌台车顶部预埋径向注浆管，当衬砌混凝土初凝时，用注浆一体机通过注浆管注入微膨胀砂浆，该设备具有走行及操作方便、操作简便且不占用正常衬砌施工时间的优点。带模注浆在混凝土初凝时开始注浆，且注浆压力远高于脱模后的注浆压力，提高衬砌混凝土与注浆处理浆液的整体性，修复各种混凝土缺陷，保障隧道衬砌厚度，有效解决衬砌空洞问题，消除远期的质量病害。

9) 电缆沟槽整体式液压台车施工技术应用

实施情况：在秦岭天台山隧道群推广应用了二次衬砌拱顶带模注浆技术，根据道路等级及隧道直曲线线形，确定适宜长度(6m、9m、12m)的移动式模架及配套的定型模板；通过液压杆把模板悬挂起来，可以左右移动模板到设计的平面位置；通过液压设备可上下调整模板高度，使模板与设计高程一致；在模板调整到设计位置后，通过定型模板顶部"定位卡"固定模板与模板之间的相对位置和模板与模架的相对位置；模板固定后，浇筑结构；待结构成型脱模后，通过模架行走系统使模架整体移动到下一模混凝土浇筑的位置。

实施效果：如图 3.1-17 所示，与常规的隧道电缆沟槽施工技术相比，采用本结构台车施工，在质量控制、施工效率及新技术应用推广方面达到了显著效果：

(1) 行走式液压电缆沟槽台车采用整体钢模设计，模板强度大、稳定性好，避免施工过程中出现"跑模"现象；并在钢模上设置附着式振动器，确保了振动效果，避免出现蜂窝麻面、流砂等现象。

图 3.1-17　电缆沟槽整体式液压台车施工技术应用

(2) 采用轨行式液压水沟电缆槽台车进行施工，台车拼装完成后，每次施工作业只需要安装钢轨，台车就位后，全自动进行操作完成模板就位，不需拼装和拆除模板，施工快捷，每循环施工周期1天。

（3）电缆沟槽台车施工技术成果的应用，实现了隧道电缆沟槽高效、质量的施工，效果良好，并在宝坪项目全线和陕西路桥集团公司所属隧道项目大力推广。

3.1.3　经济社会环境效益分析

（1）提高了施工质量和安全性。通过机械化快速施工技术应用，对隧道开挖、支护、二次衬砌防排水等主要工序的质量控制起到了更优的作用；通过机械化配置，有效减少各作业线人员配置，实现机械化减人，保障了隧道施工安全。

（2）提高了施工效率。经机械设备配套安全施工技术推广应用，秦岭天台山双向六车道大断面隧道在Ⅲ级围岩段落施工进度提升至180m/月。

（3）相较于常规施工工艺，宝坪项目先进的施工技术、工艺工法、成套机械化应用，显著降低了人员投入和材料费用。

3.2　有轨斜井快速施工技术应用

3.2.1　技术特点、原理和适用性

为解决秦岭天台山1号有轨斜井施工中的各种施工技术难题，确保斜井以及正洞安全高效顺利贯通，项目建设者在进场后多次前往煤矿和非煤矿山企业进行调研学习，并与国内多个煤矿专家、知名的绞车厂家进行设备与方案探讨、比选，在煤矿和矿山工况下结合公路隧道的设计特点，通过在设备研发、设计、制造、部件检测、安装、运行、轨道建设等方面进行探索创新优化，应用斜井有轨运输施工技术以确保施工安全。技术应用主要涵盖大坡度斜井有轨运输安全施工技术应用、有轨斜井井下转渣施工技术应用、大坡度斜井水泥卸槽运输技术应用、大坡度斜井混凝土溜槽运输技术应用、洞内碎石加工拌和施工一体化等。

本技术适用于所有大坡度有轨斜井辅助正洞施工的隧道，尤其对于坡度大于36%以上的斜井，承担地下正洞二次衬砌、仰拱混凝土工程量巨大的工程效果更加明显。

3.2.2 依托工程实施情况

1)大坡度斜井有轨运输安全施工技术应用

实施情况:在煤矿现有有轨运输工艺的基础上,项目结合公路隧道大坡度斜井的特点,进行运输方案的安全性创新优化,有效降低了大坡度斜井有轨运输施工安全风险,提高了运输效率。具体措施有:

(1)绞车电控系统

提升机动力安全保护措施主要通过程序编码实现,由 PLC 操作台(可编程控制操作台)及变频柜组实时监控。具体保护包括:防过卷、防过速、相对位置及变频调速系统电压、限速、断轴、闸瓦间隙、松绳、减速、防触电、防咬绳、紧急停车保护装置。除上述保护之外,项目还加装了视频监控系统,将画面传输至操作台,实时观察前方情况,如图 3.2-1 所示。

 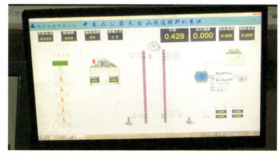

图 3.2-1 操作台智能控制系统及视频监视系统

(2)天轮、拖辊及地辊

天轮作用等同定滑轮,主要为牵引起导向作用,有轨运输系统出渣 106 万 m^3,因此设计时增强天轮的强度,减小钢丝绳磨损,确保提升安全。通过在轨道安装地辊,在天轮与绞车房之间设置拖辊降低钢丝绳的磨损程度,如图 3.2-2~图 3.2-4 所示。

(3)矿车防溜装置创新

现有矿车防溜装置依靠自动制动装置,当矿车自由下滑时刹车装置自动启动,达到防滑目的。为了防止矿车在牵引过程中钢丝绳发生断裂而发生跑车事故,在钢丝绳与矿车连接端设置两道保险绳,如图 3.2-5 和图 3.2-6 所示。同时在矿车端头设置抓钩,抓钩通过钢丝绳一端与矿车连接,另一端与矿车提升钢丝绳捆绑。在提升钢丝绳提升矿车运输过程中,钢绳突然断裂,矿车失去拉力而下滑的情况下，抓钩受重力作用，顺轨道地面下滑，钩住预埋好的防溜车阻拦索，阻拦住矿车下滑，解决了防溜车保障措施单一的问题，提高了矿车安全运行系数。

图 3.2-2　天轮及拖辊

图 3.2-3　钢丝绳及地辊

图 3.2-4　轨道示意图

①-43 号钢轨；②-轨枕；③-钢轨拉杆；④-轨枕预埋扣件；⑤-防跑车阻拦索；⑥-地辊预埋件；⑦-钢轨连接板

图 3.2-5　矿车防溜装置

①-双绳保护；②-防溜车抓钩；③-阻拦索

a)   b)

图 3.2-6   钢丝绳地爪与预埋阻拦绳

(4)清渣抓钩与阻车器

通过在卸渣栈桥上设置清渣抓钩，及时清除卡住渣仓的较大石块，避免了人工操作发生危险。在卸渣栈桥端头设置防过卷阻车器，在停车位设置防溜车阻车器，保障矿车安全。

实施效果：如图 3.2-7 ~ 图 3.2-9 所示，通过绞车电控系统、防溜车抓钩、双绳保护装置等多项安全措施创新，有效提高了有轨运输系统中矿车运行的安全性，提高了运输效率，为有轨运输系统的安全快速施工提供了保障。

图 3.2-7   清渣抓钩

2）有轨斜井井下转渣施工技术应用

实施情况：宝坪高速公路 LJ-11 合同段秦岭天台山隧道施工区间总长 6370m，出渣量约 130 万 m^3，项目在施工过程中通过推行有轨斜井井下转渣施工技术，通过洞内挖掘机、装载机及自卸汽车相互配合，将正洞爆破渣石运输到斜井井底车场装渣，井底设置智能化转渣平台，通过斜井有轨矿车提升到洞外车场卸渣，洞外装载机配合自卸汽车装渣后弃运至指定弃渣场，有效地实现了无轨—有轨—无轨的工序转换，提高了施工效率。井下转渣仓转渣施工工艺流程如图3.2-10所示。

图3.2-8　防过卷阻车器

图3.2-9　防溜车阻车器

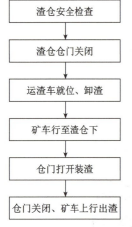
图3.2-10　井下转渣仓转渣施工工艺流程

实施效果：

①斜井井下快速转渣施工技术可实现石渣由无轨运输到有轨运输的快速转运，通过自动化控制渣仓，解决了渣石由无轨运输到有轨运输造成的装渣时间长、转渣区域扬尘大、交叉作业安全隐患大的问题。设备的高度自动化节约了劳动力，缩短了有轨运输矿车装渣时间，有效提高了大坡度斜井辅助正洞施工有轨运输出渣效率，从而保证了隧道各个工序的快速衔接和施工进度。

②采用自动化转渣方法，实现了机械化、自动化施工，解决了传统转渣效率低、扬尘大、安全隐患多的问题，具有较高的实用前景与推广价值。

③本技术的成功应用，有效提高了大坡度斜井转渣速度，其自动化装渣技术替代挖机装渣，节约了施工成本，经实际对比，比挖机装渣节约53.5万元。

3）洞内碎石加工拌和施工一体化施工技术应用

实施情况：随着正洞施工掘进的增加，有轨运输需求量不断增加。为减轻轨道出渣对正洞掘进的制约，宝坪项目在洞内设碎石加工厂与小型拌合站，将散装水泥等材料通过大坡度斜井、长距离运输转运至洞内，用于洞内初期支护喷射混凝土，以此减少部分外运渣石，节约喷射混凝土有轨运输时间，提高有轨运输出渣功效，如图3.2-11和图3.2-12所示。

图 3.2-11　洞内拌合站　　　　　　　图 3.2-12　洞内碎石场

由于隧道洞内空间狭窄、密闭，碎石设备又包含好几道传送加工工序。设备布设应既能确保安全生产，又能减少粉尘等洞内污染。项目通过利用隧道下沉与拱顶空间将设备优化一字排列、安装捕尘器、二级圆锥坡等措施，有效解决了洞内碎石场的建设问题。

实施效果：秦岭天台山隧道 LJ-11 标采用大坡度斜井有轨运输系统，主副斜井共配置三台绞车，主斜井 3.5m 双滚筒绞车配合 1 号、2 号轨道进行洞内出渣及材料运输任务，副斜井 3.5m 双滚筒绞车配合 3 号、4 号轨道进行洞内出渣及材料运输任务，5 号轨道专设用于人员上下斜井。正洞开挖方法采用爆破掘进，为无轨运输，井底设置转渣平台，所有渣石材料在斜井下方进行二次转运。通过洞内碎石加工拌和施工一体化施工技术应用，显著提高了有轨运输出渣功效。同时减少了安全隐患、节省了施工成本，有效缩短了工期。

4）大坡度斜井水泥卸槽运输技术应用

实施情况：秦岭天台山隧道 1 号斜井，大坡度有轨斜井微创改进水泥卸槽应用技术，其主要技术是改进利用空气动力将散装水泥从斜井洞上输送至洞下，卸槽分上下两层，通过在卸槽纵身间隔设置鼓风机，并调整连接角度使其产生向下的空气动力来悬浮水泥，从而使水泥通过卸槽上层运输至斜井洞下。为了减少散装水泥运输浪费和空气污染，在斜井底部安装一台水泥收集转运设备，可将卸槽运输的水泥快速收集并消除水泥扬尘，且收集设备仓底下端设置螺旋输送泵，可将收集除尘后的水泥快速倒装至洞内水泥罐车内，汽车运输至洞内拌合站进行使用，如图 3.2-13~图 3.2-18 所示。

图 3.2-13　洞外水泥临时存储罐、水泥卸槽

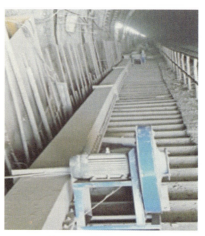
图 3.2-14　斜井内水泥卸槽

图 3.2-15　卸槽鼓风机

图 3.2-16　斜井底水泥除尘设备

图 3.2-17　斜井底水泥收集设备

图 3.2-18　斜井底水泥转运罐车

实施效果：大坡度斜井水泥卸槽运输技术的成功应用，有效解决了坡度较大斜井水泥不能直接下井的问题，大大提高了工作效率。（主要技术应用参数：

卸槽运输水泥 1t/min，平均每次运输一车散装水泥约 50t，输送准备时间 30min，有效输送时间 1h、收集转运时间 min，辅助用工 4 个人工。)

5）大坡度斜井混凝土溜槽运输技术应用

实施情况：秦岭天台山隧道 1 号斜井为大纵坡（40%）有轨运输斜井，并辅助正洞施工，混凝土无法通过罐车直接运输至正洞内，为此宝坪项目创新应用了大坡度斜井混凝土溜槽运输技术。通过在大坡度斜井中设置"U"形钢板溜槽，混凝土通过溜槽导向从斜井井口转运至斜井底部后，再用罐车接料、转运输至工作面。大坡度斜井中混凝土溜槽运输，利用混凝土自身流动性及和易性特点，在自身重力作用下匀速流动，顺溜槽滑移至斜井底接料漏斗中，如图 3.2-19 ~ 图 3.2-22 所示。

图 3.2-19 混凝土通过溜槽至斜井底

图 3.2-20 洞口混凝土进溜槽

图 3.2-21 接料漏斗

图 3.2-22 洞身混凝土溜槽

斜井口根据罐车尺寸设置接料漏斗，避免了混凝土在洞口卸至溜槽时产生浪费，同时接料斗出料口与溜槽相接，实现了混凝土均匀下放至溜槽中，避免混凝土离析。

斜井底部根据接料罐车尺寸设置接料料斗平台，平台上安放 1~2m³ 混凝土接料漏斗，将溜槽运输下来的混凝土进行集中后，释放到接料罐车中，实现溜槽运输到罐车运输的转换，通过罐车再次强拌均匀。溜槽运输混凝土的过程中有三个阶段，均能够保证混凝土的各项物理指标满足施工技术要求。混凝土溜槽运输流程如图 3.2-23 所示。

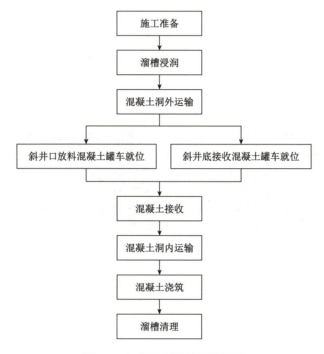

图 3.2-23　混凝土溜槽运输流程图

实施效果：大坡度斜井混凝土溜槽运输技术采用 5mm 钢板制作成"U"形溜槽，拌和好的混凝土在斜井洞口上端通过溜槽，利用斜井高差将混凝土从井上下放至井下集料斗，罐车在斜井洞底接料后通过二次搅拌运输至正洞工作面。经现场反复验证试验，该工艺可行，能用于纵坡在 25%~45% 的坡度斜井上，且混凝土各项性能指标均能满足要求。混凝土溜槽运输技术既解决了大坡度斜井辅助正洞施工难题，又提高了施工效率，节省了运输时间，保证了混凝土施工质量。（溜槽总长 755.2m，其中 40.2% 纵坡长 659.1m，流速 29m/min，32% 纵坡长 76.1m，流速 10.42m/min。平均流速 25.2m/min。一车混凝土 10m³，有效输送时间 30min，加上开始准备与结束时间，一车混凝土需 35min。）

3.2.3 经济社会环境效益分析

(1)保障施工安全：有轨运输系统通过绞车电控系统、防溜车抓钩、双绳保护装置等多项安全措施创新，有效提高了有轨运输系统中矿车运行的安全性，为有轨运输系统的安全快速施工提供了保障。

(2)提高施工效率：斜井井下快速转渣施工技术实现石渣由无轨运输到有轨运输的快速转运，缩短了有轨运输矿车装渣时间，有效提高了大坡度斜井辅助正洞施工有轨运输出渣效率；大坡度斜井水泥卸槽运输技术以及大坡度斜井混凝土溜槽运输技术有效解决了大坡度斜井水泥及混凝土材料运输难题，节省了运输时间，保证了混凝土施工质量和效率。

3.3 深埋竖井快速施工技术应用

3.3.1 技术特点、原理和适用性

在井口围岩破碎段落采用超前钻孔勘测、对锁井盘基础加深换填实现了井口稳固；通过对软弱易坍塌段打入短锚杆（钉）、挂钢筋网+喷射混凝土+模筑混凝土初期支护、井壁后止水注浆措施，顺利通过软弱破碎地层；在基岩段施工时通过采用地质超前预报、人工手抱钻配合伞钻钻孔、竖向两阶掏槽浅孔光面爆破、小型挖掘机装渣、主副绞车提升吊桶交替出渣、逐级进行钢拱架钢筋网安装、喷射混凝土施工，形成了高效快捷的循环推进施工工序。

利用作业面直径较大的特点，配备大吨位提升绞车确保提升效率；采用伞钻钻孔，提高了钻孔效率；采用小型挖掘机装渣，提高了装渣效率；采用双吊桶交替出渣，提高了出渣效率；充分利用机械化作业优势，并以机械作业为主导，合理配备辅助人员。通过对工艺优化，加快了施工循环，保证了施工安全，实现安全、快速掘进。

本技术适用于采用正井法开挖施工的大直径深埋竖井施工。

3.3.2 依托工程实施情况

1）竖井井口围岩破碎段施工技术应用

实施情况：秦岭天台山隧道2号竖井井口破碎带施工中采用井口换填加固

和多层支护施工。锁井盘底部 2m 进行换填后，换填底部与基岩距离减小，能够使换填 2m 范围形成环形支撑拱效应，用于支撑和平衡底部开挖时来自侧向压力。锁口部分采用倒锥形结构，也将锁口自重产生的竖向压力转换为斜侧向压力，起到了对井口段围岩压实挤密的作用；井口围岩破碎段采用短段开挖，即每次出渣 1m，出渣后立即在井壁插入或打入 $\phi 22mm$ 钢筋作为挂网锚杆，沿侧壁挂（$\phi 8mm$）间距 20cm×20cm 钢筋网一层，及时喷射 C25 混凝土厚度 10cm，持续出渣、支护至 2~3m 后，按照锁井圈上部钢筋布设沿井壁绑扎初支钢筋，随后进行 C30 模筑混凝土施工，依次循环直至较完整的基岩以下 2m，具体施工工艺流程如图 3.3-1 所示。

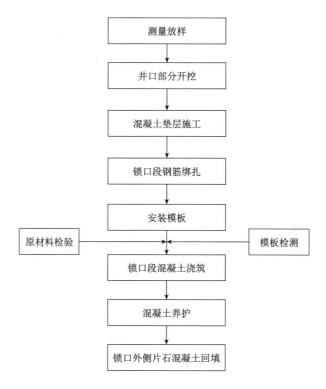

图 3.3-1　施工工艺流程图

实施效果：在井口围岩破碎段落采用超前钻孔勘测、对锁井盘基础加深换填实现了井口稳固；通过对软弱易坍塌段打入短锚杆（钉）、挂钢筋网＋喷射混凝土＋模筑混凝土初期支护、井壁后止水注浆措施（图 3.3-2、图 3.3-3），顺利通过软弱破碎地层。

a)　　　　　　　　　　　　　b)

图 3.3-2　围岩破碎段开挖后锚杆、钢筋网施工图

a)　　　　　　　　　　　　　b)

图 3.3-3　围岩破碎段模筑混凝土支护施工图

井口围岩破碎段进行基础换填和模筑混凝土多层支护施工完成后，经持续对井壁四周埋设位移观测点和沉降观测点进行检查和观测，井口及井壁混凝土表面未出现可见裂缝，锁井圈平面累积位移小于 2mm，顶面沉降累积值最大 8mm、最小 5mm，判断锁井圈处于稳定状态（图 3.3-4）。因此，可认为采用 C20 片石混凝土进行锁井圈基础换填的方案能够解决软弱地层时设计对锁井圈的嵌岩要求。

模筑混凝土施工完成后，在沿井壁四周每隔 20～30m 十字方向布设断面收敛点 4 个，采用钢尺收敛计进行初支混凝土的变形监测。通过持续监测数据显示，井壁累计变形最大不超过 10mm，且已稳定。表明由于封闭环形钢筋混凝土结构具有良好的稳定性，也能够保证井口结构的稳定。在一定程度上，降低了井口变形引起的安全风险，避免了井口坍塌的安全隐患。

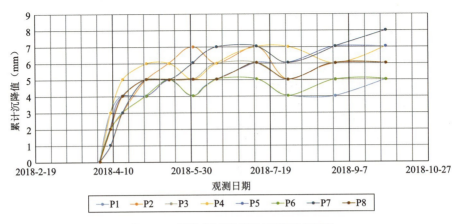

图 3.3-4　围岩破碎段处理后井壁稳定趋势图

2）竖井井身基岩段快速施工技术应用

实施情况：在秦岭天台山隧道 2 号竖井基岩段施工中应用竖井井身基岩段快速施工技术，基岩段采用超前地质预报加浅孔地质钻探，提前探明开挖段落地质情况。采用地面井架、绞车提升运输和人工配合伞钻钻孔，以及井下挖机装渣、吊桶运渣的施工工艺，形成了固定的循环作业工序，如图 3.3-5 所示。

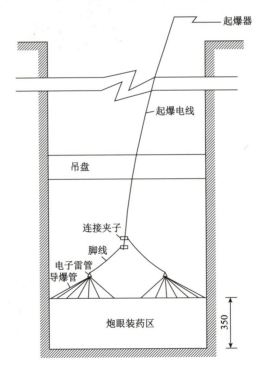

图 3.3-5　竖井爆破示意图（尺寸单位：cm）

(1)爆破

竖井基岩风化带段及基岩段采用钻爆法掘进，采用 FJD-6B 伞架配 YGZ-70 凿岩机凿岩，同时配备多台 YT-28 型人抱钻辅助伞钻钻孔，中深孔爆破，炮眼深度为 3.5m。成井循环方式采用一掘一支，每开挖支护循环进尺 3.0m，光面、光底、弱震、弱冲、中深孔爆破。

(2)出渣

爆破后井底工作面采用 1 台 55 型挖掘机（自重 5.2~6.0t、工作直径 3~7.5m）装渣，主提升整个凿井期间选用 4.0m³ 吊桶；副提升在 400m 以上选用 3.0m³ 吊桶，400m 以下选用 2.0m³ 吊桶。通过井上、井下信号工与绞车工使用专业通信系统进行沟通，信号工、绞车工、井架出渣工三方配合掘进，地面两台绞车交替提到地面。

(3)钢支撑安装

井身初期支护形式为锚杆、钢筋网、钢拱架、喷射混凝土支护，一次支护段高为三层锚杆高（Ⅴ级 2.25m、Ⅳ级 2.4m）。井筒第一层支护（初支）形式为喷射混凝土、锚杆、金属网、格栅钢架支护，一次支护段高为 3.0m（根据开挖地质情况可在 1~3m 适当调整）。锚杆、钢拱架、钢筋网安装与出渣同步，即出一层渣、打一层锚杆、同步安装 1~2 层拱架、安装对应钢筋网，每段全部出渣完毕和钢筋网安装后，立即进行喷射混凝土施工，完成一段初支。

施工工序为：测量放样—锚杆钻孔及安装—钢筋网安装—钢拱架安装。

(4)喷射混凝土施工

井下设 4 台 PZ-7 型湿喷机进行喷射混凝土，水泥、碎石和砂在井口地面电子计量经 JS-750 搅拌机搅拌后，通过 ϕ159mm 溜灰管输送到井底工作面集料斗。混凝土下放过程中，因竖井高度大，可能会产生离析现象，为此在掌子面设集料斗采用人工进行二次搅拌，同时投入外加剂（速凝剂），确保喷射混凝土凝固效果，人工上料进行喷射混凝土施工。

由于竖井施工作业面唯一的特殊性，各班组之间施工无法交叉进行，现场采用单作业班组循环作业的方式进行。主要工序循环及施工工艺流程见图 3.3-6。

实施效果：采用地质超前预报、人工手抱钻配合伞钻钻孔、竖向两阶掏槽浅孔光面爆破、小型挖掘机装渣、主副绞车提升吊桶交替出渣、逐级进行钢拱架钢筋网安装、喷射混凝土施工的循环施工工艺，如图 3.3-7 和图 3.3-8 所示。

充分利用机械化作业优势,并以机械作业为主导,合理配备辅助人员。通过对工艺优化,加快了施工循环,保证了施工安全,实现安全、快速掘进。

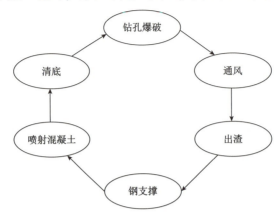

图 3.3-6　基岩段施工工序循环图

图 3.3-7　竖井人工配合伞钻爆破技术应用

图 3.3-8　竖井挖机装渣、主副绞车提升吊桶交替出渣技术应用

3)竖井二次衬砌混凝土滑模施工技术应用

实施情况：秦岭天台山隧道 2 号竖井井身标准段二次衬砌混凝土施工采用滑模施工工艺，由于井底 35m 范围设计有钢筋混凝土中隔板，滑模模板在图纸设计位置增设了中隔板模板，形成两个"D"形模板体系，中间用"开"字形提升架连接，横隔板端头用型钢连接。利用液压控制系统控制滑模整体爬升，实现中隔板和井壁混凝土同步进行浇筑与滑升。

竖井二次衬砌和中隔板同时施工，所用 C30 混凝土在井口拌合站集中强制拌和，通过滑道运输到井口料斗，混凝土由井口到吊盘采用 ϕ159mm 无缝钢管输送，下端接缓冲器，在吊盘二次搅拌后经过活节溜灰管入模，混凝土采用分层对称浇筑机械振捣。为防止在输送混凝土的过程中产生离析现象，在混凝土搅拌过程中严格控制水灰比，保证混凝土加入高效早强减水剂后的坍落度在 16~20cm 之间，同时输送过程要保证连续下料，在浇筑混凝土前对管路进行浸湿。

中隔板段落施工完成后，对滑模系统进行改造，拆除中隔板模板和中间"开"形提升架，封闭缺口形成一个闭合圆形模板，对井壁进行施工并采用滑模施工工艺从井底依次向上浇筑混凝土至井口完成施工。施工工艺流程见图 3.3-9。

实施效果：竖井二次衬砌滑模施工技术的应用（图 3.3-10），大大提高了施工效率，具有混凝土整体性好、节省材料、混凝土外观质量好、节约劳动力、安全性高等优点：

(1)施工质量好：滑模无水平施工缝，施工连续性能好，施工缝处理次数少，大大减少了施工缝的凿毛和冲洗工作量。

(2)施工进度快：每日平均滑动量 2~4m，其他工艺在进行施工时平均进度为 1~2m，滑模施工大大地加快了施工的进度。

(3)节省施工成本：滑动模架为封闭式结构，采用爬杆和液压千斤顶固定，工作盘成型后工作面宽大，辅助物料消耗少，从而节约了拉杆、垫板、临时埋件等材料成本的支出。

(4)安全性高：滑模施工是在固定的、封闭的工作台上进行的，过程中只能向上爬升，工人在工作台上操作时，安全可靠。同时模板及作业平台不拆开，大大地降低了安全风险。

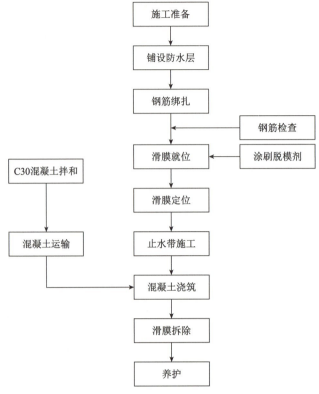

图 3.3-9 竖井二次支护工艺流程图

图 3.3-10 竖井二次衬砌混凝土滑模施工技术应用

3.3.3 经济社会环境效益分析

1) 降低施工风险

竖井井口破碎带施工采用井口换填加固和多层支护的施工工艺，保证了井口结构的稳定，降低了井口变形引起的安全风险，避免了井口坍塌的安全隐患；井身开挖支护期间，采用全封闭施工。作业面以上设工作盘兼做保护盘，防止异物坠落伤人。过程中，采用超前地质预埋和超前钻孔探测，及时针对地质变化制定应对措施，避免了突发事件的发生。

2) 提高施工效率

利用作业面直径较大的特点，配备大吨位提升绞车确保提升效率；采用伞钻钻孔提高了钻孔效率；采用小型挖掘机装渣，提高了装渣效率；采用双吊桶交替出渣，提高了出渣效率；充分利用机械化作业优势，并以机械作业为主导，合理配备辅助人员。通过对工艺优化，加快了施工循环，保证了施工安全，实现安全、快速掘进。经应用，秦岭天台山隧道2号竖井工程单井开挖支护最大进度达到78m/月。

3.4 多工作面长距离施工通风技术应用

3.4.1 技术特点、原理及适用性

1) 主要设备及风量控制原理

(1) 系统的主要组成设备

隧道施工通风智能控制系统由监控柜、现场控制柜、无线终端和传感器柜组成，如图3.4-1所示。监控柜一方面采集工作面各种传感器的数值并显示，另一方面控制变频器频率驱动风机改变送风量。监控柜与现场控制柜之间采用485电缆实现远距离通信。在数据的传送过程中，根据实际距离进行配置中继器箱的数量，以便增强传输效率和传输速度。由于衬砌台车至防水板台架之间的施工环境比较恶劣，无法实施电缆布线，因此，现场控制柜与无线终端之间采用无线通信方式。现场控制柜安装于衬砌台车，便于485电缆的接入。无线终端安装于防水板台架下方。传感器柜安装于防水板台架上方合适的位置，无线终端与传感器柜之间采用485电缆连接。传感器不间断地进行数据的采集，并传输给

PLC，PLC通过智能控制算法与逻辑比较后将输出信号反馈给变频器，对风机转速进行智能调节。采用掌子面末端无线传输与通信电缆相结合的数据传输模式，既满足掌子面传感器监测设置的灵活性，又保障了超长距离通信数据传输的可靠性，有效地解决了目前施工通风智能控制系统在传感器安装、施工与维护中面临的实际问题。

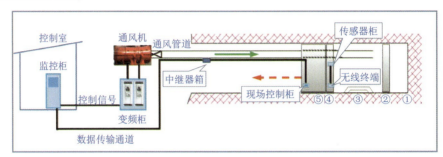

图3.4-1　隧道施工通风智能控制系统组成原理图
①-掌子面；②-开挖台架；③-仰拱栈桥；④-防水板台架；⑤-衬砌台车

控制系统硬件由监控柜、现场控制柜、无线终端、传感器柜和两个中继器组成。监控柜与现场控制柜之间通过485总线及中继器相连，以modbus协议进行通信；监控柜与风机同处于隧道洞口，具有485通信功能的风机风速和风压传感器由监控柜输出24V直流电压进行供电；现场监控柜与无线终端之间传感器柜之间通过无线局域网进行通信。无线终端通过485电缆读取传感器柜的数据，并为传感器柜提供24V直流电源；监控柜通过模拟信号调节变频器的运行频率、读取变频器的实际工作频率，通过开关量控制变频器的起停。

（2）风量控制原理

自动控制系统的风机风量控制模式为风量闭环控制。系统装配时，首先根据现场隧道施工中的主要有害物质成分，在作业面设置相应的传感器，如风速传感器、CO传感器、NO_x传感器、温度传感器、粉尘传感器等，并在控制器中设置有害物质浓度参数。当系统以自动变频运行时，通过传感器传输的有害物质浓度，在控制器中进行控制处理，并进行逻辑比较，当其中任何一种有害物质的浓度达到预先设定的最低浓度时，控制信号就会对变频控制单元发送指令，增加风机运行频率，随着有害物质浓度的增加，风机运行的频率会越来越高，风量也越来越大，如果风机频率达到最大时仍不能满足要求则进行报警。反之，随着浓度的降低，风机运行的频率会越来越低，风量会越来越小，直至风管出口的风速降至最小风速设定值。风机智能控制系统框图见图3.4-2。

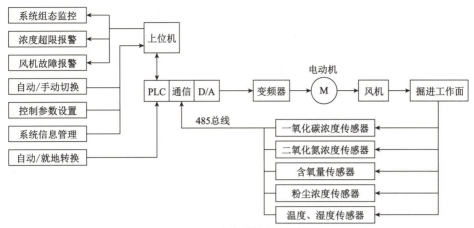

图 3.4-2 风机智能控制系统框图

2）系统特点与功能

（1）能够进行通风机软启动，并能够进行自动运行与手动运行的切换，使通风机处于变频或工频的运行状态。

（2）对隧道掘进工作面环境温度、有害物质浓度（如 CO 浓度、NO_x 浓度、粉尘浓度等）参数进行监测。

（3）当存在有害物质浓度超标时自动调整风机转速，增大风量，排出有害物质，当有害物质浓度降至设定值以下时自动调整风机转速，并使风管出口风量不低于最小风速要求。

（4）结合 PLC 与监控软件的应用，通过上位机的监控系统可以实现对通风机运行的在线控制，以及对风机运行的状态参数（如风速、风压等）进行实时在线监控。

（5）当变频器或风机出现故障时，系统能够进行声光报警。

3）适用性

本技术适用于采用钻爆法施工的长大公路隧道多作业面条件下长距离施工通风。

3.4.2 依托工程实施情况

实施情况：秦岭天台山隧道 3 号斜井长 1.7km，进入主洞后独头掘进 5km，通风最长距离达 6.7km。隧道斜井施工采用长管路独头压入式通风，由洞外经长风管将新鲜风送至工作面，污风沿隧道排出。轴流风机选用 SDF(c)-NO12.5 型（全压 1378～5355Pa，电机功率 2×110kW）；通风管采用高强、低阻、阻燃的软质风管，直径 $\phi1.5m$ 风管；射流风机选用 SDF-6.3/60 型，电动机功率 60kW，主要作为污浊空气排出的设备。经分析研究得出通风方案分三个阶段：

（1）主洞与斜井未贯通时，斜井通风方式采用大功率通风机将新鲜空气压送到掌子面，然后将废气从里往外挤出，最长通风距离按 2000m 计。

（2）斜井左右线与主洞贯通后，采用巷道式通风，斜井左线作为排烟道，斜井内放置射流风机加快污风排出。斜井右线作为进风道，压入式风机放置于洞内。

（3）正洞小里程方向第一个横通道贯通后，将 2 台压入式风机放置于左主洞内，右主洞作为排风巷道。此时需将右主洞内左右斜井贯通点封堵，防止新鲜空气与污风混合。设计每 750m 左右设置一个车行横通道，每贯通 2 个横通道挪动一次风机。左洞进风，右洞排风，将贯通的横通道砌红砖封堵，只保留最前端的横通道，作为左洞出渣车及污风排出道，右洞布置一定数量的射流风机加快污风排出。

实施效果：多作业面长距离施工通风技术在秦岭天台山隧道获得了现场应用并与普通风机、变频风机的耗电量进行了对比。其中，测试工点 3 号斜井左线通风方式为压入式通风，通风长度为 2497m，风机为 SDDY-ⅢNO13 型三速风机，风管直径 1.8m；3 号斜井右线通风方式为压入式通风，通风长度为 2509m，风机为 SDFB-18 型变频风机，风管直径 2.0m。在保证掌子面通风效果的前提下，对三种控制方式的风机运行功率进行了采集，以便分析风机的能量消耗情况，从而得出智能化通风的节能效果。根据现场采集到的数据，给出了三种通风控制方式下风机功率的变化曲线，如图 3.4-3 所示。

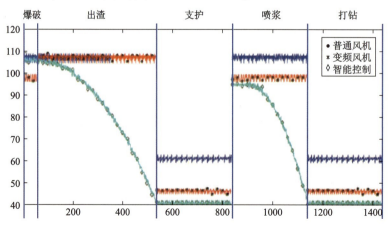

图 3.4-3　三种通风控制方式下功率变化曲线

可以看出，在所有隧道施工工序中，三种控制方式都能够保持较好的工作环境参数，智能控制方式下，功率始终保持最低。采用智能控制的功率最小，说明采用智能控制方式可以降低功率损耗。通过定量计算，变频风机比普通风机节能9.5%；智能控制方式比变频风机节能16.7%，比普通风机节能24.6%。

3.4.3 经济社会环境效益分析

通过多作业面条件下长距离施工通风技术应用，解决了超长隧道施工通风技术难题，通过智能化通风控制技术应用，取得了显著的经济效益。

第4章 公路隧道单层衬砌支护技术应用研究

开展大跨度硬质岩公路隧道通风道应用单层衬砌的结构设计方法、混凝土力学性能和耐久性、通风降阻技术研究,为公路隧道单层衬砌应用提供技术指导。

4.1 研究背景和必要性

20世纪80年代以后,随着新奥法施工理念的提出,以喷射混凝土为初期支护,敷设卷材防水层,然后再施作模筑混凝土衬砌的"复合式衬砌",被广泛应用于我国隧道工程建设,取得了成功并积累了丰富的经验。复合衬砌的承载机理是:对于Ⅲ级及以上围岩地段时,锚喷初期支护为主要承载结构,二次衬砌作为安全储备;对于Ⅳ级~Ⅵ级围岩地段及浅埋地段时,喷锚初期支护和二次衬砌均作为承载结构。复合衬砌的承载机理是合理的,符合新奥法原理,但对于围岩地质条件好的隧道,施作单层衬砌便可以满足承载要求,再施作厚厚一层二次衬砌作为安全储备是不经济的。此外,复合式衬砌在初期支护和二次衬砌之间存在防水层(防水板+土工布),两者无法实现充分接触、咬合进行承载,即二次衬砌和初期支护间不传递剪力,其力学特性类似于"叠合梁"结构,因而削弱了衬砌对围岩的支护作用,降低了承载效果。

针对上述复合式衬砌存在的问题,单层衬砌技术应运而生。单层衬砌是"由单层或多层混凝土构成的支护体系,支护层与衬砌层是一体的,各层间能够充分传递剪力的支护体系"。西南交通大学仇文革教授等在总结前人研究成果的基础上,结合自己的研究成果对隧道单层衬砌作了如下定义:在取消防水板的前提下,隧道开挖后立即喷射一层具有一定防水性能的混凝土,并根据围岩级别设置必要的支护构件,如锚杆、钢架等,然后根据耐久性及平整度的要求,再施作(喷射或模筑)一层或多层混凝土,构成层间具有很强的黏结力并可充分传递剪力的支护体系。因此,单层衬砌整体性好、受力均匀,有效提高了支护系统的可靠性,同时能够减小开挖面,减少防水层等施工工序,从而降低工程造价,缩短工期。

目前,单层衬砌已在国外诸多国家的交通隧道中进行了应用,如挪威在1978年修建了160km喷射混凝土或者钢纤维喷射混凝土单层衬砌的干线公路隧道(其中部分是海底隧道);巴西在1982—1992年的10年中,修建了16座喷射混凝土单层衬砌的单线或双线铁路隧道；德国在1992年修建的慕尼黑地铁工程，瑞士在1994年修建的费尔艾那隧道，以色列在2011年修建的海法市卡迈尔公路隧道以及英国伦敦在2017年修建的CrossRail地下铁路隧道，均采用了喷射混凝土单层衬砌。国内单层衬砌应用范围相对较窄，施工规模不大，但也不乏成功案例，如西安到南京铁路万军迴隧道，其中间段570m围岩地质条件好，采用了15cm厚的钢纤维喷射混凝土单层衬砌；杭州至兰州高速公路摩天岭隧道1号斜井纵坡较大，达到了45.3%，二次衬砌施工困难，采用了以钢纤维喷射混凝土为主的单层衬砌；贵州盘县至兴义梨花井隧道在正洞80m的Ⅲ级围岩段，采用了15cm厚（初喷5cm、复喷10cm）的单层喷射混凝土衬砌。但是，针对大跨度公路隧道，目前尚无单层衬砌应用案例，相关研究也没有涉及，导致其衬砌结构应力分布特征不明，没有形成一套完整的隧道衬砌设计方法以及材料性能控制指标和标准。此外，由于单层喷射混凝土衬砌表面粗糙度相对于模筑混凝土衬砌大，相应的沿程阻力系数高，隧道通风阻力大，因而增加了隧道通风负荷，影响隧道通风质量。但是，目前关于隧道喷射混凝土表面粗糙度及其摩阻力研究较少，可参考的数据有限，难以有效指导隧道通风设计计算。

宝鸡至坪坎高速公路秦岭天台山隧道1号斜井采用分离式送、排风双洞设置，其中左线长868.7m，起讫桩号为LJZK0+985~LJZK1+853.7；右线长962.7m，起讫桩号为LJK0+965~LJK1+927.7。斜井围岩条件总体较好，其中左线LJZK1+075~LJZK1+853.7（长778.7m）和右线LJK1+060~LJK1+927.7（长867.7m）均为Ⅲ级围岩段，施工开挖后发现围岩完整性良好、自稳性高，考虑到斜井坡度大，二次衬砌施工困难，将原设计变更为不施作二次衬砌，只保留喷射混凝土初期支护作为永久性衬砌。本项目以秦岭天台山隧道1号斜井为依托，通过现场测试、理论分析和数值模拟计算，开展大跨度硬质岩隧道单层衬砌支护技术及通风阻力研究，总结归纳公路隧道硬质岩单层衬砌结构设计方法和混凝土力学性能及耐久性控制指标，同时依据隧道通风阻力现场测试结果，计算确定喷射混凝土衬砌沿程阻力系数，并提出相应的通风降阻技术方案。项目研究成果可有效解决依托工程隧道单层衬砌段结构安全、耐久及运营通风质量问题，并可为类似围岩地质条件的单层衬砌隧道提供借鉴和参考，有效提升我国公路隧道建设与运营水平，经济和社会效益显著。

4.2 主要研究内容

本项目的主要研究内容有：

(1)大跨度硬质岩公路隧道单层衬砌结构设计方法研究。

通过查阅资料和调研，分析喷射混凝土支护可能的破坏形态和单层衬砌作用机理，并通过数值模拟计算，分析大跨度单层衬砌隧道围岩应力、应变和结构内力分布规律，总结归纳大跨度公路隧道硬质岩单层衬砌结构设计的围岩分级和支护设计方法。

(2)单层衬砌结构通风阻力及降阻技术研究。

通过理论分析和调研分析，总结喷射混凝土表面粗糙程度、摩阻力对通风效果的影响；开展单层衬砌结构表面通风降阻技术措施研究，寻求适宜的材料和施工工艺，降低风阻。

(3)单层衬砌结构混凝土力学性能及耐久性研究。

通过理论分析和调研分析，总结喷射混凝土表面粗糙程度、摩阻力对通风效果的影响；开展单层衬砌结构表面通风降阻技术措施研究，寻求适宜的材料和施工工艺，降低风阻。

4.3 主要技术成果和技术指标

4.3.1 硬质岩公路隧道单层衬砌结构设计方法

1)单层衬砌力学传递机理

单层衬砌在支护过程中经历不同的荷载状况，隧道开挖后产生的碎胀形变压力是硬岩隧道荷载的主要来源。图4.3-1表示隧道采用双层喷射混凝土衬砌的荷载经历过程，由此能够分出两种不同的力学传递机理。

(1)围岩压力传递。这种压力的传递形态是隧道开挖后二次应力状态的调整过程。支护施工前围岩内形成一定的变形和松弛范围，在隧道开挖后，逐渐形成的形变压力(包括弹塑性变形、碎胀变形等)作用在支护衬砌上。

如果围岩变形无法稳定，不断增大，则需要施作第二层喷射混凝土衬砌。

两层衬砌与围岩产生共同变形以达到新的平衡状态,此时需要第二层衬砌有足够的承载力;如果围岩变形基本稳定后,可以考虑不施作第二层喷射混凝土衬砌,若需要再施作第二层衬砌,将主要起到防水或耐久的作用,很少甚至不承担围岩压力。这也体现了荷载按支护时间分配的原则,即先支护先受力。

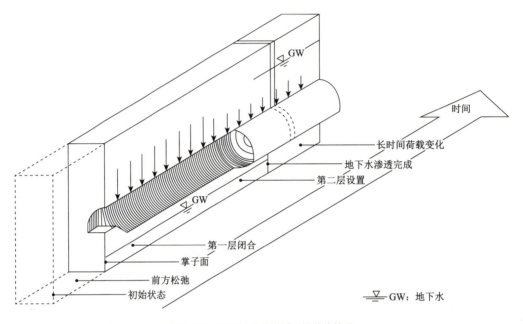

图 4.3-1　不同阶段隧道衬砌的荷载状况

(2)衬砌内部应力传递。传递形态如下:

①第一层衬砌的变形传递。

②第二层衬砌的水化热冷却时产生温差的传递。

③第二层衬砌的收缩传递。

根据这样的传递机理,整个衬砌中因被约束应变而产生的应力是上升的,这样的应力在第二层完成后的早期,能够抑制第一层衬砌的开裂。

因此,为满足单层衬砌的力学传递特性,单层衬砌构造必须满足两个条件:一是喷射混凝土要有一定的早期强度;二是喷射混凝土与围岩之间、喷射混凝土层与喷射混凝土层之间有足够的黏结强度,包括沿着接触面切线方向产生错位的抗剪黏结力和沿着接触面法线方向的"因拉拔引起的剥落"的抗拉黏结力。

2)喷射混凝土单层衬砌的支护机理

喷射混凝土支护因其破坏形态的不同,也表现出不同的受力机理,宏观上可分为两类：局部受力机理和整体受力机理。单层喷射混凝土衬砌的总体支护机理如图 4.3-2 所示。此外，对于喷射混凝土与锚杆的组合结构，还包括锚杆的支护机理以及锚杆与喷射混凝土的组合支护机理。下面将对以上单层喷射混凝土衬砌支护机理进行详细阐述。

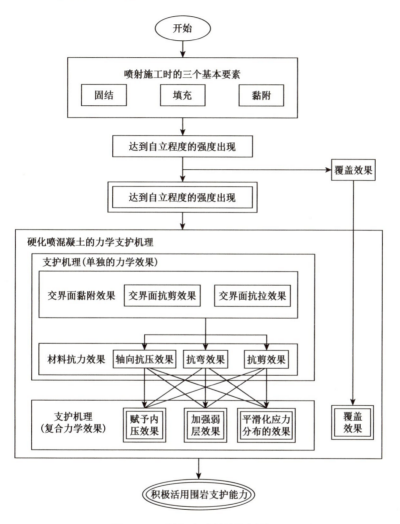

图 4.3-2 喷射混凝土的总体支护机理

(1) 喷射混凝土单层衬砌局部受力机理

依据围岩松动圈支护理论，当松动圈厚度 $L_p = 0 \sim 40 \text{cm}$ 时，为小松动圈稳定围岩。在这类围岩中，松动圈的厚度值小，围岩稳定性好，由此而产生的碎胀变形量也较小，此时喷射混凝土衬砌的支护作用主要是为了防止围岩的风化潮解和活石（危险岩石）的掉落。

为分析喷射混凝土衬砌的局部受力机理，以喷射混凝土衬砌支撑活动岩块和局部挤出等不稳定荷载的情况为例进行分析，如图 4.3-3 所示。分析中把岩块假定为近三角形形状，考虑其自重进行二维分析。

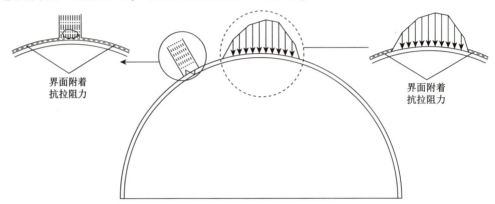

图 4.3-3　作用于支护的局部荷载的模式图

围岩内部的不连续面有剥离的围岩岩块时，喷射混凝土及其上面的围岩块在跨度 L 间牢固地黏附着，与仅有喷射混凝土的情况相比，此时的喷射混凝土和围岩岩块的复合体具有厚度越大的部分刚度就越大的特点。这是由于复合体因自重呈挠曲状态，复合体发生的应力和挠曲比仅靠喷射混凝土支撑围岩块的情况小得多，其结果如图 4.3-4a) 所示，喷射混凝土在不连续面的位置接近于冲剪状态。一旦围岩岩块和喷射混凝土发生剥离，则仅是喷射混凝土的刚度支承围岩块的荷载，挠度和弯矩会变大，这种状态下的模型分为如下两种形式：一种如图 4.3-4b) 所示，喷射混凝土牢牢地黏附在围岩块的外侧，是将喷射混凝土看作两端固定梁的模型；另一种如图 4.3-4c) 所示，将喷射混凝土和围岩的黏附未超过围岩岩块的范围的情况模型化，因梁的长度增加，进而弯矩也会变大。

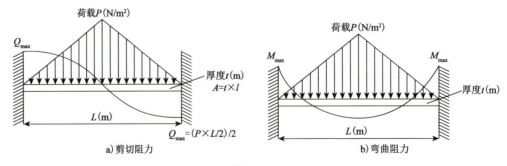

图　4.3-4

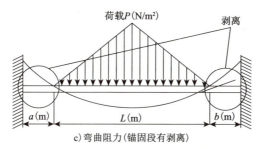

c) 弯曲阻力(锚固段有剥离)

图 4.3-4　喷射混凝土梁的抗剪、抗弯的模式图

当喷射混凝土支护处于冲剪状态[图 4.3-4a)]，根据结构力学原理可求得：

$$t = \frac{3Pl^2}{8b[\tau]} \tag{4.3-1}$$

当喷射混凝土支护处于拉弯状态[图 4.3-4b)]，则有：

$$t = \sqrt{\frac{5Pl^3}{16b[\sigma]}} \tag{4.3-2}$$

式中：t——喷射混凝土支护所需的厚度(m)；

　　　P——荷载(Pa)；

　　　l——岩块的尺寸(m)；

　　　b——岩块沿隧道纵向的尺寸，计算中取单位长度(m)；

　　　$[\tau]$——允许剪切强度(Pa)，$[\tau] = \tau/K$，$\tau = 0.2f_c$，其中，τ 为喷射混凝土的剪切强度，f_c 为喷射混凝土的单轴抗压强度，K 为安全系数，一般取值 2.0；

　　　$[\sigma]$——允许弯拉强度(Pa)，$[\sigma] = \sigma_t/K$，$\sigma_t = 0.15f_c$，其中，σ_t 为喷射混凝土的弯拉强度。

由式(4.3-1)和式(4.3-2)可知：

①在喷射混凝土厚度相同的情况下，其弯曲弹性极限强度比剪切弹性极限强度要小得多，为了使喷射混凝土不受到破坏，就需要极力避免弯矩的产生。

②随着喷射混凝土厚度的增加，所需要的允许剪切强度、允许弯拉强度都减小，即所需要的喷射混凝土强度等级降低；在喷射混凝土厚度不变的条件下，随着岩块尺寸的增大，所需要的喷射混凝土强度等级也逐渐提高；反之，在混凝土强度等级一定的条件下，岩块尺寸越大，需要的喷射混凝土越厚。

因此，采用喷射混凝土衬砌对局部活石及不稳定荷载支护时，关键要保证喷射混凝土与围岩之间的黏结，这是发挥喷射混凝土支护作用的基本保证，也是喷射混凝土最主要的力学作用。同时，在支护过程中，建议采取非等参支护，不稳定区域可通过提高混凝土强度等级、掺加纤维等措施进行，这样既可保证支护质量，同时可节约投资，提高经济效益。

(2) 喷射混凝土衬砌整体受力机理

对于喷射混凝土衬砌的整体支护作用，当前流行着两种分析方法：一种是从结构观点出发，把喷射混凝土层与部分围岩组合在一起，视作组合梁或承载拱；另一种是从围岩与支护的共同作用观点出发，不仅把支护看作承受来自围岩的压力，并反过来也给围岩以压力，由此改善围岩的受力状态（即所谓支承作用），同时，施作支护后，还可提高围岩的强度指标，从而提高围岩的承载能力（即所谓的加固作用）。

单层喷射混凝土衬砌支护的主要对象是隧道开挖后，岩体产生的碎胀变形或碎胀力。而喷射混凝土属于柔性支护，它在跟围岩共同作用的过程中，通过调节喷射混凝土的刚度可改变碎胀力的大小，喷射混凝土刚度越大，碎胀力越大，围岩的碎胀变形越小。

①围岩的碎胀变形与碎胀力成非线性的反比关系，碎胀变形越大，碎胀力越小，当碎胀变形发展到一定程度，碎胀力基本接近于零；当碎胀变形等于零时，碎胀力达到最大，并随着松动圈及体积膨胀率的增大而增大。

②在隧道埋深及体积膨胀率相同的情况下，发生相同的碎胀变形，松动圈尺寸大的围岩碎胀力大。

③松动圈尺寸及隧道埋深相同时，发生相同的碎胀变形，碎胀力随着体积膨胀率的增大而增大。

(3) 单体锚杆支护机理

锚杆是锚固在岩体内维护稳定的杆状结构物，与其他传统支护结构的不同在于，它是唯一一项从内部补强围岩的支护技术。现场实测和实验室研究表明，锚杆锚固力是峰后围岩碎胀变形与锚杆相互作用的结果，锚固力随着锚杆与围岩的相互作用而发生变化，所以在研究锚杆的支护机理时，必须结合围岩的变形进行综合分析。

①非连续性岩体中单体锚杆的支护机理。

在非连续性岩体中，隧道的破坏主要表现为岩块沿着节理或龟裂发生剥落和移动。在这种情况下,锚杆的主要作用在于及时、有效地将隧道周边的危岩同内部岩体连接起来,以保持岩体的稳定,此时锚杆主要表现为悬吊作用与销钉作用。

图 4.3-5 为锚杆对隧道顶部危岩作用的计算简图,其作用主要为悬吊作用。根据静力平衡,有:

$$\frac{G}{\sin(180°-\delta)} = \frac{T}{\sin\gamma} = \frac{N}{\sin(\delta-\gamma)} \tag{4.3-3}$$

故有:

$$T = \frac{G\sin\gamma}{\sin\delta} \tag{4.3-4}$$

$$N = \frac{G\sin(\delta-\gamma)}{\sin\delta} \tag{4.3-5}$$

式中:G——危岩重;
  δ——锚杆与结构面之间的夹角;
  γ——锚杆与铅垂线之间的夹角;
  N——锚杆所受拉力;
  T——锚杆所受剪力。

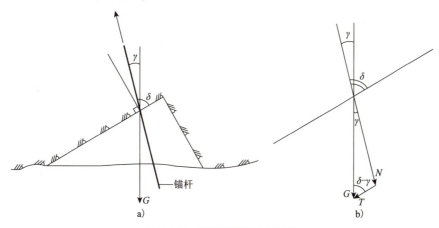

图 4.3-5 锚杆对顶部危岩的作用

若锚杆未穿过围岩重心和不沿铅垂布置,其受力就比较复杂。

锚杆对隧道边墙危岩作用的计算模型如图 4.3-6 所示,其作用主要为销钉作用。

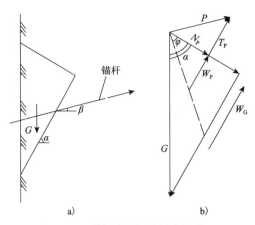

图 4.3-6　锚杆对隧道边墙危岩的作用

设 φ 为滑移面的摩擦角，α 为滑移面的倾角，β 为锚杆的倾角，G 为滑移岩体自重，则未锚前的切向力 T_G 为：

$$T_G = G\sin\alpha \tag{4.3-6}$$

此时滑移面的摩擦阻力 W_G 为：

$$W_G = N_G \tan\varphi = G\cos\alpha \cdot \tan\varphi \tag{4.3-7}$$

由锚杆锚固力 P 产生的切向力 T_P 为：

$$T_P = P\cos\delta = P\cos(\alpha - \beta) \tag{4.3-8}$$

因锚杆力在滑动面产生的阻力 W_P 为：

$$W_P = P\sin\delta \cdot \tan\varphi = P\sin(\alpha - \beta) \cdot \tan\varphi \tag{4.3-9}$$

则下滑的主动力 A 为：

$$A = T_G \tag{4.3-10}$$

沿滑移面的总阻力 W 为：

$$W = W_G + W_P + T_P \tag{4.3-11}$$

力的平衡条件为：

$$T_G - W_G - W_P - T_P = 0 \tag{4.3-12}$$

故所需锚杆的锚固力 P 为：

$$P \geqslant \frac{T_G - W_G}{\cos(\alpha - \beta) + \sin(\alpha - \beta) \cdot \tan\varphi} \tag{4.3-13}$$

以上分析中均忽略了危岩与岩体之间的弱黏结力，以作安全储备。实际在确定锚杆的容许应力时，应考虑足够的安全系数。

②连续性岩体中单体锚杆的支护机理。

在连续性岩体中开挖隧道后，围岩首先发生弹塑性变形，但其变形时间很短，一般认为在安装锚杆前弹塑性变形已经结束。因此，锚杆锚固力主要是峰后围岩碎胀变形与锚杆相互作用的结果。

隧道开挖后，当围岩应力大于围岩强度时，隧道周边围岩发生破坏并向深部转移而出现围岩松动圈，围岩产生明显碎胀变形后，即 AC 间岩石破坏碎胀，如图 4.3-7 所示，靠近隧道表面的围岩松动圈段锚杆因阻止破裂岩体碎胀径向变形，锚杆表面产生指向围岩自由面的剪应力，其余一段锚杆因受 AC 段拉拔作用，BC 段锚杆表面剪应力指向岩体内部。剪应力指向相反的分界点，称之为中性点。此点剪应力为零，而轴向力最大。此时，中性点应始终在围岩松动圈界面上，从中性点向锚杆两端轴向力不等，而剪应力亦不等（$\tau_1 \neq \tau_2$）。随着围岩松动圈向深部发展及碎胀变形的增大，锚杆的剪应力和轴向力随着围岩松动圈的变化而变化，其中性点的位置（围岩松动圈界面点）亦向深部转移。

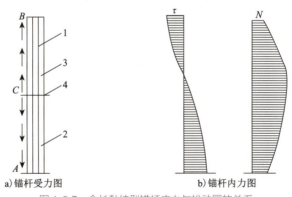

a) 锚杆受力图　　　　　　b) 锚杆内力图

图 4.3-7　全长黏结型锚杆应力与松动圈的关系

1-锚杆；2-锚杆外端；3-锚杆里端；4-锚杆受力中心点

当围岩松动圈深度继续发展以致超过锚杆长度后，则整个锚杆均处于围岩松动圈内，则此时锚杆锚固破裂岩体 AB 段碎胀变形不再增大，而表现为锚杆锚固段 AB 整体向隧道自由面位移。此时，锚杆所受拉应力可能出现降低的现象，即随着 AB 段的压实其应力将减小。

(4) 喷锚组合支护机理

锚喷支护是采用喷射混凝土、钢筋网喷射混凝土、锚杆喷射混凝土或锚杆钢筋网喷射混凝土等在隧道开挖后及时地对围岩进行加固的结构。20世纪60年代以来，锚喷支护在隧道中已被广泛采用。锚杆和喷射混凝土与围岩共同形成一个承载结构，可有效地限制围岩变形的自由发展，调整围岩的应力分布，防止岩体松散塌落。

喷锚柔性支护和围岩紧密贴合、共同作用，支护和围岩发生的破坏主要为剪切破坏，其稳定的丧失常常是由围岩中产生塑性剪切滑移楔体开始的。而喷锚支护则和其加固的岩体承载环两者的联合作用所提供的支护力 p_i 来阻止围岩中剪切楔体沿滑动面向隧道位移，所以喷锚支护的结构计算按喷锚支护对隧道围岩的加固作用和支护作用进行计算。

新奥法创始人 Rabcewicz 在试验研究的基础上提出了按组合拱原理进行喷锚加固设计的方法——剪切滑移破坏法，该方法是以构造岩体破坏形态决定支护体系承载能力的。其实质是：支护结构的破坏很少是由于弯曲而造成的，一般是由于隧道周围形成塑性滑移楔体，造成侧壁支护结构的剪切破坏，然后按侧壁荷载和剪切破坏阻力之间的平衡进行计算。

岩体产生剪切滑移的条件是：在通过最大主应力 σ_1 和最小主应力 σ_3 两点的摩尔应力圆与摩尔滑动包络线相切时发生，如图4.3-8所示。这时作用于滑面上的正应力和剪应力分别等于切点 B 的坐标值。滑面与 σ_1 作用方向的夹角为 α。若摩尔滑动包络线为一直线，则 α 为一定值，且 $\alpha = \pi/4 - \varphi/2$。在巷道中心沿垂直线做角的曲线，即 α 为巷道侧壁岩体的滑移面，如图4.3-9所示，如以极坐标表示，该曲线的方程为：

$$\rho = R \cdot \exp[(\theta - \alpha)\tan\alpha] \quad (4.3\text{-}14)$$

$$b = 2R \cdot \cos\alpha \quad (4.3\text{-}15)$$

式中：ρ——滑移迹线极半径；

α——岩石剪切破坏角，是剪切面与最大主应力的交角；

b——楔形滑体在隧道边界处的宽度；

R——隧道内径。

针对锚杆、喷射混凝土和岩体的联合作用原理，对支护力进行计算，具体如下：

①沿喷层 A 处剪切面的抗剪阻力，即喷层给剪切体的水平推力；喷层内如设有钢筋网(或钢拱支撑)，喷层将增加抗剪支护力。

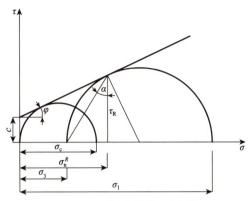

图4.3-8 莫尔包络线及应力圆

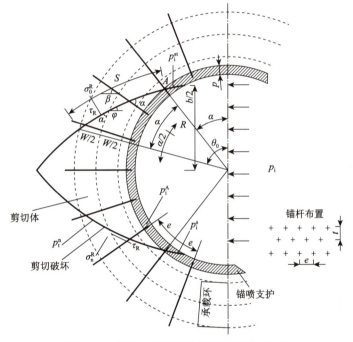

图4.3-9 锚杆、喷射混凝土和岩体的联合作用

喷层A水平推力p_i^s或p_i^{st}：

$$p_i^s = \frac{2d\tau^s}{b\sin\alpha^s} \quad (4.3\text{-}16)$$

$$p_i^{st} = \frac{2d\tau^{st}}{b\sin\alpha^{st}} \quad (4.3\text{-}17)$$

式中：α^s——喷层破坏剪切角（与竖向夹角）；

d——喷层厚度；

τ^s——喷层的抗剪强度；

b——剪切体总高度。

②锚杆所提供的支护力计算。

按锚杆体抗拉强度计算，锚杆的径向平均支护力 q_i^A：

$$q_i^A = \frac{t^{st}\sigma^{st}}{et} \tag{4.3-18}$$

砂浆锚杆，可能沿孔壁黏结面破坏，宜用下式计算：

$$q_i^A = \frac{P_b}{et} \tag{4.3-19}$$

$$\frac{b}{2}q_i^A = aq_i^A\cos\beta \tag{4.3-20}$$

式中：a——剪切画面在隧道壁面上的投影，$a = r_0(\theta_0 - \alpha)$。

将 q_i^A 的作用面转换成垂直面上的投影，并同 q_i^A 取得平衡，则：

$$q_i^A = \frac{q_i^A(\cos\alpha - \cos\theta_0)}{\cos\alpha} \tag{4.3-21}$$

③岩体沿滑面 S 上提供的支护阻力 p_i^∞。

$$p_i^\infty = \frac{2S \cdot \tau_R \cdot \cos\psi}{b} - \frac{2S \cdot \sigma_n^R \cdot \cos\psi}{b} \tag{4.3-22}$$

式中：ψ——岩体剪切滑面与水平面之平均倾角，$\psi = \theta_0 - \alpha/2$。

所以，锚喷支护结构中剪应力和正应力、总的支护力为：

$$\tau_R = \frac{\sigma_1 - \sigma_3}{2}\cos\varphi \tag{4.3-23}$$

$$\sigma_n^R = \frac{\sigma_1 + \sigma_3}{2} - \frac{\sigma_1 - \sigma_3}{2}\sin\varphi \tag{4.3-24}$$

$$\sigma_1 = \sigma_3 + 2(c + \sigma_3\tan\varphi)\frac{1 + \sin\varphi}{\cos\varphi} \tag{4.3-25}$$

$$p_i = p_i^s + p_i^A + p_i^\infty \tag{4.3-26}$$

3）大跨度隧道单层衬砌结构力学计算

（1）计算模型建立

分析依托工程为秦岭天台山隧道 1 号斜井和主洞，斜井开挖跨度为 11.0m，高度为 6.25m；主洞开挖跨度为 16.0m，高度为 9.72m。数值计算采用 Midas

GTS 有限分析软件，对Ⅲ级围岩隧道斜井采用全断面开挖法、主洞采用两台阶法，Ⅳ级围岩隧道主洞采用三台阶法过程进行数值模拟，并分析单层衬砌隧道围岩应力、应变和结构内力分布规律。

①支护结构的数值实现。

本次模拟设计的支护形式包括锚杆、喷射混凝土，各支护结构的数值实现方法为：

a. 锚杆为植入式框架，材料属性为弹性，实心圆形截面，布置范围和长度按设计参数选取。

b. 喷射混凝土属性为梁单元，材料属性为弹性，实心矩形截面，截面高度为喷射混凝土厚度，按设计参数选取。

②数值计算步骤。

Ⅲ级围岩隧道斜井采用全断面法施工，共涉及4个计算步骤：初始地应力；全断面开挖；施作锚杆支护；施作喷射混凝土支护。

Ⅲ级围岩隧道主洞采用两台阶法施工，共涉及4个计算步骤：初始地应力；上台阶开挖；上台阶支护；下台阶开挖；下台阶支护。

Ⅳ级围岩隧道主洞采用三台阶法施工，共涉及4个计算步骤：初始地应力；上台阶开挖；上台阶支护；中台阶开挖；中台阶支护；下台阶开挖；下台阶支护。

③计算参数的选取。

a. 模型参数。

根据《公路隧道设计细则》(JTG/T D70—2010)的规定，模型的左右和下边界应分别取隧道实际开挖跨度和开挖高度的3倍以上，上部边界宜取至地表，各级围岩段的模型参数见表4.3-1。

模型参数表　　　　　　表4.3-1

类型	跨度(m)	高度(m)	左右边界取值(m)	上边界取值(m)	下边界取值(m)
斜井	11	6.75	33	50	21
主洞	16	9.72	48	50	30

b. 地层及支护结构参数。

计算时围岩的物理力学指标按《秦岭隧道详细工程地质勘察说明书》进行选

取；支护材料的物理力学指标按《公路隧道设计规范 第一册 土建工程》（JTG 3370.1—2018）进行选取，具体见表4.3-2。

围岩及支护材料物理力学指标　　　　　　　表4.3-2

地层及材料	弹性模量 E（GPa）	泊松比 μ	重度 γ（kN·m^{-3}）	黏聚力 c（MPa）	内摩擦角 φ（°）
Ⅲ级围岩	8.0	0.28	27.0	0.90	42
Ⅳ级围岩	3.8	0.31	27.0	0.50	35
C25喷混凝土	28.0	0.18	23.0	—	—
锚杆	210	0.3	78.5	—	—
钢拱架	210	0.3	78.5	—	—

c. 计算工况。

本次数值计算中，为全面比较不同工况下单层衬砌喷射混凝土的应力分布特征，对隧道斜井和主洞均设计了三种支护结构类型，具体见表4.3-3。

计算工况　　　　　　　表4.3-3

工况		锚杆	喷射混凝土厚度（cm）	钢架
Ⅲ级围岩斜井	1	ϕ22早强砂浆锚杆	15	—
	2		20	—
	3		20	Ⅰ14@100cm
Ⅲ级围岩主洞	4	ϕ22早强砂浆锚杆	15	—
	5		20	—
	6		20	Ⅰ14@100cm
Ⅳ级围岩主洞	7	ϕ22早强砂浆锚杆	24	—
	8		24	Ⅰ18@100cm

（2）数值模拟计算结果分析

①Ⅲ级围岩斜井模拟计算结果分析。

a. 周边位移。

对Ⅲ级围岩设计参数进行数值模拟，得到隧道斜井三种支护参数条件下的水平位移云图，如图4.3-10所示。

由图4.3-10分析可知，三种工况的围岩水平位移都较小，可忽略不计。工况1的最大收敛值0.087mm，出现于墙角处；工况2的最大收敛值0.090mm，也出现于墙角处；工况3的最大收敛值0.091mm，出现于拱腰处。

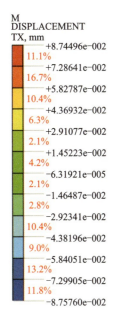
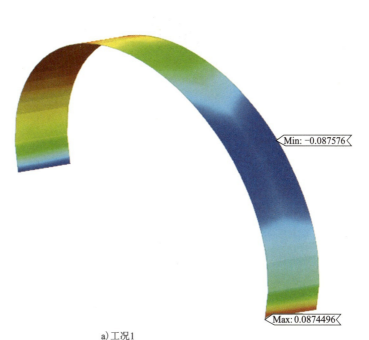

a) 工况1

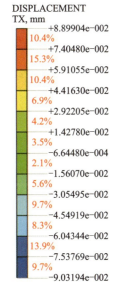
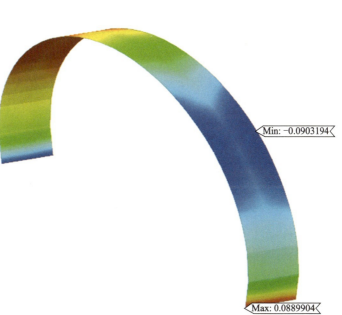

b) 工况2

图 4.3-10

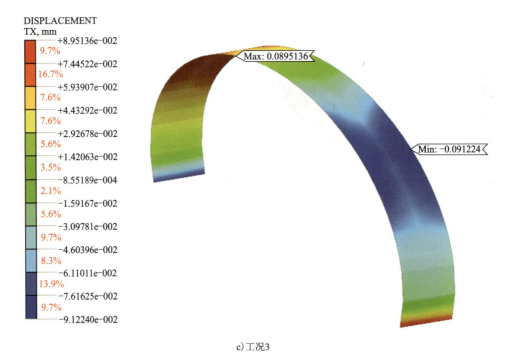

c) 工况3

图 4.3-10 斜井水平位移云图

b. 拱部下沉。

同样对Ⅲ级围岩设计参数进行数值模拟，得到隧道斜井三种支护参数条件下围岩的竖向位移云图。

分析可知，三种工况下围岩最大竖向位移均发生在拱顶处，且随着支护参数的加强，拱顶最大沉降值逐渐降低，三种工况模拟得到的最大拱部沉降值分别为 1.35mm、1.35mm、1.34mm。

c. 结构内力分析。

对Ⅲ级围岩设计参数进行数值模拟，得到隧道斜井三种支护参数条件下支护结构内部的轴力、弯矩、内缘应力和外缘应力分布云图。

分析可知：

工况 1 喷射混凝土单层衬砌的轴力自拱顶向墙角逐渐增大，拱顶最小值为 0.28kN，墙角最大值为 875.36kN；弯矩最大值出现在墙角处，为 0.97kN·m。拱顶处局部受拉，其余位置均处于受压状态。其中最大拉应力位于拱顶外侧（围岩侧），其值为 0.02MPa，较小，可忽略不计；最大压应力发生在墙角外侧，其值为 6.07MPa。

工况2相对于工况1，其喷射混凝土单层衬砌厚度增大了5cm，但两者的轴力和弯矩变化趋势基本一致，轴力自拱顶向墙角逐渐增大，拱顶最小值为8.59kN，墙角最大值为1081.39kN，均较工况1的轴力计算值大；弯矩最大值出现在墙角处，为2.16kN·m。喷射混凝土单层衬砌全部处于受压状态，最小压应力发生在拱顶内侧（净空侧），其值为0.015MPa，最大压应力发生在边墙外侧，其值为5.67MPa。

工况3相对于工况2，其喷射混凝土单层衬砌内部增设了I14钢拱架，其轴力和弯矩变化趋势基本不变，轴力自拱顶向墙角逐渐增大拱顶最小值为11.63kN，墙角最大值为1142.08kN；弯矩最大值出现在墙角处，为2.32kN·m。喷射混凝土单层衬砌全部处于受压状态，最小压应力发生在拱顶内侧，其值为0.023MPa，最大压应力发生在边墙内侧，其值为5.99MPa。

综上所述，不同工况喷射混凝土单层衬砌变形较小，其中拱部下沉明显大于周边位移。不同工况喷射混凝土单层衬砌轴力分布特征总体相同，自拱顶向墙角逐渐增大，但随着衬砌支护强度增大，结构内部轴力也逐渐增大；喷射混凝土单层衬砌整体呈现受压状态，且压应力均小于6.07MPa，远小于混凝土的抗压强度30MPa。因此，天台山隧道1号斜井Ⅲ级围岩段围岩地质条件好，采用原设计15cm喷射混凝土单层衬砌作为永久衬砌，满足承载要求，增加支护厚度或增设钢架，对于衬砌结构受力影响不大，支护效果相当。

②Ⅲ级围岩主洞模拟计算结果分析。

同样对Ⅲ级围岩主洞周边位移、拱部下沉、结构内力分析进行分析，结论如下：

不同工况下的主洞大跨度喷射混凝土单层衬砌变形特征也类似，且变形较小，其中拱部下沉大于2mm，周边位移约为0.1mm。不同工况衬砌结构内部应力分布特征相似，整体呈现受压状态，仅拱顶处存在局部拉应力，但拉应力值较小，均小于0.05MPa，远小于混凝土的抗拉强度2MPa；由拱顶至拱肩处，拉应力逐渐转换为压应力，并向着墙角处逐渐增大。不同工况衬砌墙角处最大压应力值相差不大，其中增设钢架的衬砌压应力值最大，为6.22MPa，而增设锚杆后，压应力值较仅采用喷射混凝土单层衬砌有所减小，为5.46MPa，均小于混凝土的抗压强度30MPa。因此，天台山隧道主洞虽为三车道，其Ⅲ级围岩段围岩地质条件好，采用喷射混凝土单层衬砌作为永久衬砌，便可满足承载要求，增加支护厚度或增设钢架，对于衬砌结构受力影响不大。

对比Ⅲ级围岩下斜井和主洞喷射混凝土单层衬砌数值计算结果可知，不同跨度单层衬砌变形和受力特征相似。衬砌变形均以拱部下沉为主，周边位移较小。随着跨度增加，衬砌结构变形有所增加，其中斜井跨度小，其拱部下沉仅为 1.3mm，主洞跨度大，变形增加到了 2.6mm。随着隧道跨度增大，衬砌结构内部轴力和弯矩均有所增大，拱顶拉应力也相应增大，但仍较小，低于 0.05MPa。不同跨度衬砌的墙角处压应力均为最大，且数值相近，约为 6.0MPa。

③Ⅳ级围岩主洞模拟计算结果分析。

a. 周边位移。

对Ⅳ级围岩设计参数进行数值模拟，得到隧道主洞在两种支护参数条件下的水平位移云图，分析可知，Ⅳ级围岩条件下两种工况的围岩水平位移相比于Ⅲ级围岩时有所增大，最大收敛值均为 0.29mm，均出现于拱腰处。

b. 拱部下沉。

对Ⅳ级围岩设计参数进行数值模拟，得到隧道斜井三种支护参数条件下围岩的竖向位移云图，分析可知，两种工况下围岩最大竖向位移均发生在拱顶处，两种工况模拟得到的最大沉降值分别为 4.89mm、4.87mm。

c. 结构内力分析。

对Ⅳ级围岩设计参数进行数值模拟，得到隧道斜井三种支护参数条件下支护结构内部的轴力、弯矩、内缘应力和外缘应力分布云图，分析可知：

工况 7 喷射混凝土单层衬砌的轴力在拱顶和仰拱处呈现正值，为拉应力，向拱腰边墙逐渐转换为压力，其中拉力最大值为 177.09kN，压力最大值为 2061.77kN；单层衬砌在拱顶和仰拱处受拉，其余位置均处于受压状态。其中，最大拉应力位于仰拱内侧，为 0.78MPa；最大压应力位于边墙外侧，为 10.82MPa。

工况 8 喷射混凝土单层衬砌相比于工况 7，增设了 I14 的钢拱架，但两者的结构力学特性及变化趋势基本一致。喷射混凝土单层衬砌在拱顶和仰拱处受拉，其余部位均处于受压状态，其中最大压应力发生在边墙内侧，其值为 11.36MPa，最大拉应力发生在仰拱外侧，其值为 0.79MPa。

综上所述，大跨度隧道Ⅳ级围岩段喷射混凝土单层衬砌内是否施作钢架，其结构变形特征总体相同，仍以拱部下沉为主，周边位移明显较小，但相对于Ⅲ级围岩，变形量增加了 1 倍以上。同样，衬砌是否增设钢架，结构受力特征也基本相同，拱顶和仰拱存在受拉，其余部位均处于受压状态，其中最大压应力发生在边墙位置，约为 11MPa，最大拉应力发生在仰拱，约为 0.8MP。与上述Ⅲ级围岩相比，Ⅳ级围岩段喷射混凝土单层衬砌拉应力和压应力均增加了约 1 倍，但均小于混凝土的抗拉强度 2MPa 和抗压强度 30MPa，其承载能力也可以满足要求。

4) 大跨度隧道单层衬砌设计方法

(1) 单层衬砌围岩稳定性分级

勘察是设计的基础，隧道设计一般应根据勘察结果，确定隧道的稳定性等级，再根据隧道围岩稳定性选定相应的支护机理，从而确定支护措施。因此，隧道的稳定性分级是隧道设计的基础。

围岩的分级方法，主要考虑隧道埋深、地层岩性、地质构造及地下水等因素。根据对围岩稳定性的分析评价及单层衬砌的作用机理分析，单层衬砌设计过程分两阶段进行设计，包括施工前的预设计和施工过程中的修正设计。单层衬砌稳定性分级推荐采用与 Q 系统相同的 7 级分级方法，并结合两阶段单层衬砌隧道稳定性进行分级。

在进行分级之前，首先引入岩体强度应力比 G_n，其定义是围岩强度与围岩内部最大地应力值的比值，即

$$G_n = \frac{R_b}{\sigma_{max}} \tag{4.3-27}$$

式中：σ_{max}——围岩内部最大地应力值；

R_b——围岩抗压强度值。

在预设计阶段，先根据岩体强度应力比对围岩进行总体分级。确定围岩分级所采用的理论，结合《工程岩体分级标准》(GB 50218—2014) 的规定：当 $G_n > 4$ 时，岩体基本上没有达到屈服强度，此时岩体的稳定主要由岩体的节理、裂隙等确定，可采用块体理论进行设计；当 $G_n \leq 4$ 时，岩体达到屈服强度进入峰后状态，可近似认为是均匀介质，采用连续介质理论进行分析，可根据实测的围岩物理力学指标，包括隧道埋深、围岩黏聚力 c、摩擦角 φ、弹性模量 E、泊松比 μ、围岩抗力系数 k、围岩重度 γ、地应力 σ 等，通过计算岩体的屈服接近度 YAI 进行分级，具体分级见表 4.3-4。屈服接近度 YAI 可广义地描述为岩体一点的现时状态与相对最安全状态的参量的比，YAI $\in$ [0，1]。

预设计阶段单层衬砌隧道稳定性分级　　　　　表 4.3-4

稳定性分级	岩体强度应力比	分级理论	围岩稳定状态	屈服接近度 YAI
Ⅰ	>4	块体理论	极稳定	—
Ⅱ			很稳定	—
Ⅲ			稳定	—
Ⅳ	≤4	连续介质理论	较稳定	(0, 0.3]
Ⅴ			较不稳定	$\Delta R < 2.0$ m
Ⅵ			很不稳定	$2.0\text{m} \leq \Delta R \leq 5.5\text{m}$
Ⅶ			极不稳定	$\Delta R \geq 5.5$ m
			特殊岩体	

注：ΔR 代表塑性区厚度。

在施工阶段，因围岩松动圈的大小是岩体强度、地应力、岩体性质以及隧道跨度等因素的综合体现，反映了隧道围岩的整体稳定状态；同时围岩松动圈可通过现代的探测技术测得，测试过程对施工干扰小、费用低，所以在施工阶段可通过松动圈大小的测试，对围岩进行分级，修正与预设计中不相符的内容。具体分级见表 4.3-5。

施工阶段单层衬砌隧道稳定性分级　　　　　表 4.3-5

稳定性分级	岩体强度应力比	分级理论	围岩稳定状态	松动圈 L_p(cm)
Ⅰ	>4	块体理论	极稳定	—
Ⅱ			很稳定	—
Ⅲ			稳定	—
Ⅳ	≤4	连续介质理论	较稳定	(15, 50]
Ⅴ			较不稳定	(50, 200]
Ⅵ			很不稳定	(200, 350]
Ⅶ			极不稳定	>350
			特殊岩体	

（2）单层衬砌的设计理念

根据单层衬砌的特点，在单层衬砌设计中应体现以下设计理念：

①单层衬砌是由单层或多层混凝土构成的支护体系，各层支护是一体的，各层间能充分传递剪力。单层衬砌各支护层间不设置防水层，结构通过各混凝土层间的径向和纵向上的抗滑移性，使得各混凝土层形成共同的承载体系。其结构类似于组合梁，因而结构受力更合理。

②单层衬砌采用防、排、堵、截相结合，因地制宜，综合治理的防排水原

则。地下水发育地段通过超前注浆或后注浆减小围岩的渗透系数，控制地下水流失，单层衬砌自身达到二级防排水标准，对于渗漏水地段通过在衬砌背后设置排水板等措施予以排除。

③单层衬砌作为隧道的永久支护结构，其材料性能、耐久性指标应满足耐久性要求。

（3）单层衬砌的设计方法

采用单层衬砌时，与一般隧道一样，要考虑围岩特性、地震的影响、接近工程的影响及水压、冻胀压力、景观等条件。特别是要考虑喷射混凝土、锚杆等作为永久衬砌的耐久性及喷层可能剥落对隧道的影响等问题。目前，在单层衬砌的设计中，采用的方法有以下5种，可进行比较选定：理论解析；FEM解析；Q值方法；块体理论；极限状态设计方法。

但不管采用何种方法，有几个前提条件，需加以说明：

①在复合式衬砌中，基本是用初期支护来控制位移的，而且容许初期支护的喷射混凝土有一定程度的开裂。但对单层衬砌，如发生较大变形，衬砌会产生开裂，会造成漏水、影响美观等功能上的问题。因此，为了避免发生喷射混凝土变异，不破坏围岩的稳定，要对净空位移加以限制，即与浇筑混凝土一样，容许单层衬砌的开裂限值在0.2mm以内。

②在没有很大荷载作用的连续围岩中，破坏区域比较小，只用单层衬砌就可以了，但在围岩条件变化出现塑性区的场合，为了控制其扩大，同时采用锚杆是有效的。在裂隙发育的围岩中也应采用锚杆。

③在单层衬砌中，要确保与通常土木结构物同等的安全系数，要确保长期的稳定性和耐久性。

④在力学设计中，首先在概念上要区分支护功能和衬砌功能。

⑤由于围岩性质的差异，采用的设计方法也不相同。例如在Ⅰ、Ⅱ级围岩中，基本上可以采用经验设计的方法而无须进行任何计算；在Ⅱ、Ⅲ级围岩中遇到大块状岩体时，可以采用块体理论进行计算验证；在Ⅳ、Ⅴ级围岩中，可以采用FEM解析中最简单的弹性解析方法和极限状态设计法进行设计等。

（4）设计原则及流程

隧道单层衬砌总体设计流程为：

①通过实地调查与勘探充分掌握隧道所在地区的地形地貌、工程地质与水

文地质条件以及宏观地质构造等情况，并实测得到围岩的物理力学指标。

②采用基于块体理论和屈服接近度的稳定性分级划分围岩级别，并以此为依据对围岩稳定性进行评价，提出预设计阶段的单层衬砌支护参数以及具体的工程材料及其控制指标。

③隧道施工期间，根据揭示的围岩地质情况判断围岩级别是否与预设计相符，在施工阶段可以根据实测的围岩松动圈大小进行围岩稳定性评价，验证围岩级别。如围岩级别与预设计相符可继续施工；如与预设计不符，则应对预设计支护参数进行修正。

由上述可知，单层衬砌设计实施过程分三阶段，具体设计流程如图4.3-11所示。

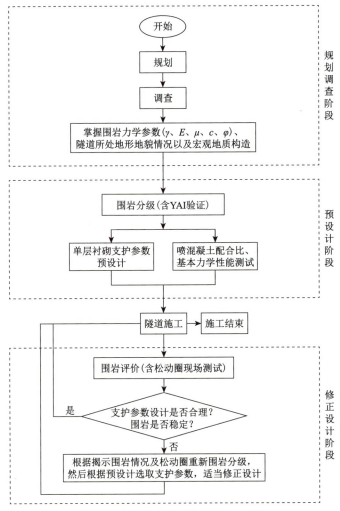

图4.3-11　隧道单层衬砌三阶段设计流程

4.3.2 单层衬砌结构通风阻力及降阻技术

1）秦岭天台山隧道喷射混凝土单层衬砌通风设计计算分析

（1）秦岭天台山隧道通风设置

秦岭天台山隧道是一条双洞双向六车道隧道，隧道内通风断面面积为 98.84m^2，当量直径为 9.956m，设计速度为 80km/h。隧道内道路为人字坡，隧道左线长 15481m，其中入口段 19.414m 坡度为 2.6%，其余 15463.584m 为 -1.65%；隧道右线长 15560m，其中入口段 15432.799m 坡度为 1.65%，其余 127.201m 为 -2.4%，其纵断面如图 4.3-12 所示。秦岭天台山隧道所在秦岭互通至岩湾互通的车型比例及交通量见表 4.3-6。

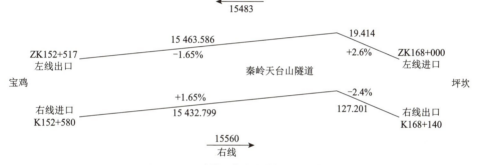

图 4.3-12　秦岭天台山隧道纵断面示意图

秦岭天台山隧道车型比例及交通量　　　　　　表 4.3-6

年份（年）	车型比例（%）						交通量（pcu/d）
	小客	大客	小货	中货	大货	拖挂	
2022	27.81	6.96	6.43	17.1	14.69	27.01	22415
2025	27.88	6.99	6.24	16.76	14.82	27.31	27933
2030	28.07	7.07	5.84	15.97	15.12	27.93	23743
2035	28.28	7.16	5.48	15.22	15.42	28.44	46021
2041	28.56	7.29	5.03	14.22	15.86	29.01	57220

由表 4.3-6 分析可知，秦岭天台山隧道交通量逐年增加，以小客车、大货车和拖挂货车为主并其车辆占比逐年增大。以 2030 年作为近期设计年限，2040 年作为远期设计年限，通过年平均日交通量换算可知，秦岭天台山隧道 2030 年的设计小时交通量为 1088veh/h，2041 年为 1645veh/h。

对秦岭天台山隧道计算行车车速 80km/h 及以下各工况车速按 10km/h 为一

档并考虑交通阻塞状态分别计算了稀释 CO 需风量和稀释烟雾需风量，同时按换气频率(3 次/h)和换气风速(2.5m/s)计算了换气工况下的需风量，按火灾时期排烟、救援通风条件计算了火灾工况下的需风量。综上所述，取其较大者作为隧道内的设计需风量，计算结果见表 4.3-7。

秦岭天台山隧道全长需风量(m^3/s)　　　表 4.3-7

左右线	年份(年)	稀释 CO/烟雾	正常行车工况(km/h)					阻滞工况	换气工况	火灾工况
			80	70	60	50	40			
隧道左线	2030	稀释 CO	163	185	217	261	326	43	1275	298
		稀释烟雾	286	324	370	413	466	48		
	2041	稀释 CO	244	277	326	391	489	64		
		稀释烟雾	446	505	577	643	728	73		
隧道右线	2030	稀释 CO	200	201	236	284	355	43	1282	298
		稀释烟雾	1609	1453	1252	139	1115	90		
	2041	稀释 CO	301	302	355	426	532	64		
		稀释烟雾	2513	2270	1956	2180	1742	135		

由表 4.3-7 可知，秦岭天台山隧道左线近、远期需风量均由换气工况控制，为 1275m^3/s，右线近、远期需风量均由 80km/h 时速下稀释烟雾浓度工况控制，分别为 1609m^3/s 和 2513m^3/s。根据秦岭天台山隧道斜井、竖井位置，可将秦岭天台山隧道左、右线分别划分为四段，其中左线每段长度分别为 3647m、3157m、4609m 和 4070m，近、远期洞内最大风速均为 6.37m/s；右线每段长度分别为 3707m、3158m、4708m 和 4807m，近、远期洞内最大风速分别为 6.57m/s 和 8.39m/s。

通过控制需风量，秦岭天台山隧道 1 号斜井通风设备配置参数见表 4.3-8。

秦岭天台山隧道 1 号斜井轴流风机参数一览表　　　表 4.3-8

左右线	风机台数	风量(m^3/s)	设计全压(Pa)	轴功率(kW)	电机装机容量(kW)
隧道左线	排风机 2 台	127.21	1144	170	220
	送风机 2 台	145.52	982	163	220
隧道右线	排风机 3 台	161.74	1343	250	315
	送风机 3 台	161.74	1343	250	315

(2)斜井喷射混凝土单层衬砌通风设计计算

本小节以秦岭天台山隧道右线 1 号排风井为依托，对斜井采用喷射混凝土单层衬砌的适应性进行计算分析。右线排风联络风道纵断面设计如图 4.3-13 所示，其排风口内轮廓图、联络风道内轮廓图如图 4.3-14 所示。根据第 4 章中对斜井通风沿程阻力系数的计算结果及三种工况的数值模拟，1 号斜井的沿程阻力系数为 0.0365；联络风道净空断面面积为 37.00m²，同工况三的断面面积 37.66m² 相近，可等效认为联络风道施作喷射混凝土单层衬砌后其通风沿程阻力系数为 0.0431；排风口净空断面面积为 75.87m²，当量直径为 9.07m，同工况二的断面当量直径相近，可等效认为其施作喷射混凝土单层衬砌后沿程阻力系数为 0.027。假定隧道右线远期洞内最大风速 8.39m/s 为隧道内实际风速，即可得到隧道内最大风量 829.3m³/s。1 号斜井对隧道内风量进行全排全送，即隧道右线入口段风量通过排风井进行全部排放，其 1 号斜井与 2 号竖井间隧道所需风量由送风井送入。隧道右线 1 号斜井在最大排风量下，排风过程中不同衬砌条件所造成的压力损失计算值见表 4.3-9。

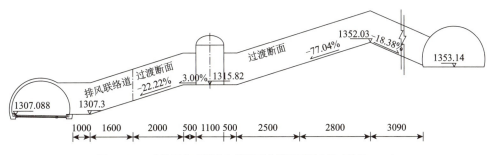

图 4.3-13　秦岭天台山隧道右线排风道纵断面图（尺寸单位：cm）

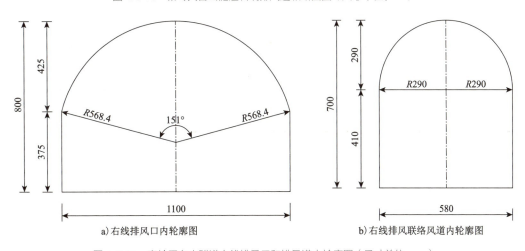

a) 右线排风口内轮廓图　　　　　　b) 右线排风联络风道内轮廓图

图 4.3-14　秦岭天台山隧道右线排风口和排风道内轮廓图（尺寸单位：cm）

通风阻力计算表 表4.3-9

通风段	长度(m)	阻力类型	计算值(Pa)
排风口段	10	局部阻力	65.89
		沿程阻力(二次衬砌)	1.74
		沿程阻力(喷射混凝土)	2.13
联络风道段	157	局部阻力	2216.77
		沿程阻力(二次衬砌)	162.55
		沿程阻力(喷射混凝土)	318.46
斜井段	590	沿程阻力(二次衬砌)	400.62
		沿程阻力(Ⅲ级围岩段施作喷射混凝土)	664.64

由表4.3-9分析可知，当仅在斜井Ⅲ级围岩段中施作喷射混凝土单层衬砌时，秦岭天台山隧道右线1号斜井排风总通风阻力为3111.59Pa，其中沿程阻力占26.6%；当在联络风道及排放口段也施作喷射混凝土单层衬砌时，其总通风阻力为3267.89Pa，其中沿程阻力占29.1%。可见秦岭天台山隧道右线排风过程中的阻力损失，以局部阻力为主，沿程阻力占比较少，其主要原因是斜井与风道内断面净空面积相对较大，断面内风速较小，导致沿程阻力较小，喷射混凝土单层衬砌施作对隧道通风影响较小。

根据《公路隧道通风设计细则》(JTG/T D70/2-02—2014)中隧道内排风机设计风压和功率的计算公式，可得到相应的排风机设计风压值和电机输入功率，计算结果见表4.3-10。

排风机参数表 表4.3-10

设计类型	排风机风压(Pa)	电机输入功率(kW)
联络风道、斜井均施作二次衬砌	3212	753
斜井Ⅲ级围岩段施作喷射混凝土	3502	821
联络风道、斜井Ⅲ级围岩段均施作喷射混凝土	3675	862

由表4.3-10分析可知，当隧道右线排风风道和斜井Ⅲ级围岩段均施作喷射混凝土单层衬砌时，其所需的排风机风压为3675Pa，原设计排风机仅需开启90%的电机输入功率即可满足通风需求。由此可见，当秦岭天台山隧道1号斜井全段施作喷射混凝土单层衬砌后，其原通风设计也可满足需求。

(3)主洞喷射混凝土单层衬砌通风设计计算

本节以秦岭天台山隧道主洞为依托，对三车道隧道采用喷射混凝土单层衬砌的适应性进行分析计算。秦岭天台山隧道当量直径为9.956m，同第四章中的工况二的断面当量直径9.5m较为接近，则三车道隧道喷射混凝土单层衬砌的沿程阻力系数可等效为0.027。秦岭天台山隧道2030年和2041年的设计小时交通量为1088veh/h和1645veh/h，左线最大风速均为6.37m/s，右线最大风速分别为6.57m/s和8.39m/s。《公路隧道通风设计细则》（JTG/T D70/2-02—2014）中规定当热释放率为30MW时，隧道内火灾临界风速为3.0~4.0m/s，本小节选取3.5m/s作为火灾工况下隧道内风速。取1km作为隧道计算长度。

根据隧道内通风计算参数，计算得到喷射混凝土单层衬砌和复合式衬砌条件下，三车道隧道在自然行车工况和火灾工况下的通风阻力、自然通风力、交通通风力，具体计算结果见表4.3-11。

三车道隧道通风计算表（Pa）　　　表4.3-11

左右线	年份（年）	工况	衬砌条件	自然通风力	交通通风力	通风阻力	总通风损耗
隧道左线	2030	正常行车	二次衬砌	14.6	68.4	94.7	40.9
			喷射混凝土	16.5	68.4	107.2	55.3
		火灾	二次衬砌	14.6	—	28.6	43.2
			喷射混凝土	16.5	—	32.4	48.9
	2041	正常行车	二次衬砌	14.6	103.4	94.7	5.9
			喷射混凝土	16.5	103.4	107.2	20.3
		火灾	二次衬砌	14.6	—	28.6	43.2
			喷射混凝土	16.5	—	32.4	48.9
隧道右线	2030	正常行车	二次衬砌	14.6	66.7	100.7	48.8
			喷射混凝土	16.5	66.7	114.0	63.8
		火灾	二次衬砌	14.6	—	28.6	43.2
			喷射混凝土	16.5	—	32.4	48.9
	2041	正常行车	二次衬砌	14.6	78.7	164.3	100.2
			喷射混凝土	16.5	78.7	185.9	123.7
		火灾	二次衬砌	14.6	—	28.6	43.2
			喷射混凝土	16.5	—	32.4	48.9

通过表4.3-11分析可知：

①在正常行车时，隧道内交通通风力无法满足隧道通风需求，两种衬砌条件下的三车道隧道均需通过射流风机排风以满足通风要求。

②在正常行车条件下，2030年隧道左线施作二次衬砌时通风损耗为40.9Pa，施作喷射混凝土时为55.3Pa，相应所需的射流风机分别为5台和6台；2041年时通风损耗分别为5.9Pa和20.3Pa，相应的射流风机为1台和3台。

③在正常行车条件下，2030年隧道右线施作二次衬砌时通风损耗为48.6Pa，施作喷射混凝土时为63.8Pa，相应所需的射流风机分别为5台和7台；2041年时通风损耗分别为100.2Pa和123.7Pa，相应的射流风机为11台和13台。

④在火灾工况条件下，隧道施作二次衬砌时通风损耗为43.2Pa，施作喷射混凝土时为48.9Pa，相应所需的射流风机分别为5台和6台。

因此，当1km秦岭天台山隧道采用喷射混凝土单层衬砌作为永久性支护时，为满足隧道正常行车工况和火灾工况的通风要求，所需的射流风机均要比施作复合式衬砌时多2台和1台。此外，隧道内交通通风力不受壁面条件的影响，施作喷射混凝土单层衬砌与复合式衬砌的通风损耗差值仅受自然通风力和通风阻力的影响，且两者均与隧道长度成正比。因此，当不考虑交通通风力对隧道通风需求的影响，随隧道长度增大，正常行车状态下喷射混凝土单层衬砌隧道所需的射流风机比复合式衬砌时按2台/km等比增加，火灾工况下按1台/km等比增加。当两车道公路隧道采用喷射混凝土单层衬砌时，相比于三车道喷射混凝土单层衬砌隧道，两车道隧道通风断面面积小、沿程阻力系数大，进而其每公里所需的增设的射流风机较三车道隧道多。

2）喷射混凝土单层衬砌降阻技术

当采用喷射混凝土单层衬砌作为永久性衬砌时，秦岭天台山隧道斜井因其断面较大，且原轴流风机通风设计存在较大的富余量，因此其原设计仍可满足隧道通风需求；但是在隧道主洞中施作时，相比于施作复合式衬砌，其所需的射流风机需要每公里增设2台，因而当采用喷射混凝土单层衬砌时，有必要采用合理的降阻技术，减小喷射混凝土表面粗糙度，从而减小衬砌沿程阻力系数以及通风阻力，保证隧道通风效果。

(1)施作水泥浆层降阻

由《公路隧道通风设计细则》(JTG/T D70/2-02—2014)附录A可知，水泥浆壁面的粗糙度最大为6.4mm，相比较于混凝土壁面，水泥浆壁面的粗糙度较低，如果可以保证其施工质量，能够满足隧道通风的要求。而且，水泥浆层施作工艺相对简单，造价也较低，可以作为本项目单层衬砌降阻方案设计的第一选择。

水泥浆层施作可采用现场喷涂和涂抹两种方法。

喷涂水泥浆法是采用喷涂机，将水泥浆依靠空气压缩从管道及喷枪嘴处均匀喷出到喷射混凝土衬砌表面，其施工步骤和要求如下所示：

衬砌表面基层处理：对喷射混凝土表面进行清洗除灰，并在喷涂前保证墙面润湿。

喷涂施工：砂浆依靠空气压缩从管道及喷枪嘴处均匀喷出至衬砌表面。喷嘴与衬砌表面距离宜为30cm左右，喷枪行走方式为自左向右的S形。当喷涂厚度小于20mm时可一次喷涂到位，若大于20mm则尽量采用二次喷涂。

抹平：砂浆喷涂完成后，要用大刮板小幅度来回由下往上抹平。如果喷涂的水泥浆偏稀，需要等水泥浆稍干、稍硬后再进行抹平。

养护：砂浆凝结后应及时进行保湿养护。

涂抹水泥浆法是在斜井中搭设临时施工架，通过采用刮板人为地将水泥浆涂抹在喷射混凝土表面。该方法与机械喷涂水泥浆层相比，能够更好地把控施工质量，但工作量较大，且费时。

在水泥浆层施工时，应根据其施工难易程度、施工质量及时调整水泥浆配比。同时，为了验证砂浆层施作后的降阻效果，课题组建议在1号斜井内选择100m的试验段，在完成砂浆层施作后进行通风阻力测试，验证其降阻效果是否满足隧道通风要求，若满足，则采用相同的施工工艺和材料配比完成剩余喷射混凝土衬砌段落的砂浆层施作；若不满足，则需要改进水泥浆层施工工艺或材料配比，实在无法达到要求，则需要改换降阻材料，如喷涂环氧树脂层。

(2) 施作环氧树脂层降阻

环氧树脂层降阻在天然气管道中应用较多。环氧树脂层壁面粗糙度小，降阻效果显著。但是，环氧树脂作为一种涂料，其所能达到的厚度非常有限，而原有的喷射混凝土层的壁面粗糙度为72.5mm，因此直接喷涂环氧树脂层，其所能达到的降阻效果有限，而且造价高。因此，本书课题组建议将环氧树脂层和水泥浆层结合使用。即在隧道喷射混凝土表面先施作一层砂浆层，当其表面粗糙度无法达到降阻要求时，在其表面再施作一层环氧树脂层，以进行进一步的降阻，从而减少涂料用量，降低工程造价。在环氧树脂层施作完成后，同样进行隧道通风阻力测试验证，确保喷涂后的降阻效果，以满足隧道通风要求。目前，工程中常用的环氧树脂涂料主要包括 AW-03 减阻耐磨涂料和 EP-94 系列环氧无溶剂防腐蚀涂料两类。以下对两种涂料进行详细介绍和对比。

①AW-03 无溶剂减阻耐磨涂料。

AW-03 无溶剂减阻耐磨涂料(以下简称 AW-03 涂料)是由环氧树脂、活性稀释剂、颜填料、助剂及固化剂组成的双组分无溶剂型常温固化涂料。

AW-03 涂料具有优良的附着力、耐磨性等物理性能和良好的化学性能喷涂后的涂层性能满足《非腐蚀性气体输送用管线管内涂层》(SY/T 6530)、《输气管道工程内减阻环氧涂层技术规格书》(CDP-S-NGP-AC-001-2015-2)、《非腐蚀性气体输送管线管内部涂层推荐作法》(API RP 5L2—2002)等标准的要求。涂层表面平整光滑，减阻效果突出，在天然气输送管道中采用可大幅降低空气阻力，经济效益显著。中国石油工程技术研究院对该无溶剂减阻防腐涂层表面平均粗糙度进行了测试，得出其平均粗糙度仅为 2.1μm，摩阻系数仅为 0.00582，降阻效果显著。

涂料现场施工要求如下：

施工条件：环境湿度应控制在 90% 以下。施工时涂料中严禁混入水、砂石、棉纱等异物；如遇风、沙、雨、雪、雾等天气应停止施工，并对已施工的未完全固化涂膜加以防护，以确保涂层质量。

表面处理：经处理的喷射混凝土表面应干燥、清洁，无疏松层。

涂料配置：涂料配置环境温度应不低于 10℃，使用前将漆料(A 组分)、固化剂(B 组分)搅拌均匀，按规定比例即质量比为 A∶B = 5∶1，体积比为：A∶B = 3.2∶1 配制，配后充分搅拌，熟化 5~10min 即可使用。涂料的配制量应以在适用期内能使用完为准。

施工方式：涂料施工采用高压无气喷涂(无气喷涂的参考性数据为：喷涂机进气压力：0.4~0.6MPa；喷嘴压力：150kp/cm²；喷嘴孔径：0.38~0.78mm；喷幅：40~80℃)或刷涂；涂料适用期大于 3h，温度升高时适用期相应缩短；应保证涂膜表面不被砂石、水、油等影响涂层质量的物质附着；涂料黏度过大时，可适当加入专用稀释剂调节，建议用量不超过涂料量的 5%。

涂层的干燥时间取决于环境温度、漆膜厚度、通风状况、湿度等。养护期内应适当防护涂层，以防造成涂膜弊病。涂料在不同温度下的干燥时间与养护时间见表 4.3-12。

不同温度下 AW-03 涂料的干燥时间　　表 4.3-12

环境温度(℃)	25	40	50	60
表干时间(min)	160	80	50	45
实干时间(h)	5	4	3	2.5
养护时间(d)	10	7	5	4

②EP-94 系列环氧无溶剂防腐蚀涂料。

EP-94 系列环氧无溶剂防腐蚀涂料(以下简称 EP-94 涂料)是由环氧树脂、颜填料、固化剂、特种助剂及溶剂组成的双组分常温固化涂料。涂层表面平整光滑,减阻效果显著。

EP-94 涂料为不含挥发性溶剂,具有一次成膜厚的优点,即单便干膜厚度相对较大。EP-94 涂料具有优良的附着力、耐冲击等物理性能和良好的化学性能,曾成功应用于大港港东二站 2 个 5 万 m^3 原油储罐的浮舱内,至目前为止涂层完好无损。EP-94 涂料主要应用于内壁防腐蚀。

材料施工要求如下：

施工条件：施工环境湿度应控制在 85% 以下。施工时涂料中严禁混入水、砂石、棉纱等异物；如遇风、沙、雨、雪、雾等天气应停止施工,并对已施工的未完全固化涂膜加以防护,以确保涂层质量。

表面处理：经处理的喷射混凝土表面应干燥、清洁、无疏松层。

混合比(质量比)：底漆：A 组分(基料)：B 组分(固化剂) = 100:15~17；面漆：A 组分(基料)：B 组分(固化剂) = 100:18~22。

施工方式：大面积涂装建议采用无气喷涂,预涂和小面积涂装时可采用刷涂。

涂层的干燥时间取决于环境温度、漆膜厚度、通风状况、湿度等,其在不同温度下的干燥时间与养护时间见表 4.3-13。养护期内应适当防护涂层,以防造成涂膜弊病。

不同温度下 EP-94 涂料的干燥时间　　表 4.3-13

环境温度(℃)	5	15	25	40
表干时间(h)	6	2.5	1	0.5
实干时间(h)	72	20	15	6
养护时间(d)	20	10	7	4

③材料比较

AW-03涂料和EP-94涂料的价格基本相同，为36元/kg。当隧道净空周长近似取为19.4m，涂层厚度为200μm，可以得出AW-03涂层每延米的价格约为391.1元，EP-94涂层每延米的价格约为391.1元。

AW-03涂料主要用于管道降阻，而EP-94涂料则主要用于内壁防腐蚀，就其涂料目的而言，AW-03涂层的壁面粗糙度与EP-94涂层相比略低。AW-03涂料成膜厚度较小，通常一次成膜80μm；EP-94涂料厚涂性较好，单次喷涂工序成膜较厚，通过调节涂料配比，一次成膜可达200μm。因此，为了达到EP-94涂料单次喷涂所能达到的砂浆层表面降阻效果，AW-03涂层需要进行多层喷涂，耗时较长。而且EP-94涂料有较好的防渗性能，可有效地防止围岩地下水的渗透，保证涂层的长期稳定性。

综上所述，针对喷射混凝土降阻，EP-94涂料更为合适，可在喷涂砂浆层后进行进一步补喷，以达到降阻效果，保证隧道通风质量。

4.3.3 单层衬砌结构混凝土力学性能及耐久性保障技术

用作单层衬砌的喷射混凝土一方面与围岩密贴，其工作特性应具有及时性、韧性以及黏结性；另一方面，衬砌暴露在洞内环境中，因此需要喷射混凝土有一定的安全性能、使用性能和耐久性能，具体表现为设计基准抗压强度、初期强度、弯曲韧性、黏结抗拉及抗剪强度、抗渗性、抗冻性、抗腐蚀性等。从国内外喷射混凝土和耐久性的研究现状来看，喷射混凝土主要是采用湿喷工艺，通过调整喷射混凝土材料配合比或在喷射混凝土基料中加入具有一定性能的添加材料或外加剂，喷射混凝土的各项性能满足要求。通过广泛调研和资料收集，总结喷射混凝土力学性能和耐久性控制指标，提出混凝土配比和合理掺量，同时结合秦岭天台山隧道单层衬砌施作情况，总结适合于大跨度公路隧道的单层衬砌喷射混凝土力学性能和耐久性控制指标与标准。

1) 单层衬砌结构混凝土力学性能指标

（1）基准抗压强度

喷射混凝土的设计基准强度，以设计规定的值取龄期28d的抗压强度为标准，其值是喷射混凝土衬砌厚度设计基本参数。而喷射混凝土的强度直接取决于其配合比和所用原材料性能，例如水胶比、矿物掺合料种类及掺量、集料及其级配、外加剂、纤维种类及其掺量等。

目前工程中普遍采用 C25 喷射混凝土，其基准抗压强度总体可以达到 30MPa 以上。而在添加聚丙烯纤维、钢纤维、玄武岩纤维以及植物纤维等纤维材料后，喷射混凝土抗压强度可以得到相应提高。其中聚丙烯纤维的效果相对较低，掺加聚丙烯纤维后，喷射混凝土抗压强度增幅约为 6%，钢纤维相对较高，可达到 10% 以上。玄武岩纤维和植物纤维为新型材料，其对喷射混凝土抗压强度较钢纤维提高更为明显，抗压强度增幅可以达到约 18%，尤其是玄武岩纤维，若控制好纤维长度和掺量，抗压强度增幅甚至可达到 20% 以上。

（2）初期强度

由于隧道开挖后迅速施工，保持围岩稳定是最重要的，所以确保附着的喷射混凝土不因自重而剥落，同时能够承受围岩以及爆破和振动的荷载的早期强度是非常重要的。喷射混凝土初期强度应当考虑隧道开挖条件及随掌子面进展产生的围岩动态，以充分确保掌子面及其附近围岩的稳定，取 24h 以内的强度为标准。

普通喷射混凝土在 24h 后的早期抗压强度基本可以达到 10MPa 以上，基本满足国内外标准规范对于喷射混凝土早期强度的要求，而且当喷射混凝土掺加钢纤维时，可进一步提高喷射混凝土早期抗压强度，其增幅超过了 17%。

（3）抗拉强度

相关研究表明：掺加纤维材料，包括钢纤维、聚丙烯纤维、玄武岩纤维、植物纤维，可以有效提高喷射混凝土抗拉强度。其中，掺加钢纤维对提高喷射混凝土的抗拉强度效果最优，尤其是采用冷拉端钩型钢纤维。但是，在纤维掺入量达到某一值时，喷射混凝土劈裂抗拉强度会出现下降趋势，因此需要控制合适的掺量。掺加粉煤灰也可以提高喷射混凝土的抗拉强度，且通过试验发现，其掺量在 20% 最优，但效果低于钢纤维。

（4）弯曲韧性

喷射混凝土易发生脆性破坏，而纤维喷混凝土就是针对这个弱点使用的，可以大幅度地改善弯曲韧性。因此，在隧道围岩软弱、破碎、地质条件较差的区段，由于受较大的围岩压力作用而发生大的衬砌变形，适当掺加钢纤维以增加喷射混凝土的弯曲韧性是有效的。纤维的分散效果还可以适用于隧道交叉部、拓宽部及支护构件受到多向应力等复杂情况。

相关试验研究发现，普通喷射混凝土在龄期28d后的抗弯拉强度在4MPa以上，初裂荷载为14.24kN，而掺加钢纤维和玄武岩纤维对提高喷射混凝土弯曲韧性效果相当，能够有效提高喷射混凝土抗弯拉强度和初裂荷载，并优于聚丙烯纤维。

（5）黏结强度

喷射混凝土用于岩体工程支护和建筑结构补强加固，为使喷射混凝土与基层岩石或混凝土共同工作，有效传递压、剪应力，充分发挥衬砌支护作用，其黏结强度是特别重要的，也是质量控制的关键要素之一。喷射混凝土与围岩以及两层喷射混凝土之间的黏结作用包括沿黏结面法线方向的抗拉作用以及沿黏结面切线方向的抗剪作用，相应的强度为黏结面抗拉强度和抗剪强度。

相关研究表明，钢纤维和聚丙烯纤维均能有效提高喷射混凝土与岩石以及喷射混凝土与喷射混凝土之间的黏结强度，提高衬砌结构整体受力性能。而且两种添加剂的总体效果相近，钢纤维略优。

（6）单层衬砌喷射混凝土力学性能控制指标

在总结国内外相关工程实践和喷射混凝土力学性能试验结果的基础上，结合天台山隧道喷射混凝土单层衬砌力学特征数值模拟计算结果，提出用作大跨度隧道单层衬砌的喷射混凝土基准抗压强度、初期强度、抗拉强度、弯曲韧性、黏结强度的控制指标，具体如下：

①喷射混凝土28d的抗压强度大于30MPa。

②喷射混凝土初期强度应满足：4h不低于1.5MPa、12h不低于4MPa、1d不低于8MPa。

③喷射混凝土28d的抗拉强度大于2MPa。

④喷射混凝土抗弯拉强度大于4MPa。

⑤喷射混凝土黏结抗拉强度应满足：岩石与喷射混凝土之间不小于1.2MPa；喷射混凝土与喷射混凝土之间不小于1.5MPa。

⑥黏结抗剪强度应满足：岩石与喷射混凝土之间黏聚力大于2.4MPa，内摩擦角大于50°；喷射混凝土与喷射混凝土之间黏聚力大于2.8MPa，内摩擦角大于55°。

2）单层衬砌喷射混凝土耐久性要求

（1）抗渗性

渗透性是反映混凝土长期耐久性的基本性能之一，是衡量混凝土能否抵御液体及介质的入侵能力。混凝土的材料组成、拌和时的泌水离析现象及施工时混凝土的密实情况都会影响混凝土内的毛细孔结构组成及数量。抗渗透性好，混凝土密实程度高，水溶液以及溶液内的溶解性物质如酸性或盐性物质不易渗入混凝土内部进而造成混凝土某些水化物的析出及腐蚀。抗渗性作为混凝土在压力条件下抵御流体或离子渗透的能力将直接影响混凝土的抗冻性及耐久性。单层衬砌区别于复合衬砌的一个重要特征就是取消了防水板，靠混凝土自身结构进行防水，同时与空气直接接触，因此对喷射混凝土的抗渗性能有着较高的要求。

相关研究表明，降低喷射混凝土水胶比可以改善喷射混凝土的抗渗性，但不够充分，还需要结合粉煤灰、硅粉、纤维等添加剂。掺加硅粉对提升喷射混凝土抗渗效果要优于粉煤灰，但应注意其掺量不得过高。钢纤维、聚丙烯纤维与硅粉配合使用，其主要目的是提高喷射混凝土的力学性能，抑制荷载裂缝的产生。

（2）抗冻性和抗碳化性

在寒冷地区，随着气温的正负交替变化，喷射混凝土内部将出现反复的冻融循环，相应地将形成一定的冻融损伤，影响隧道支护结构的力学性能和长期耐久性。因此，针对寒冷地区隧道，提高喷射混凝土的抗冻性，保证衬砌结构长期耐久十分必要。此外，在隧道运营过程中，尤其是公路隧道，由于内部空间相对封闭，空气流动速度慢，汽车尾气中碳氧化合物和氮氧化合物容易在隧道空间中富集，加之隧道中温度、湿度较高，喷射混凝土结构在碳氧化物作用下易发生碳化作用，影响结构的长期耐久，因此需要采取措施，提高隧道喷射混凝土抗碳化性能。

研究表明，随着冻融循环次数增加，喷射混凝土物理力学性能以及抗冻耐久性能逐渐降低，但是其内部微小气泡可有效改善喷射混凝土的抗冻性能，从而使其抗冻性优于普通混凝土。引气剂掺加正是通过增加喷射混凝土内部微小气泡来提高喷射混凝土抗冻性的。此外，适当减小水胶比，增加钢纤维、粉煤灰掺量，可以有效提高喷射混凝土的抗裂性能，从而提高喷射混凝土的抗冻性和抗碳化性。

（3）单层衬砌喷射混凝土耐久性要求

喷射混凝土作为混凝土的一种，其耐久性的规定应符合《混凝土结构耐久性设计标准》(GB/T 50476—2019)。此外，根据单层衬砌的受力特征，总结相关研究成果，得出喷射混凝土耐久性要求应包括以下5个方面：

①单层衬砌的不同部位或构件所处的环境类别及其作用等级不同时，应根据实际情况进行耐久性设计，处于多种环境作用时，应根据每一环境类别及其作用等级进行耐久性设计。

②单层衬砌作为永久性支护，设计使用年限应不小于100年。

③喷射混凝土的耐久性除了周围环境存在着腐蚀性介质时必须具有抗腐蚀性能外，主要与喷射混凝土的密实度有关。事实表明，只要在原材料、水灰比、外掺剂等方面下功夫，在采用湿喷工艺的情况下，喷射混凝土的密实性是能够得到保证的，完全可以满足永久支护对耐久性的要求。喷射混凝土的最低强度等级为C25，抗渗等级不低于P10，并在标准试验条件下（恒压，即压力恒定为 $0.8MPa \pm 0.05MPa$，时间24h），渗水深度不大于7.8cm。

④喷射混凝土采用掺加硅粉或粉煤灰等掺合料，提高抗渗性能。

⑤喷射混凝土采用添加合成纤维或钢纤维，提高韧性和受力性能。

4.4 依托工程实施情况与效果

1）工程背景

秦岭天台山隧道1号斜井在设计上按双井、有轨运输、主副井分开设置考虑。斜井左右洞长度分别为879m和963m，斜井坡度分别为-35.3%和-37.1%，施工采用有轨运输。1号斜井洞口区斜坡上分布有一定厚度的砂质黏性土及全强风化的花岗岩，向下为中风化、微风化的花岗岩及片麻岩，埋深越大，岩体越完整；其中，右洞Ⅴ级围岩长度为60m，占比6.23%；Ⅳ级围岩长度为25m，约占2.6%；Ⅲ级围岩长度为878m，约占91.17%。Ⅲ级围岩岩质坚硬，裂隙较发育，多呈闭合状，岩体较完整~完整。隧址区地表水不发育，地下水位较低。隧址区未见不良地质现象及特殊性岩土；地震动峰值加速度为 $0.15g$，地震动反应谱特征周期为0.45s。

按规范，1号斜井采用复合式衬砌支护，即喷锚衬砌支护与二次衬砌；二次衬砌采用模筑混凝土结构，作为安全储备，同时满足通风和外观要求。斜井进洞约20m后，地质条件明显转好，为中风化—微风化中粗粒黑云母花岗岩，岩体完整，以Ⅲ级围岩为主，局部为Ⅰ级围岩。施工采用聚能水压爆破工艺，对围岩扰动小，爆破效果良好，有效控制了围岩超欠挖，达到了光面爆破的技术要求，见图4.4-1。

a) b)

图4.4-1 1号斜井爆破开挖效果

随着1号斜井施工开挖，在进洞一段距离后开始浇筑洞口段二次衬砌，发现模板台车难以固定。即使勉强固定了台车，在浇筑混凝土后，二次衬砌台车某些构件也会出现断裂的现象。经分析，斜井的纵坡较大，二次衬砌台车受自重影响，存在向掌子面下滑的趋势；其次，混凝土浇筑后，台车上部荷载增加，进一步增大了二次衬砌台车下滑趋势，导致个别支撑构件强度快速达到极限值，引起构件断裂。

2）秦岭隧道1号有轨斜井取消二次衬砌变更设计

（1）变更原因

①隧道开挖后显示地质条件较好，围岩节理裂隙稍发育，岩体完整，岩质致密坚硬，自稳能力强，基本无裂隙水。结合计算分析，取消Ⅲ级围岩段二次衬砌不影响整体结构安全和斜井使用功能，可减少工期、节省投资费用。

②1号斜井由于设计坡度较大，二次衬砌台车难以固定，工序复杂，施工难度大。

现场已施工的二次衬砌段，受衬砌下滑力影响，台车支撑构件断裂，存在施工安全隐患。

③有轨斜井下部二次衬砌混凝土受力条件不利，上段二次衬砌重力产生的

应力累计叠加过大，下部二次衬砌易产生裂缝，施工质量难以控制。

(2) 变更依据

根据《公路隧道设计规范　第一册　土建工程》(JTG 3370.1—2018)中条文12辅助通道有关规定，1号有轨斜井作为秦岭特长隧道运营期的通风通道，属于运营辅助通道；12.1.5条规定："运营辅助通道应按永久建筑物设计，宜采用复合式衬砌，也可采用喷锚衬砌，且应有完善的防排水设施。"因此，1号有轨斜井作为辅助通道可采用喷锚衬砌，辅助通道岔洞和正洞连接处应加强设计；且根据风道要求，其内壁面应平整。

(3) 变更方案

由于该斜井除洞口段Ⅴ级、Ⅳ级外，91%以上围岩为Ⅰ级围岩。洞口段由于埋深浅，根据抗震设防需要，Ⅴ级、Ⅳ级二次衬砌不能取消；斜井与主洞交叉口段，结构空间受力复杂，应加强结构安全，二次衬砌不能取消；斜井内设置送风隔板段(左线150m，右线100m)，送风隔板需和二次衬砌连接在一起，二次衬砌不宜取消，其余Ⅲ级围岩段衬砌可取消。

Ⅲ级围岩段取消二次衬砌后，初期支护表面较为粗糙，风阻变大，通风压力损失较大，为达到设计正常送排风效果，通风能耗会增大。因此，首先需对初期支护喷混壁面做整平处理，其次在原设计初期支护表面涂刷环氧树脂砂浆降低粗糙度。环氧砂浆是以环氧树脂为主剂，配以促进剂等一系列助剂，经混合固化后形成的固结体，具有优异的抗渗、抗冻、耐盐、耐碱、耐弱酸防腐蚀性能及修补加固性能，具有高韧性、高黏结力、良好的防腐和耐久性，对旧混凝土层有良好的黏结力。

根据以上分析，提出以下变更方案：

单层衬砌支护设计方案：ϕ22mm 砂浆锚杆，L-2.5m，间距 120cm×120cm（环向×纵向）；ϕ8mm 钢筋网，25cm×25cm；喷 C25 早强混凝土 15cm，见图 4.4-2。

单层衬砌通风降阻方案：在初期支护表面涂刷环氧树脂砂浆，以降低粗糙度和风阻系数。

如图 4.4-3 所示，喷射混凝土单层衬砌在秦岭天台山隧道 1 号斜井成功应用，取消二次衬砌段共 1295m(左线 597m，右线 698m)。有效加快了工程建设进度，降低了工程造价，围岩与结构稳定性良好。

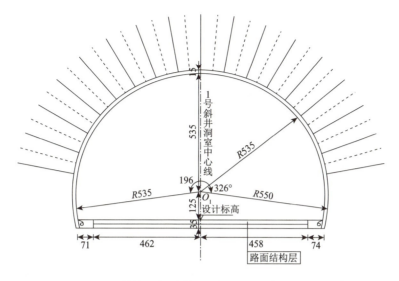

图 4.4-2　1 号斜井取消二次衬砌后支护设计图（尺寸单位：cm）

图 4.4-3　斜井单层衬砌支护

4.5　经济和社会效益分析

1）结构安全性

1 号斜井现场实际开挖情况揭示，斜井围岩坚硬、完整、干燥，围岩整体稳定性好，无坍塌、掉块风险，在无支护条件下可以保持长期稳定。

在 1 号斜井Ⅲ级围岩段，采用 15cm 厚的 C25 早强喷射混凝土进行喷锚衬砌支护，按全断面开挖过程进行有限元模拟分析。计算模型边界到斜井洞室的净距按约 2.5 倍洞跨，模型长 80m、高 50m。地层采用平面应变单元，摩尔—库仑本构模型，支护结构采用梁单元，喷锚衬砌结构承担全部围岩荷载，模型底边界固定、左右两侧边界加水平约束。为了简化，喷锚衬砌支护仅考虑喷射混凝土，锚杆和钢筋网看作是对开挖后围岩整体性能降低的补偿。喷锚衬砌结构的内力计算结果绘制成弯矩 M 和轴力 N。Ⅲ级围岩喷锚衬砌结构全部受压，拱顶所受轴力较小，向两侧墙及拱脚处轴力逐渐增大，发生在拱脚的轴力最大约为 651kN；拱脚处最大弯矩约为 4.8kN·m，见图 4.5-1。

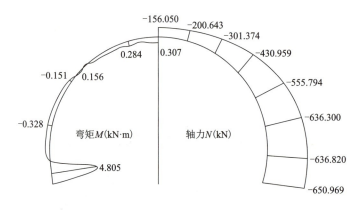

图 4.5-1 喷锚衬砌结构内力图

Ⅲ级围岩具有较强的自支承能力，对其施作喷锚衬砌后即可保持稳定，此时的二次衬砌作为安全储备。为了对比分析，采用荷载结构法对二次衬砌进行了内力分析，考虑结构自重，按深埋隧道计算，结构受垂直压力为 80kPa，围岩水平均布压力为垂直压力的 0.15。二次衬砌结构采用 C30 混凝土衬砌，厚度为 35cm。二次衬砌的所受内力规律与喷锚衬砌基本一致。全部受压，拱脚处轴力最大约为 678.4kN；拱顶处的最大弯矩为 35.0kN·m，拱脚处最大弯矩约为 7.0kN·m，其弯矩 M 和轴力 N 见图 4.5-2。

隧道结构按破损法验算混凝土受压构件截面强度。图 4.5-3 示出了喷锚衬砌及二次衬砌结构安全系数包络图。除拱顶外，喷锚衬砌与二次衬砌结构的安全系数包络图基本相似，由拱腰向侧墙安全系数逐渐减小。位于拱脚处喷锚衬砌的最小安全系数为 4.17，大于规范所规定的限值 2.4，表明喷锚衬砌支护结构具有足够的安全度，见图 4.5-3。

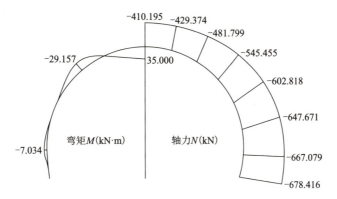

图 4.5-2　二次衬砌结构内力图

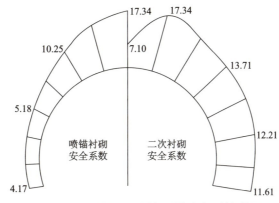

图 4.5-3　喷锚衬砌及二次衬砌结构安全系数包络图

2）结构耐久性

根据勘察成果，1 号斜井隧址区的地下水对混凝土及钢筋混凝土结构中的钢筋具微腐蚀性。斜井的Ⅲ级围岩段为干燥的花岗岩，没有滴水渗水现象，不存在水化影响。喷射混凝土采用 C25，对配合比、集料、水泥、拌和水等方面严格控制，严禁使用锈蚀的钢筋与网片，保证与围岩的黏结力及与钢筋间的握裹力，严格控制喷层厚度，加强养护工作，确保锚喷衬砌结构具有足够的强度、稳定性、耐久性。

3）通风性能

经计算分析，秦岭天台山隧道 1 号通风井在喷锚衬砌平均壁面粗糙度控制在 30mm 范围内时，取消斜井段二次衬砌将对该通风井内压力损失产生不利影响，风压增加约 5%。在通风设备选型时已考虑 10% 的设计风压、风量富余量。因此取消斜井二次衬砌，对隧道通风方案、通风风机功率等参数及运行模式进行调整，通风运营能耗不变。

4）经济性分析

对于斜井围岩完整性较好的段落，加强聚能水压爆破工艺，提高光面爆破效果，对于局部节理裂隙发育地段增加钢拱架，采用锚喷混凝土支护。取消二次衬砌，共计节省土建工程造价约960万元，隧道通风运营能耗不变，运营费用无变化，其经济性分析见表4.5-1。

1号斜井取消二次衬砌后经济性分析表　　　　表4.5-1

类别	单位	数量	单价(元)	节约成本(元)
C30模筑二次衬砌混凝土（原设计）	m	10644	700	7456433
防水板（原设计）	m²	31727	36	1171062
土工布（原设计）	m²	31727	8.66	274760
中埋式橡胶止水带（原设计）	m	2952	87	259799
带注浆管橡胶膨胀止水条（原设计）	m	2952	52	153830
背贴式止水带（原设计）	m	3095	87	272333
合计	—	—	—	9588218

第5章 公路隧道利用自然能源技术推广应用

开展超长公路隧道自然风通风与汲能诱导技术、太阳光辅助照明技术、基于环境感知的隧道照明技术研究与应用，降低公路隧道通风与照明能耗，实现绿色节能运营。

5.1 超长公路隧道自然风通风与汲能诱导技术

5.1.1 技术特点、原理和适用性

1）公路隧道纵向分段式通风隧道自然风压理论计算方法

超静压差循环计算方法：以一单竖井隧道为例，具体说明在超静压差单独作用下，隧道各区段及竖井内的自然风风量（速）计算方法。对于有多个竖井的隧道，其原理一样，但需要多重循环，循环的重数即为竖井的个数。

如图 5.1-1 所示，假设竖井底 4 处的超静压差为 ΔP_4，当风流达到稳定时其全压力为 $\Delta P_4'$（经计算表明：$\Delta P_4' \neq \Delta P_4$）。在不考虑汇流及分流压力损失的情况下，1-1'、2-2'及3-3'断面处的全压力均等于 $\Delta P_4'$，从而得到两端洞口及竖井口与竖井底的全压力差值（下面简称压差）。根据风流流动的阻力定律，有：

$$\begin{aligned}
\Delta P_1 - \Delta P_4' &= (R_1 + R_1') \cdot Q_1 \cdot |Q_1| \\
\Delta P_2 - \Delta P_4' &= (R_2 + R_2') \cdot Q_2 \cdot |Q_2| \\
\Delta P_3 - \Delta P_4' &= (R_3 + R_3') \cdot Q_3 \cdot |Q_3|
\end{aligned} \qquad (5.1\text{-}1)$$

式中：ΔP_m——隧道各通风口相对基准点的超静压差；

R_m——风道 m 的摩擦风阻；

R_m'——风道 m 的入口局部风阻；

Q_m——隧道各段的风量。

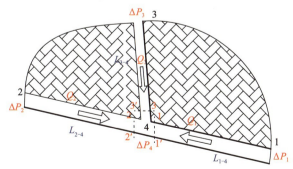

图 5.1-1 单竖井隧道超静压差示意

在通风网络中，对于节点 i，当空气密度变化很小时，流入节点 i 的风量等于流出节点 i 的风量，即任意节点 i 的风量代数和为零。图 5.1-2 中，对于节点 4 有：

$$Q_1 + Q_2 + Q_3 = 0 \tag{5.1-2}$$

由式(5.1-1)及式(5.1-2)可联立组成一个方程组，可采用试算的方法来求解各段的风量，具体如下：令 $\Delta P'_4 = \text{Min}(\Delta P_1, \Delta P_2, \Delta P_3)$，代入式(5.1-1)中分别对 Q_1、Q_2、Q_3 进行计算，并以一定的步长(例如 $\Delta P_4'^{(n+1)} = \Delta P_4'^n + 0.01$) 递进，直到 $\Delta P'_4 = \text{Max}(\Delta P_1, \Delta P_2, \Delta P_3)$ 时停止。当 $Q_1 + Q_2 + Q_3 < q$ 时(q 为求解的控制精度，为一较小值，如 0.1)，认为此时得到的 Q_1、Q_2、Q_3 便为方程组的解。

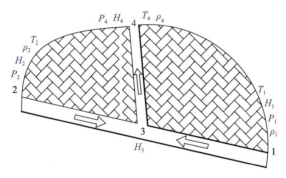

图 5.1-2 有斜（竖）井的隧道热位差示意

热位差循环计算方法：假设洞内气温为 T_0，两洞口及斜(竖)井口气温分别为 T_1、T_2、T_3，对应的空气密度分别为 ρ_0、ρ_1、ρ_2、ρ_3，各洞口及井底的高程分别为 H_1、H_2、H_3、H_4，如图 5.1-2 所示。对于在热位差单独作用，可将低洞口 1 处和高洞口 2 处与斜井口 4 处之间的热位差认为是各洞口相对于斜井口的超静压差，即 $\Delta P_1 = \Delta P_{热\text{I}}$、$\Delta P_2 = \Delta P_{热\text{II}}$，然后按超静压差作用下洞内自然风的计算方法分别计算热位差作用下各段的自然风风量(速)。

各段热位差计算公式：

$$\Delta P_{热\text{I}} = \rho_{\text{I}} g H_{1-4} - \rho_0 g H_{1-3} - \rho_0 g H_{3-4}$$

$$\Delta P_{热\text{II}} = \rho_{\text{II}} g H_{2-4} - \rho_0 g H_{2-3} - \rho_0 g H_{3-4} \tag{5.1-3}$$

式中：$\Delta P_{热\text{I}}$、$\Delta P_{热\text{II}}$——低洞口 1 处、高洞口 2 处与斜井口 4 处之间的热位差，规定热位差方向从隧道洞口到斜井口为正，反之为负；

H_{n-m}——两点相对高差,即 $H_m - H_n$;

ρ_I、ρ_II——低洞口 1 处、高洞口 2 处与斜井口 4 处之间外界的空气平均密度,按 $\rho_\mathrm{I} = \dfrac{\rho_1 + \rho_4}{2}$,$\rho_\mathrm{II} = \dfrac{\rho_2 + \rho_4}{2}$ 取值。

风墙压差计算方法:目前主要的斜(竖)井口形式为送风井口垂直于地面,排风井口平行于地面,对于长大隧道的斜(竖)井,通常处于与正洞洞口类似的地形环境下,因此与正洞相类似,对于风向与送风斜井洞口走向呈任意角度 α 的外界自然风,可只取与洞口垂直的速度分量进行计算,即吹向送风斜井口时产生"风墙式"压力,有:

$$\Delta P_{送} = 0.7 \times \frac{P_{送}}{2}(V_{\alpha送} \cdot \cos\alpha_{送})^2 \quad (5.1\text{-}4)$$

同理,吹向排风斜井洞口时,只取与洞口垂直的速度分量进行计算,产生"风墙式"压力,有:

$$\Delta P_{排} = 0.7 \times \frac{P_{排}}{2}(V_{\alpha排} \cdot \cos\alpha_{排})^2 \quad (5.1\text{-}5)$$

式中:$V_{\alpha送}$——送风斜(竖)井口外大气自然风速(m/s);

$V_{\alpha排}$——排风斜(竖)井口外大气自然风速(m/s);

$\alpha_{送}$——送风斜(竖)井口自然风风向与地面的夹角(°);

$\alpha_{排}$——排风斜(竖)井口自然风风向与地面的夹角(°)。

2)秦岭天台山隧道洞内外自然风分布及变化规律

洞外自然风大小分布规律:秦岭天台山隧道洞外地表自然风主要分布在 0~6m/s 范围内,其中 0~3.5m/s 出现的频率最高,见图 5.1-3;隧道南宝鸡端的自然风风速相差较小,风速主要集中在 0~2.5m/s 范围,风速变化较为稳定;斜井 2 处的风速主要集中在 0~0.5m/s 范围内,风速整体相对较小;隧道洞外自然风主要分布在 0~6m/s 范围内,但是在监测期内偶尔会出现风速大小超过 6.5m/s 的洞外自然风。

洞外自然风主导风向:秦岭天台山各洞口的风向差异明显,洞外自然风风向隧道在不断变化,但是均存在一个主导风向,1 号、2 号气象站主要风向为东南向,3 号、4 号气象站主要风向为西南向,见图 5.1-4 和图 5.1-5。

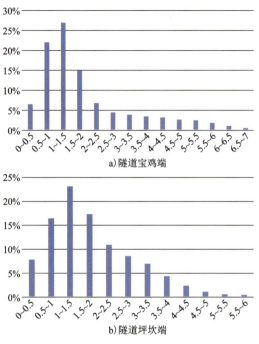

a) 隧道宝鸡端

b) 隧道坪坎端

图 5.1-3　秦岭天台山隧道 1~4 号气象站风速分布直方图

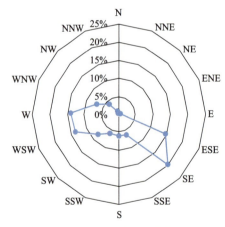

图 5.1-4　秦岭天台山隧道宝鸡端洞外
自然风风向玫瑰图

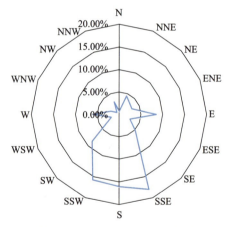

图 5.1-5　秦岭天台山隧道坪坎端洞外
自然风风向玫瑰图

秦岭天台山隧道洞外温度分布及变化规律：秦岭天台山隧道宝鸡端相对于坪坎端温度要偏低 5℃，隧道宝鸡端 -10~10℃ 范围内温度分布频率较高，隧道坪坎端 -5~25℃ 范围内温度分布频率较高；隧道两个斜井 0~15℃ 范围内温度分布频率较高，相差较小；秦岭天台山隧道各个洞口之间温度差异较不明显，同一时刻，各洞口之间温差在 5℃ 以内，且温度的变化规律相似，见图 5.1-6。

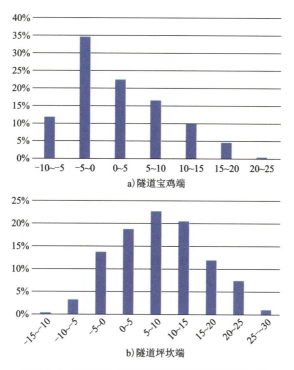

图 5.1-6 秦岭天台山隧道各洞口附近温度分布直方图

秦岭天台山隧道洞外气压分布及变化规律：各个洞口之间气压差异明显，隧道宝鸡端大气压整体高于隧道坪坎端，隧道宝鸡端气压主要集中在 855～870hPa，隧道坪坎端气压主要集中在 835～850hPa；竖井及斜井气压变化程度较小，竖井气压主要集中在 795～805hPa，两斜井气压变化较相似，气压主要集中在 825～840hPa；各个洞口之间压力大小不同，但是其变化规律相同，见图 5.1-7。

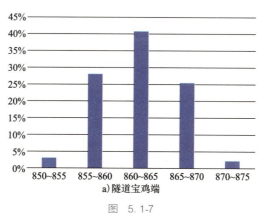

图 5.1-7

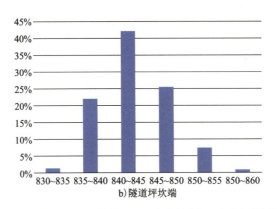

图5.1-7　秦岭天台山隧道1~5号气象站大气压力分布直方图

秦岭天台山隧道洞外湿度分布及变化规律：从天台山隧道洞外湿度分布图可以看出，各点位湿度基本处于50%以上，且相对来说，90%~100%分布频率较高；隧道宝鸡端相对于隧道坪坎端干燥，但是相对湿度大于50%的分布频率都为74%；隧道斜井90%~100%分布频率高达29%，湿度大于其他洞口；秦岭天台山隧道各个洞口之间湿度差异不明显，四个洞口之间的湿度值大致相同，其变化规律也没有明显的相似性，见图5.1-8。

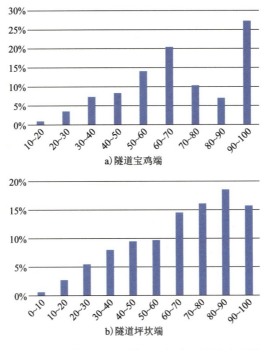

图5.1-8　秦岭天台山隧道各洞口相对湿度分布直方图

秦岭天台山隧道各通风区段划分如表 5.1-1 所示。

秦岭天台山隧道左、右线各区段对应位置　　　　　表 5.1-1

线路	区段	内容	通风长度(m)
隧道左线	第一区段	左线出口至 1 号斜井处	3727
	第二区段	1 号斜井交叉处至 2 号竖井	3107
	第三区段	2 号竖井至 3 号斜井处	4600
	第四区段	3 号斜井至左线进口处	3996
隧道右线	第一区段	右线进口至 1 号斜井处	3702
	第二区段	1 号斜井交叉处至 2 号竖井	3107
	第三区段	2 号竖井至 3 号斜井处	4600
	第四区段	3 号斜井至右线出口处	4116

秦岭天台山隧道左线自然风风速分布规律：秦岭天台山隧道左线各区段洞内自然风风速主要分布在 0~5m/s 范围内，分布概率均超过 90%。其中风速大小出现在 1~4m/s 区域内的频率较高，洞内偶尔会出现超过 5m/s 的自然风，隧道第一区段出现的最大风速为 6.3m/s，第二区段出现的最大速度为 5.9m/s，第三区段出现的最大风速为 6.8m/s，第四区段出现的最大风速为 7.2m/s，见图 5.1-9。

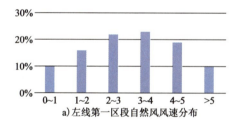 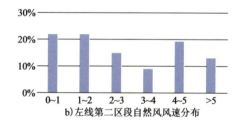

a) 左线第一区段自然风风速分布　　　b) 左线第二区段自然风风速分布

图 5.1-9　秦岭天台山隧道左线各区段自然风风速分布图

秦岭天台山隧道右线自然风风速分布规律：秦岭天台山隧道右线各区段洞内自然风风速也主要分布在 0~5m/s 范围内，分布概率均超过 85%。其中风速大小出现在 1~4m/s 区域内的频率较高，洞内偶尔会出现超过 5m/s 的自然风，隧道第一区段出现的最大风速为 5.8m/s，第二区段出现的最大速度为 6.2m/s，第三区段出现的最大风速为 6.9m/s，第四区段出现的最大风速为 8.1m/s，见图 5.1-10。

通过对秦岭天台山隧道左、右线各区段风向分析的统计分析发现，隧道内自然风风向虽然会发生不规律的变化，但是在一定时间内隧道内各区段自然风风向存在一个主导风向。隧道左、右线洞内自然风的主风向均为由北向南。隧道左线各区段的风向概率分布为：第一区段 67.8%，第二区段 58.6%，第三区段 61.3%，第四区段 53.8%。如图 5.1-11 所示。隧道右线各区段的风向概率分布为：第一区段 57.6%，第二区段 59.8%，第三区段 61.7%，第四区段 53.1%。如图 5.1-12 所示。

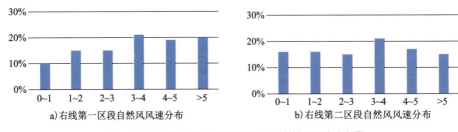

图 5.1-10　秦岭天台山隧道右线各区段自然风风速分布图

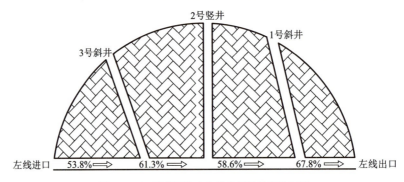

图 5.1-11　秦岭天台山左线自然风风向分布图

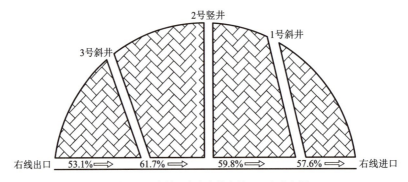

图 5.1-12　秦岭天台山右线自然风风向分布图

秦岭天台山隧道洞内自然风风速和风向分析结果表明：隧道内各区段风向会随时发生变化。隧道洞内自然风主方向和机械通风方向一致，有利于利用自然风进行通风节能。当隧道内自然风方向和机械通风方向一致时，可减少开启洞内风机的数量，利用自然风进行通风节能，当洞内自然风风速和机械通风相反时，需开启全部风机进行通风。

3）秦岭天台山隧道自然风利用策略

秦岭天台山隧道各区段风机控制方法：对于特长公路隧道，利用自然风进行通风节能关键在于两点。一是通过气象调查资料计算确定隧道内自然风设计风速大小。二是确定洞内自然风的方向，当洞内自然风方向和机械通风方向相同时，将自然风作为动力考虑，可部分或完全利用自然风进行通风。当洞内自然风方向和机械通风方向相反时将自然风作为阻力考虑。基于以上两点，确定秦岭天台山隧道自然风利用策略为：①当隧道内自然风风速大于隧道设计风速且方向与机械通风一致时，可不开启风机完全利用自然风进行通风；②当隧道内自然风方向与机械通风方向相同，但是风速小于设计风速时，部分利用自然风，结合隧道风机进行通风；③当隧道内自然风方向与机械通风方向相反时，则将自然作为阻力考虑。秦岭天台山隧道自然风利用策略如表5.1-2所示。

秦岭天台山隧道自然风利用策略　　　表5.1-2

策略	自然风方向	自然风风速 V_n（m/s）	射流风机开启情况
策略A	与机械通风方向相同（动力）	$V_n > V_0$	不开启风机
策略B	与机械通风方向相同（动力）	$0 < V_n < V_0$	开启部分风机
策略C	与机械通风方向相反（阻力）	$V_n < 0$	开启全部风机

5.1.2　依托工程实施情况与效果

在隧道两个主洞洞口、两个斜井洞口共建立5个气象条件测量站，对隧道洞口附近风速、风向、温度、湿度、气压共五项气象参数进行实时监测，见图5.1-13。

图5.1-13　洞口气象站

秦岭天台山隧道节能风道设置：在秦岭天台山隧道设置辅助节能通风道，自然风可通过辅助风道进入隧道。其中辅助风道口设有风门，对自然风风速可调。自然风节能风道采用铝合金百叶窗进行封闭，隔断门控制箱安装于风机房内，隔断门可通过控制箱就地手动开闭，同时可通过监控系统进行远程监控，见图 5.1-14。

a) 地下风机房控制柜　　　　　　　　b) 节能风道

图 5.1-14　风机房风机布置

5.1.3　经济社会环境效益分析

秦岭隧道位于宝鸡南互通至岩湾互通之间，根据《陕西省定汉线宝鸡至坪坎高速公路工程可行性研究报告》，通风设计交通量及车型比例如表 5.1-3 和表 5.1-4 所示。

工可修正后年平均日交通量（pcu/d）　　　　　　　表 5.1-3

年份（年）	2022	2025	2030	2035	2041
宝鸡南互通至岩湾互通	22444	27968	36789	46077	57291

修正后车型比例和交通组成　　　　　　　表 5.1-4

年份（年）	小客	大客	小货	中货	大货	拖挂
2022	27.81%	6.96%	6.43%	17.10%	14.69%	27.01%
2025	27.88%	6.99%	6.24%	16.76%	14.82%	27.31%
2030	28.07%	7.07%	5.84%	15.97%	15.12%	27.93%
2035	28.28%	7.16%	5.48%	15.22%	15.42%	28.44%
2041	28.56%	7.29%	5.03%	14.22%	15.86%	29.05%

隧道内需风量根据《公路隧道通风设计细则》（JTG/T D70/2-02—2014）的相应公式进行计算，行车速度分别按正常运营以及交通阻塞时的工况计算，得到隧道稀释 CO、烟雾、异味及火灾工况所需风量。以最大需风量作为控制需风量，用控制需风量除以通风断面面积可以得到秦岭天台山隧道左、右线设计风速表，如表 5.1-5 所示。

隧道控制需风量（m³/s）和风速（m/s）　　　　表 5.1-5

类别	需风量（m³/s）		风速（m/s）	
	左线	右线	左线	右线
近期（2022年）	1270.92	1278.74	12.86	12.94
近期（2025年）	1270.92	1335.94	12.86	13.52
近期（2030年）	1270.92	1591.08	12.86	16.10
远期（2035年）	1270.92	1995.48	12.86	20.19
远期（2041年）	1270.92	2485.31	12.86	25.14

秦岭天台山隧道不同时段根据不同的自然风的方向和大小采取相应的策略。当一个时段内风速风向变化频繁，而无法确定固定的模式时，按照最不利工况进行控制。部分利用自然风时，秦岭天台山隧道左、右线需开启的风机数目及功率计算结果分别如表 5.1-6 和表 5.1-7 所示（按设计速度 80km/h 计算）。

秦岭天台山隧道左线部分利用自然风时风机开启功率计算　　　　表 5.1-6

年限（年）	射流风机台数				轴流风机	风机总功率（kW）	节能指标
	第一区段	第二区段	第三区段	第四区段			
2025	2	2	4	0	7排/8送	3371	9%
2030	0	2	4	2	8排/8送	3580	12%
2035	2	2	6	2	8排/8送	3700	10%
2041	8	6	10	4	8排/8送	4180	9%

秦岭天台山隧道右线部分利用自然风时风机开启功率计算　　　　表 5.1-7

年限（年）	射流风机台数				轴流风机	风机总功率（kW）	节能指标
	第一区段	第二区段	第三区段	第四区段			
2025	0	0	2	0	5排/6送	2356	10%
2030	0	0	0	4	7排/7送	3042	11%
2035	0	2	4	0	9排/10送	4146	11%
2041	6	4	10	6	11排/11送	5372	10%

经测算，秦岭天台山隧道利用自然风辅助通风，年平均节能可达到9%~12%。

5.2　公路隧道太阳光辅助照明技术

5.2.1　技术特点、原理和适用性

太阳光光纤照明系统是一种通过太阳自动精密跟踪、高科技透镜集光、光

纤导光以及安全照具等将纯粹的阳光实时传送到任意缺少阳光的生活空间的高科技主动式采光产品。这种技术是一种近两年发展的新技术，具有不消耗传统能源、节能效果好、绿色环保、与洞外亮度变化实时一致的效果。

"太阳光光纤照明系统"同时使用"光纤导入技术"，"光纤导入技术"和传统的照明节能技术相结合，通过一系列具有创新性的节能技术，将洞外太阳光通过光纤导入技术引至隧道照明，可以实现一种高效的太阳光直接照明隧道技术，大幅降低隧道（特别是入口段）的加强照明能耗，降低运营成本，为隧道照明节能减排提供一种全新的新能源利用方案。

"太阳光光纤照明系统"同时使用"自动跟踪太阳光技术"，使用灵敏的光敏技术和伺服跟踪系统，像一扇跟着太阳旋转的窗户，可以安装在洞口、洞顶、地面、洞壁等能一年四季均照得到太阳光的地方，采集阳光然后通过光缆把阳光源源不断地输送到常年不见阳光需要照明隧道等空间。从太阳升起到落下，隧道出入口都有阳光的直射，缓解驾驶员的视觉问题。

太阳光光纤照明系统主要由采光系统、导光系统以及投光系统三个部分组成，见图5.2-1。

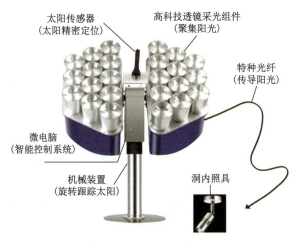

图5.2-1 系统组成示意图

采光系统（洞外）：超高精度主动跟踪太阳采集阳光，精度达到0.01°；采光系统包括传感器、微电脑、驱动器、微电机、传动系统、透镜组阵列等。通过传感器感知太阳方位，微电脑发出指令驱动透镜组精准跟踪太阳，将阳光汇聚一万多倍，耦合进入光纤中，系统每天自动唤醒、跟踪、复位，不需人为干预，见图5.2-2。

图 5.2-2　采光系统示意图

导光系统（导光）：特种超低损耗光纤集束成光缆，将阳光任意转向传到洞内需要阳光的空间；导光系统包括耦合系统、导光光缆等。光纤是光导纤维的简写，是一种利用光在玻璃或塑料制成的纤维中的全反射原理而达成的光传导工具。每一枚透镜对接一根光纤，将自然的阳光汇聚从光纤一端注入，从另一端导出，见图 5.2-3。

投光系统（洞内）：美观、安全的洞内阳光投射装置。投光系统包括光缆洞内固定或转向机构、投射照具等，以起到安全和美观的作用，见图 5.2-4。

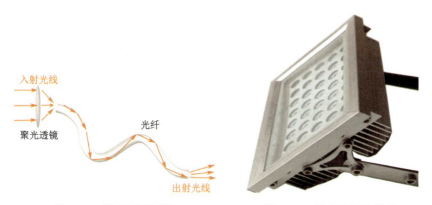

图 5.2-3　导光系统示意图　　　　图 5.2-4　洞内阳光投射装置

系统功能与特点：突破隧道、朝向、结构、遮阴等限制，光缆可以转弯传输柔性布线，自然阳光随处可达；自动跟踪的主动式采光系统，就像一个跟着太阳转的窗户，比传统被动式采光方式大幅延长光照时间；阳光实时传输，可以随时开关控制，使用方便、更随心；光纤导入的是纯正的阳光，不发生能量形态转换，光电分离，安全更可靠；节能环保，更低碳，符合世界生态建筑科技发展趋势和国家产业导向。

5.2.2 依托工程实施情况与效果

洞口太阳光辅助照明技术应用依托工程为核桃坝隧道，结合核桃坝隧道照明节能需求，提出核桃坝隧道太阳光光纤照明技术。在体现隧道照明节能经济性的同时，提高宝鸡至坪坎高速公路绿色节能的技术水平，打造绿色公路节能减排示范工程，见图 5.2-5。

图 5.2-5　核桃坝隧道洞口

太阳光光纤照明技术实施方案如下：

洞外主机安装：洞外主机安装在隧道洞口两侧护墙顶端，每侧安装两个，分别为 48 目和 36 目主机。为确保设备安装牢固，需在护墙顶端制作基础，同时，根据采光需要，设备安装间距需大于 1.5m。

灯管光纤安装铺设：将隧道内左右两侧照明桥架延伸 5m 至隧道口，规格尺寸及安装方式参照原桥架工艺执行，确保隧道内整体美观。

出隧道处采用 PVC 管沿洞壁弯转至基础底部。PVC 管一端伸入桥架内，另一端固定到基础底部，中间使用卡箍固定。在保持整体效果美观的同时，也增加了管道的安全性，确保在使用中管道不会掉落。

灯具安装：灯具从距隧道口 4m 处开始安装，高度与原照明灯具保持一致。

5.2.3 经济社会环境效益分析

以太阳光跟踪汇聚装置和光纤传输为主体，将太阳光照引入洞口段，增加自然光照亮度，实现洞口照明亮度的顺适过渡，缓解黑洞效应，具有节能和保证行车安全的特点。

第6章 生态敏感区保护与生态修复技术推广应用

开展超长隧道群地下水利用与水资源保护技术、取弃土场优化设计技术、高陡边(仰)坡生态修复技术、路域生态修复技术体系研究与应用，促进工程与生态环境的自然相融。

6.1 超长隧道群地下水利用与水资源保护技术

6.1.1 技术特点、原理和适用性

建立源头治理、中端截留、末端减污的水资源保护技术体系，通过隧道施工涌水净化、生态柔性边坡、拦沙减淤系统等技术应用，实现径流过程能量消减、泥沙沉淀、生物净化、雨水蓄积、污染物达标排放。

1) 注浆堵水关键技术

根据隧道已有的水文地质资料，采用地下水动力学法、降水入渗法以及径流模数法进行隧道涌水量预测，并给出了考虑生态保持的隧道地下水限排标准计算方法。采用环保注浆材料对超前管棚、径向锚杆、锁脚锚管及同步施工的径向小导管进行注浆作业，将水堵截在初支以外，以防渗漏。喷射混凝土背后加设盲管及其他透水材料，以配合泄水、排水。同时，通过加强监控量测，并建立健全安全预警机制，形成了生态堵水、限量排放的隧道注浆堵水技术。

2) 隧道工程地下水净化利用系统

针对隧道出水，施工期在隧道洞口设置沉淀池作为基本处理手段，增加隔油气浮处理设施，将悬浮物质和石油类混凝沉淀，上清液再利用(如用于施工场地的洒水降尘)；也可临时存放在沉淀池中，作为植被恢复绿化用水，隧道废水处理系统后增设蓄水池，废水经处理后进入蓄水池，作为植被恢复绿化用水或洒水降尘用水，确保出水不排入河流。

3) 桥面径流收集系统

桥面径流进行封闭收集设计，并应在路基两侧设置收集池，路面排水经两侧排水沟汇集后引入收集池中，起到沉淀作用。桥面不设竖向排水管，桥面径流经纵向排水管收集后进入桥头收集池。这些收集系统可以预防初期雨水污染。同时应对桥梁防撞护栏进行强化加固设计，并设置防侧翻设施，如图6.1-1所示。

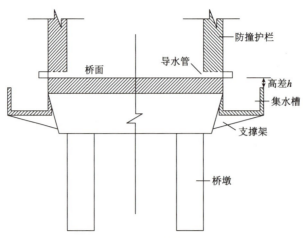

图 6.1-1　桥面纵向排水系统剖面示意图

4）生态柔性护坡

生态护坡，是综合工程力学、土壤学、生态学和植物学等学科的基本知识对斜坡或边坡进行支护，形成由植物或工程和植物构成的综合护坡系统的护坡技术。开挖边坡形成之后，经过栽种植物，利用植物与岩、土体的互相作用（根系锚固作用）对边坡表层进行防护、加固，使之既能满足对边坡表层稳固的要求，又能恢复被损坏的自然生态环境，是一种有效的护坡、固坡手段。

生态护坡的功能：植被有深根锚固、浅根加筋的作用；防备水土流失：能降低坡体孔隙水压力、截留降雨、削弱溅蚀、控制土粒流失；改良环境功能：植被能恢复被损坏的生态环境，促使有机污染物的降解，净化空气。

常用的生态护坡形式有植物型护坡、土工材料复合栽种基护坡、生态石笼护坡、植被型生态混凝土护坡、生态袋护坡、多孔构造护坡、自嵌式挡土墙护坡等。

（1）植物型护坡

经过在岸坡栽种植被，利用植物发达根系的力学效应（深根锚固和浅根加筋）和水文效应（降低孔压、削弱溅蚀和控制径流）进行护坡固土、防止水土流失，在满足生态环境的需要的同时进行景观造景，见图 6.1-2。

①优点：主要应用于水流缓和的中小河流和湖泊港湾处。固土植物一般应具备耐酸碱性、耐高温干旱特性，同时应拥有根系发达、生长快、绿期长、成活率高、造价低、管理粗放、抗病虫害的特色。

②缺点：抗冲洗能力较弱。

图 6.1-2　植物型护坡效果图

（2）土工材料复合栽种基护坡

此类护坡分为三种。土工网垫固土栽种基护坡，主要由网垫、栽种土和草籽三部分构成，见图 6.1-3。

 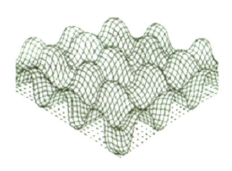

图 6.1-3　土工网垫固土栽种基护坡

①优点：固土成效好；抗冲洗能力强；经济环保。

②缺点：抗暴雨冲洗能力仍较弱，且取决于植物的生长状况；在水位线邻近及以下不适用采用该技术。

（3）土工单元固土栽种基护坡

土工单元栽种基，是利用聚丙烯等片状材料经热熔黏连成蜂窝状的网片，在蜂窝状单元中填土植草，起到固土护坡作用，见图 6.1-4。

①优点：材料轻、耐磨损、抗老化、韧性好、抗冲击力强、运输方便；施工方法简便，并可多次利用。

②缺点：适用的河流坡度不可太陡，水流不可太急，水位改动不宜过大。

图 6.1-4　土工单元固土栽种基护坡

(4) 土工格栅固土栽种基护坡

格栅是由聚丙烯、聚氯乙烯等高分子聚合物经热塑或模压而成的二维网格状或拥有一定高度的三维立体网格屏栅，在土木工程中被称为土工格栅。土工格栅分为塑料土工格栅、钢塑土工格栅、玻璃土工格栅和玻纤聚酯土工格栅 4 大类，见图 6.1-5。

 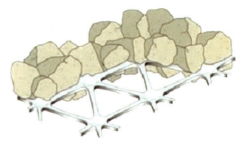

图 6.1-5　土工格栅固土栽种基护坡

①优点：拥有较强抗冲洗能力，能有效防止河岸垮塌；造价较低，运输方便，施工简单，工期短；耐老化，抗高低温。

②缺点：当土工格栅裸露时，经太阳暴晒会缩短其使用寿命；部分聚丙烯材料的土工格栅遇火能焚烧。

(5) 植被型生态混凝土护坡

生态混凝土是一种性能介于一般混凝土和耕植土之间的新式材料，由多孔混凝土、保水材料、缓释肥料和表层土构成，见图 6.1-6。

①优点：可为植物生长供给基质；抗冲洗性能好；护坡孔隙率高，为动物及微生物供给生殖场所；材料的高透气性在很大程度上保证了被保护土与空气间的湿热互换能力。

②缺点：降碱办理问题；强度及持久性有待考证；可再播种性需进一步考

证；护岸造价偏高。

(6) 生态袋护坡

生态袋是采用专用机械设施，依照特定的生产工艺，把肥料、草种和保水剂按一定密度定植在可自然降解的无纺布或其余材料上，并经机器的滚压和针刺等工序而形成的产品，见图6.1-7。

图6.1-6　植被型生态混凝土护坡

图6.1-7　生态袋护坡

①优点：稳固性较强；拥有透水不透土的过滤功能；利于生态系统的迅速恢复；施工简单快捷。

②缺点：易老化，生态袋内植物种子重生问题。生态袋孔隙过大，则袋中物易在水流冲洗下被带出袋体，造成沉降，影响岸坡稳固。

(7) 多孔构造护坡

多孔构造护坡是利用多孔砖进行植草的一类护坡，常用的多孔砖有八字砖、六棱护坡网格砖等。这种拥有连续贯穿的多孔构造，为动植物供给了优秀的生计空间和栖息场所，可在水陆之间进行能量互换，是一种拥有"呼吸功能"的护岸。同时，异株植物根系的盘根交叉与坡体有机融为一体，形成了对基础坡体的锚固作用，也起到了透气、透水、保土、固坡的成效，见图6.1-8。

①优点：形式多样，能够依据不同的需求选择不同外形的多孔砖；多孔砖的孔隙既能够用来种草，水下部分还能够作为鱼虾的栖息地；拥有较强的水循环能力和抗冲洗能力。

②缺点：河堤坡度不可以过大，否则多孔砖易滑落至河中；河堤一定牢固，土需压实、压紧，否则经河水不停冲洗易形成凹陷地带；成本较高，施工工作量较大；不适合砂质土层，不适合河岸过于曲折的河流。

(8) 自嵌式挡土墙护坡

自嵌式挡土墙的中心为自嵌块。这种护坡形式为重力构造，主要依赖自嵌块块体的自重来抵挡动静荷载，使岸坡牢固；同时，该种挡土墙无须砂浆砌筑，主要依赖带有后缘的自嵌块的锁定功能和自重来防备滑动颠覆；此外，在墙体较高、地基土质较差或有活载的状况下，可经过增添玻璃纤维土工格栅的方法来提升整个墙体的稳固性。该类护岸孔隙间能够人工栽种一些植物，增添其美感，见图6.1-9。

图6.1-8 多孔构造护坡

图6.1-9 自嵌式挡土墙护坡

①优点：防洪能力强；孔隙为鱼虾等动物供给优秀的栖息地；节省材料；造型多变，主要为曲面型、直面型、景观型和植生型，满足不一样河岸形态的需求；对地基要求低；抗震性能好；施工简易，施工无噪声，后期拆除方便。

②缺点：墙体后的泥土易被水流带走，造成墙后中空，影响构造的稳固，在水流过急时易致使墙体垮塌；该类护岸主要适用于平直河流，弯度太大的河流不适用于此护岸；弯道需要石材量大，且易造成凸角，此处承受的水流冲击较大，使用这种护岸有一定的风险。

5）拦沙减淤系统

拦沙减淤系统包括水力消减系统和沉沙系统。

消力池是设在泄水建筑物下游产生底流式水跃的消能设施，见图6.1-10。消力池能使下泄急流迅速变为缓流，一般可将下泄水流的动能消除40%～70%，并可缩短护坦长度，是一种有效而经济的消能设施。因其主流位于渠槽底部，故又称底流消能。水跃消能主要靠水跃产生的表面旋滚及旋滚与底流间的强烈紊动、剪切和掺混作用。它具有流态稳定、消能效果较好、对地质条件和尾水变幅适应性强、尾水波动小、维修费用省等优点。但护坦较长，土石方开挖量和混凝土方量较大，工程造价较高。上游水位到跃首断面的落差大，故该处流速高，当弗劳德数F_r低时，消散的动能少，即余能多，而余能主要就是跃后水深表达的位能。水跃消能应用很广，适于高、中、低水头，大、中、小流量各类泄水建筑物。

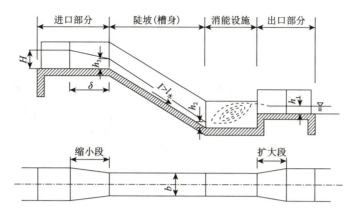

图 6.1-10　消力池布设图

H-起始计算断面渠底以上总水头（m）；h_1-下游水深（m）；h_2-收缩水深（m）；h_3-临界水深（m）；$l_{水}$-水流临界坡度；l-泄槽坡度；b-泄槽宽度（m）；δ-宽顶堰宽度（m）。

消力池的形式通常有下降式、消力槛式和综合式三种。下降式，降低护坦高程形成的消力池，用以加大尾水深度，促使下泄急流在池中产生底流式水跃；消力槛式，在护坦上（一般在末端）设置消力槛而形成的消力池，多用于水跃淹没度略感不足或开挖消力池有困难的情况；综合式，通过降低护坦高度，设置消力槛而形成消力池，多用于尾水深度与第二共轭水深相差较大的情况。

沉沙池是指用以沉淀水流中大于规定粒径泥沙的水池。沉沙池应沉淀泥沙的粒径，主要取决于引水用途。沉沙池出口允许含沙量不宜大于 $10kg/m^3$。具体允许泥沙粒径大小应根据当地实际情况确定。沉沙池形式可结合冲沙方式，采用定期水力冲沙或人工清淤的条带形沉沙池。有天然洼地可以利用时，也可采用沉沙条渠。

沉沙池的进口段宜采用两侧均匀扩散的对称布置；受条件限制时，也可采用单侧扩散布置，但需设置与池厢潜没隔墙相对应的导流墩（墙）。进口段长度可取 15~30m。沉沙池的出口段宜采用两侧均匀收缩的对称布置；出口段可取 10~20m，水流收缩角宜为 10°~20°。必要时，出口处可设置跌梁式活动底坎。池底纵坡应根据冲沙流速及具体冲沙条件等进行计算，可取 1/200~1/50。采用定期冲沙的冲沙流速不宜小于 2m/s。池厢横断面宜取矩形或梯形。池厢分段应设伸缩沉降缝，缝距为 10~20m，缝内设置止水设施。

6.1.2 依托工程实施情况与效果

在宝坪高速公路全线应用水资源保护技术。集成应用施工生活污水、隧道施工涌水净化系统,生态柔性边坡、拦沙减淤系统,实现水资源的回收利用和生态保护,见图6.1-11。

图6.1-11 路面径流收集系统

6.1.3 经济社会环境效益评价

提出了源头治理、中端截留、末端减污的水资源保护技术;建立了集成施工生活污水、隧道施工涌水净化系统,生态柔性边坡、拦沙减淤系统的水资源保护技术体系,通过能量消减、泥沙沉积、生物净化、雨水蓄积实现水资源的保护和生态净化。

6.2 取弃土场优化设计技术

6.2.1 技术特点、原理和适用性

渣土场香根草生态修复技术体系主要内容包括坡面平整、香根草育苗、种

植和管理等。通过香根草修复可以有效防止渣土场水土流失，改良土质，美化环境，见图6.2-1。

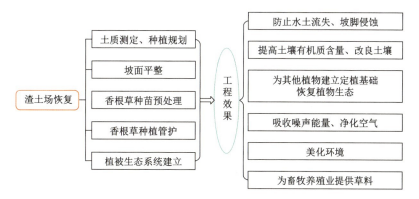

图6.2-1 渣土场香根草生态修复技术体系

1）香根草体系特性

生物量大：亩干草10～15t/a，干草4～6t/a，根系产量为1.5～2.5t/a（有效回收30～80kg）。

根系发达：根系长势迅猛、粗壮，抗剪切力强，下扎深度大，一年内一般可深入地下1m以上，但依土壤不同而异。由于其具有强大而深扎的根系、浓密长大的叶子，可以拦截雨水，减少地表径流，提高土壤含水率。当土壤水分接近饱和时，可以通过蒸腾作用减少土壤的水分达41.6%（即土壤抽吸现象），从而有助于增强土壤的稳定性。

生长迅速：该植物种植当年就能收割，管护15天左右即可返青生长，每年雨季前4个月种植，当年就可拦截地表径流和水土流失40%以上，生长一年以上的香根草体系绿篱可拦截减少径流量70%以上，土壤侵蚀量减少90%以上。

耐污降污能力：对水土流失中的氮磷等有较强的吸收作用。

抗病虫害能力：香根草体系内含的挥发性香油可驱赶鼠类及其他有害病虫。

生物安全性：经过生物技术改良和培育后，该植物不通过种子繁殖，仅在其根系分蘖中的20～30cm范围扩展，不会蔓延失控，不产生生物毒素，生物安全性较好。

2）香根草生态修复技术

香根草具有根系发达、下扎快速、抗旱耐瘠、耐污染、抗病虫害、定植简便、管理简单、成活迅速、保持水土等功能，可用于重建被扰动土壤生态系统。定植成活或在其过程中可人工引入乔灌草，利用植物的生态位、时空差异配置物种，形成植物结构合理、功能齐全、种群稳定的生物多样性群落结构。其致密深扎的根系，是柔性护坡和渣土场恢复的最佳植物。公路边坡、渣土场香根草修复体系见图6.2-2。

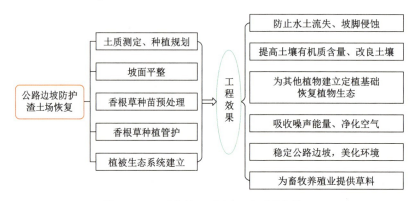

图6.2-2 公路边坡、渣土场香根草修复体系

(1)香根草生态修复技术的工程适应性

①辅助工程措施少。采用香根草生态技术施工时，只需适当整理或不需整理坡面，原位或按等高线种植即可；特殊情况时，需修筑高平台、天沟、排水沟等。采用香根草建成的绿篱坡体，可代替打铆钉、方格和部分挡墙。

②原位施工简便。香根草生态技术对原土扰动小，植株裸根苗即可定植成活。对土壤要求低，客土量小（一般无须客土，砾石含量超过80%时需少量客土），节约成本。100亩（1亩=666.6m²）以内施工周期约15天，我国南方地区每年3—10月均可施工。

③管护粗放易行。香根草定植后60天内为重点管护期，需及时浇水，定植生根后，较其他绿化措施更易管护，3个月内进行补苗、除杂草、施肥，之后自然演替为本土顶级植物群落。

④适应性好。工程经验表明，香根草适应性极好，项目对照区内至今无植被恢复，而项目区随着香根草固土保水功能的显现，为其他本土植物的回归创造了条件，生物多样性明显得到了提高。

(2)施工工艺

全年灌溉10~15次，定苗1次、植苗后3~4天灌溉一次，灌溉1~2月。

6.2.2 依托工程实施情况与效果

在宝坪高速公路岩湾弃土场和黄家山弃土场应用香根草体系生态修复技术，增加了固土防冲能力，为其他生物提供了稳定的生态环境平台，水土保持效果优异，从根本上提高了土地及水资源利用率，从而稳定公路病害边坡、防止弃土场和弃渣场水土流失，能够实现安全、高效、廉价治理水土流失。岩湾弃土场修复前后对比见图 6.2-3 和图 6.2-4。

图 6.2-3　岩湾弃土场（修复前）　　图 6.2-4　岩湾弃土场（修复后）

LJ-16 标段岩湾弃土场：岩湾弃土场占地面积 75.6 亩（1 亩 = 666.6m²），占土地类型主要为灌木林地，平均弃渣深度 12.9m，设计弃渣量 65 万 m³。挡土墙为 C20 片石混凝土挡墙，高度 5m。

岩湾弃土场设在 K177+700 左侧 0.4km 宝鸡市凤县河口镇岩湾村东侧荒沟内，位于秦岭低中山区微地貌，地形起伏较大，V 形谷发育，相对高差一般在 400m 以上，边坡陡立，该荒沟为季节性水沟，河流侵蚀作用强烈，降雨多且较为集中；秦岭北坡短而陡，南坡长但较缓，主河流及次级山脊主要呈近南北向，河谷区坡地较缓，呈阶梯状，谷坡上发育高阶地，谷底宽阔平坦，发育一级阶地，冲积物为漂卵石和砂砾土，厚度不超过 15m。

LJ-2 标段黄家山弃土场：黄家山弃土场占土地类型主要为草地，弃渣总量为 167.11 万 m³，弃渣场汇水面积为 18hm²，挡土墙为 M10 浆砌石拦渣坝，拦渣坝长 52m、高 7.0m，其中基础部分深 1.0m，底部宽 6.0m。黄家山弃土场修复前后对比见图 6.2-5 和图 6.2-6。

黄家山弃渣场设在宝鸡市高新区黄家山村内，位于秦岭山地区河谷微地貌，地形起伏不大，边坡较缓，该荒沟为季节性水沟，河流侵蚀作用强烈，降雨多又较为集中；秦岭北坡短而陡，南坡长但较缓，主河流及次级山脊主要呈近南北向,河谷区坡地较缓,呈阶梯状,谷坡上发育高阶地,谷底宽阔平坦,发育一级阶地,冲积物为漂卵石和砂砾土,厚度不超过15m。

图6.2-5　黄家山弃土场(修复前)　　　　图6.2-6　黄家山弃土场(修复后)

在黄家山弃土场应用香根草生态修复,地表部分:植物成活率达到90%以上,2个月后株高可达50~80cm,3个月可达1m以上。单株分蘖10~20倍;根系长度(以一个生长周期计)达到1~3m。通过香根草体系茎叶对雨水的截留减速,减少地表径流90%以上。

6.2.3　经济社会环境效益评价

香根草生态修复改变了土壤有机质成分及植物覆盖因子,使水土流失量从裸坡每平方米的年土壤流失62.18kg降到0.021kg(控制率达99.96%),基本防止了水土流失。香根草、无生物绿篱防治水土对比见表6.2-1。

香根草、无生物绿篱防治水土对比　　　　表6.2-1

主要参数	侵蚀模数A (kg/m²·a) 即水土流量	年平均降雨侵蚀因子	土壤可侵蚀因子	地形因子	地面植物覆盖因子	水土保持措施因子
裸坡	62.18	284.7	0.12	1.82	1.0	1.0
香根草生物修复	0.021	284.7	0.08	1.82	0.001	0.5

6.3　高陡边(仰)坡生态修复技术

6.3.1　技术特点、原理和适用性

高陡边(仰)坡生物防护分类:边坡防护按照植被类型可分为乔灌草型、藤

木型、草坪型+栅格、草坪型、灌草型等形式，见图6.3-1。

a) 乔灌草型边坡防护

b) 藤木型边坡防护

c) 草坪型+格栅边坡防护

d) 草坪型边坡防护

e) 灌草型边坡防护

f) 工程措施与生物防护结合

图6.3-1 高陡边生物坡防护分类

宝坪高速公路边坡类型划分及施工工法：针对宝坪高速公路土石混合边坡（路堑）、土质边坡（路堑）、土质边坡（路堤）等不同工段，确定了液压喷播、客土喷播、植生袋等生态边坡修复施工工艺流程，提出了相应的施工工法，见图6.3-2~图6.3-5和表6.3-1。

高陡边坡施工工法 表6.3-1

边坡类型	坡率	厚度(cm)	推荐工法	喷射方式
石质坡（路堑）	≥1:0.5	9	厚层基材(TBS)喷草(灌)	干喷法
	1:0.5~1:1.0	8	TBS喷草(灌)	湿喷法
		7	CS混合纤维喷灌	湿喷法
	≥1:1	30	工程防护结合码砌植生袋(绿网袋)	—
	<1:1.0	30	打穴植灌(草)	应用较少
土石混合边坡（路堑）	≥1:0.5	7	TBS喷草(灌)	干喷法
	1:0.5~1:1.0	6	TBS喷草(灌)	湿喷法
	1:1.0~1:1.5	4	客土喷草(灌)	湿喷法
	≥1:1.0	30	工程防护结合码砌植生袋(绿网袋)	应用较少
	<1:1.0	30	打穴植灌(草)	应用较少
	<1:1.0	30	椰纤维网(CF网)喷灌(草)	湿喷法

续上表

边坡类型	坡率	厚度(cm)	推荐工法	喷射方式
土质边坡（路堑）	1:0.5~1:0.75	5	TBS喷草(灌)	湿喷法
	1:0.75~1:1.0	2~3	客土喷草(灌)	湿喷法
	<1:1.0	30	打穴植草(灌)	应用较多
	<1:1.0	30	CF网喷灌(草)	湿喷法
	≥1:1	30	工程防护结合码砌植生袋(绿网袋)	网袋填土后栽植灌草
土质边坡（路堤）	1:1~1:2	5	液压喷草(灌)	湿喷法
	<1:1.0	30	混播草籽	应用较多
	<1:1.0	30	栽植灌木	应用较多
	<1:1.0	30	栽灌播草	应用较多

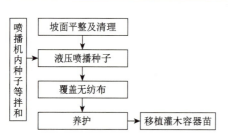

图6.3-2　液压喷草/液压喷草植灌工艺流程

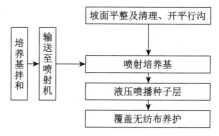

图6.3-3　客土喷草/客土喷草植灌工艺流程

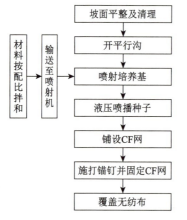

图6.3-4　纤维植物（CF）网喷灌工艺流程

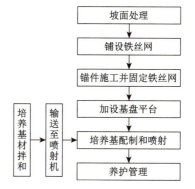

图6.3-5　高次团粒（CS）混合纤维喷灌工艺

6.3.2　依托工程实施情况与效果

结合宝坪高速公路实际情况，综合考虑施工技术、绿化效果以及边坡防护植被类型，提出宝坪高速公路边坡防护工程施工工艺，实施了植草(灌)防护、植生袋护坡、三维土工网垫植草、框格网护坡、液压喷播、植被生态混凝土护坡等多种边坡生态防护，植被恢复效果明显，有效减少了水土流失，提高了沿线景观可视性，见图 6.3-6。

图 6.3-6　高陡边坡生态修复技术实际应用效果

6.3.3　经济社会环境效益评价

根据宝坪高速公路边坡类型划分为石质坡、土石混合边坡、土质边坡，确定了液压喷播、客土喷播、植生袋等生态边坡修复施工工艺流程、材料等，在挖方路基、连接线护坡、渣土场边坡等高陡边坡进行应用，维护了边坡安全、减少了水土流失，同时恢复了生态环境，取得了较好的生态效益。

6.4　路域生态修复与保持体系

6.4.1　技术特点、原理和适用性

通过空天地一体化遥感手段，实时监测项目建设过程水土流失成因、数量和强度，布设气象站、土壤水分监测仪、径流泥沙在线监测系统等仪器设备，

监测工程运营过程中水土保持措施修复效果，构建了生态系统服务功能评价模型，评价水土保持措施体系发挥的水源涵养、土壤保持、碳固定等服务功效，如图 6.4-1 所示。

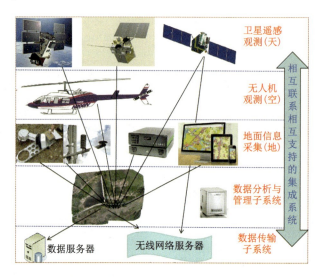

图 6.4-1 空天地一体化的水土保持监测体系

水土保持监测工作综合运用实地调查、现场巡查、定位监测、谷歌地球、无人机航拍等多种手段和方法，对工程建设过程中的水土流失影响因子（如土壤、植被、水文气象等）水土流失防治责任范围、水土流失状况、水土保持防治措施及其效果等进行了全方位的动态监测，分析掌握项目区的水土流失各项因素变化情况。特别是对主体工程区、弃土场区、施工生产生活区等重点区域更是实行跟踪监测，同时收集了相关资料。在此基础上，现场填写了巡查记录表、临时堆土监测记录表、扰动土地面积记录表、简易水土流失观测场布设点登记表、弃土场监测记录表、侵蚀沟调查监测记录表、水土保持措施监测记录表等多份，现场巡测及检查等 19 余次。

为全面反映本工程水土流失状况、施工扰动范围、水土保持措施实施情况及水土流失安全隐患及其防治，按照水土保持方案报告书，根据主体工程施工进度和水土保持措施实施情况，对主体工程区、施工生产生活区、弃土场、施工便道扰动地表面积、水保措施落实情况及水保措施的效果进行固定监测和巡查监测。设立水土流失固定监测点 9 个，其中路基工程和桥梁工程区监测点 3 个，施工生产生活区监测点 2 个，弃土场监测点 2 个，施工便道监测点 2 个，临时监测点 11 个。

InVEST 模型,即生态系统服务功能综合评估模型是由美国斯坦福大学、大自然保护协会与世界自然基金会联合开发的,目的是通过模拟不同类型土地覆被情景,以评估生态系统服务功能系统物质量和价值量,为决策者提供科学依据,用于实现生态系统服务功能的评估及其空间化。

InVEST 碳储量服务功能评价包括了 4 个方面碳储量:地上物质(C_above)、地下物质(C_below)、凋落物(C_dead)和土壤碳储量(C_soil)。计算公式如下:

$$C\_stored = C\_above + C\_below + C\_dead + C\_soil \quad (6.4\text{-}1)$$

式中:C_stored——流域总碳储量(t/hm^2);

C_above——地上物质碳储量(t/hm^2);

C_below——地下物质碳储量(t/hm^2);

C_dead——凋落物碳储量(t/hm^2);

C_soil——土壤碳储量(t/hm^2)。

InVEST 碳储存模型所需要的数据包括土地利用/覆被类型图和研究区四个部分碳密度值。四个部分碳密度参数根据表 6.4-1 获得。

不同土地利用类型碳储量参数(单位:t/hm^2) 表 6.4-1

土地利用类型	C_above	C_below	C_soil	C_dead
耕地	4.7	0	33.46	0
林地	30.17	10.4	68.79	13
草地	3.37	7.48	44.36	4.47
水体	3.25	0	0	0
建筑用地	0	0	0	0

InVEST 模型土壤保持评估模块,量化了生态系统中的土壤保持量和土壤侵蚀量,土壤潜在侵蚀量计算公式如下:

$$RKLS = R \times K \times L \times S \quad (6.4\text{-}2)$$

式中:RKLS——土壤潜在侵蚀量;

R——降水侵蚀性因子;

K——土壤可蚀性因子;

L、S——坡长、坡度因子。

然后,根据土壤流失方程(USLE)计算得出研究区土壤实际侵蚀量,公式如下:

$$\mathrm{USLE} = R \times K \times L \times S \times C \times P \tag{6.4-3}$$

式中：USLE——土壤实际侵蚀量；

C——植被覆盖与作物管理因子；

P——水土保持措施因子。

土壤保持量即土壤潜在侵蚀量（RKLS）减去土壤实际侵蚀量（USLE）得出。

根据前文所述模型原理，土壤保持服务功能评估所需数据主要包括研究区土地利用/覆被数据、DEM 数据、降水数据、土壤数据等。

本书降雨侵蚀力因子通过流域内各水文站点获得的降水数据进行整理计算，通过克里金插值法获得；土壤可蚀性数据通过流域内土壤质地和有机质含量计算得到；植被覆盖与管理因子由植被覆盖度计算获得（表6.4-2）；管理措施因子通过文献查得（表6.4-3）。

不同土地利用类型植被覆盖与管理因子 C　　　　表6.4-2

土地利用类型	林地	草地	耕地	建设用地	水域
C 值	0.007	0.05	0.23	0.4	1

不同土地利用类型土壤保持措施因子 P　　　　表6.4-3

	林地	草地	建设用地	水体	耕地坡度（°）				
					5	5~10	10~15	15~20	20~25	>25
P 值	1	1	1	1	0.1	0.221	0.305	0.575	0.705	0.8

InVEST 模型水源涵养模块是运用水循环原理，利用降水数据、地面蒸发数据、植物蒸腾等参数经过模型运算得到水源涵养量，具体计算流程如下：

$$\mathrm{Retention} = \mathrm{Min}\left(1, \frac{249}{\mathrm{Velocity}}\right) \times \mathrm{Min}\left(1, \frac{0.9 \times \mathrm{TI}}{3}\right) \times \mathrm{Min}\left(1, \frac{\mathrm{Ksat}}{300}\right) \times \mathrm{Yield}$$

式中：Retention——水源涵养量（mm）；

Velocity——流速系数；

TI——地形指数，无量纲；

Ksat——土壤饱和导水率（cm/d）；

Yield——产水量。

$$\mathrm{Yield} = \left(1 - \frac{\mathrm{AET}}{P}\right) \times P$$

式中：Yield——年产水量；

AET——年平均蒸散量；

P——年平均降雨量。

$$\frac{AET}{P} = \frac{1+\omega R}{1+\omega R + 1/R}$$

式中：R——干燥度指数，无量纲，表示潜在蒸发量与降雨量的比值；

ω——无量纲的非物理参数，表示植被年可利用水量与降雨量的比值。

$$R = \frac{k \times ET_0}{P}, \quad k = Min\left(1, \frac{LAI}{3}\right)$$

式中：k——植被蒸散发系数，由植被叶面积指数 LAI 计算获得；

ET_0——潜在蒸散量，反映天然气候条件下的蒸散能力。

$$\omega = Z \times \frac{AWC}{P}$$

式中：Z——降水变化系数，表征降水季节性特征，其值在 1~10 之间，降水主要集中在冬季时，值接近于 10，降水主要分布在夏季或季节分布较均匀时，值接近于 1。

AWC——植被有效可利用水。

$$AWC = Min(最大土壤深度, 根系深度) \times PWAC$$

式中：PWAC——植被可利用水，利用土壤质地计算。

降水量原始数据为流域及其周边水文站监测到的数据，并根据其 1990 年、1995 年、2000 年、2005 年、2010 年、2015 年的年平均降水量，利用克里金插值法进行空间插值，最终获得研究区 1990—2015 年六期的年降水量空间数据。

潜在蒸散量，也称大气蒸发能力，指土壤蒸发和植物蒸腾的总量。计算公式如下：

$$ET_0 = 0.0013 \times 0.408 \times RA \times (T_{avg} + 17) \times (TD - 0.0123P)^{0.76}$$

式中：ET_0——年潜在蒸散量(mm)；

RA——太阳顶层辐射(MJ)；

T_{avg}——年平均气温(℃)；

TD——年平均最高气温与年平均最低气温的差值(℃)；

P——年平均降雨量(mm)。

植物可利用含水率是指土壤中可以被植物及作物吸收利用的水量比率，公式如下：

$$PAWC = 54.509 - 0.132 \times (sand) - 0.003 \times (sand)^2 - 0.055 \times (silt) - 0.006 \times (silt)^2 - 0.738 \times (clay) + 0.007 \times (clay)^2 - 2.668 \times (OM) + 0.501 \times (OM)^2$$

式中：PAWC——植物可利用含水率；

sand——土壤砂粒含量(%)；

silt——土壤粉粒含量(%)；

clay——土壤粘粒含量(%)；

OM——土壤有机质含量(%)，通过空间计算可以获得研究区植物可利用含水率 PAWC 分布情况。

最大根系深度主要与有植被或作物覆盖的土地利用/覆被类型有关，由表6.4-4查得，定义为植被根系生物量达到95%时的根系深度。

大理河流域不同土地利用/覆被类型最大根系深度(单位：mm)　　表6.4-4

土地类型	耕地	林地	草地	水域	城镇
编号	1	2	3	4	5
根系深度	400	3000	500	1	1

6.4.2 依托工程实施情况与效果

1) 宝坪高速公路地区碳固定服务评价

陆地生态系统通过以大气中吸收和排放 CO_2 等温室气体来调节全球气候。生态系统将碳储存于木材、其他生物和土壤中，以减少大气中的 CO_2 排放量，促进全球气候的积极变化。除了固碳功能之外，有些生态系统可以通过数年的积累将碳持久累积在植物和土壤中，封存多余的碳。与大气相比，森林、绿地、泥潭沼泽等陆地生态系统具有较强的固碳能力，陆地生态系统碳储量大于大气，对二氧化碳驱动的气候变化有重要意义。

土地利用及覆被变化影响全球生态系统，进而影响生态系统主导的全球碳循环。火灾、砍伐森林、植被退化等非良性的土地利用及覆被变化会对生态系统造成很大干扰，从而导致大量 CO_2 的释放；而森林保育、生态农业等土地利用变化管理方式则会导致大量碳的固定与封存，大大提高生态系统的固碳能力。土地利用覆被变化能够影响陆地生态系统碳循环，进而对调节碳循环影响下的全球气候变化产生重要影响。对土地利用变化影响下的陆地生态系统固碳能力的量化和评估能够为人类优化配置土地利用格局、有效发挥陆地生态系统固碳能力、促进生态经济可持续发展提供理论依据和决策支持。宝坪高速公路地区各年固碳量分布图,见图6.4-2。

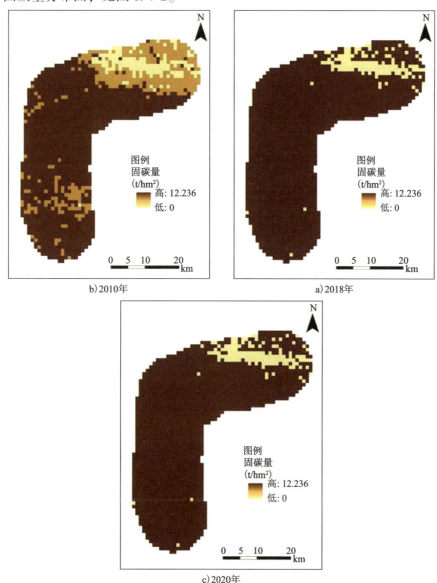

图 6.4-2 宝坪高速公路地区各年固碳量分布图(t/hm^2)

运用 InVEST 碳储存模型,计算研究区各类土地利用/覆被类型固碳量。结果如表6.4-5所示,研究区2010年、2018年和2020年这3年的固碳量分别为132.08万t、122.58万t和131.95万t,呈先下降后增长的趋势,说明高速公路建设期间降低了固碳服务功能，但是植被恢复能够增加固碳服务功能。由宝坪高速公路地区碳储存分布情况，可以看出南部固碳量值整体高于北部地区，东北部地区最小。研究期内，不同土地利用/覆被类型的碳储存量也各有不同，其中林地的固碳量最高，近10年固碳量占区域生态系统总固碳量的73%以上；其次为草地，固碳量占区域生态系统总固碳量的13%以上；建设用地固碳量最低。

宝坪高速公路地区不同土地利用类型固碳总量变化(万t)　　　表6.4-5

年份	2010	2018	2020
耕地	14.72	11.25	12.97
林地	97.57	91.13	97.04
草地	17.28	19.65	19.31
水域	0.58	0.12	0.56
建设用地	1.93	0.43	2.07
总计	132.08	122.58	131.95

2) 宝坪高速公路地区土壤保持服务评价

利用InVEST模型对宝坪高速公路地区2010—2020年土壤保持服务功能进行评估，并得到空间分布图。在全球变化背景下，土壤保持服务功能计算模块有利于集水区保土保沙生态系统服务功能的研究，为清淤管理的预算控制和河道水质控制提供指导。宝坪高速公路地区各年土壤保持量分布图见图6.4-3。

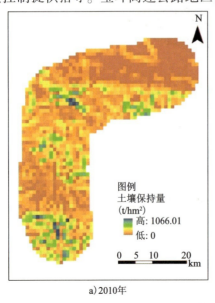
a) 2010年

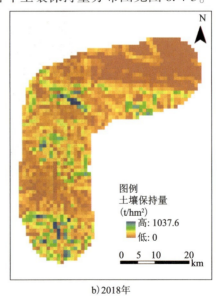
b) 2018年

图 6.4-3

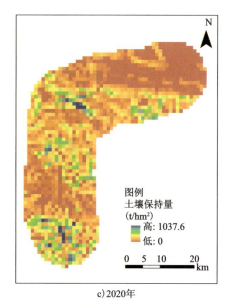

c) 2020年

图 6.4-3　宝坪高速公路地区各年土壤保持量分布图（t/hm²）

宝坪高速公路地区土壤保持服务功能量的空间差异性较为明显，呈东南高、西北低的空间分布特征。宝坪高速地区各个土地利用类型中主要以林地土壤保持服务功能量最多，以水域和建设用地最少；各个土地利用类型保土能力的大小顺序为：林地＞草地＞耕地＞建筑用地＞水域。通过表 6.4-6 可以看出，2010—2018 年，高速公路沿线总土壤保持量下降 107.52 万 t，耕地、林地、草地和水域土壤保持量呈现下降趋势。2018—2020 年，高速公路沿线总土壤保持量增加 42.67 万 t，耕地、林地、草地土壤保持量呈现增加趋势，植被恢复对水土保持功能改善效果明显。

宝坪高速公路地区不同土地利用类型土壤保持总量变化（万 t）　　表 6.4-6

年份	2010	2018	2020
耕地	237.54	227.65	237.95
林地	1958.08	1897.20	1923.64
草地	109.07	71.79	86.78
水域	16.05	15.30	15.92
建设用地	51.58	52.86	43.18
总计	2372.32	2264.8	2307.47

3）宝坪高速公路地区水源涵养服务评价

所谓"水土保持"，即保持水土，保水保土是水土保持措施的意义所在也是重中之重。在生态系统中，林草作为与水分和土壤最为密切的因素，无时无刻不在影响着地区产水量服务功能,植物具有截留降水、抑制蒸发、加大土壤入渗、增强降水等水文调节功能,促进地区的水分循环,对地区涵养水源以及生态多样性的保护起到了举足轻重的作用。因此通过利用 InVEST 模型对宝坪高速地区 2010—2020 年产水量服务功能变化的评估,并分析其影响因素以及与该地区植被恢复的响应关系,以此对提高宝坪高速地区的土壤肥力、植物质量、水文调节以及河流水位的调节等生态效应提供有力理论保障。宝坪高速公路地区 2010—2020 年水源涵养量变化见图 6.4-4。

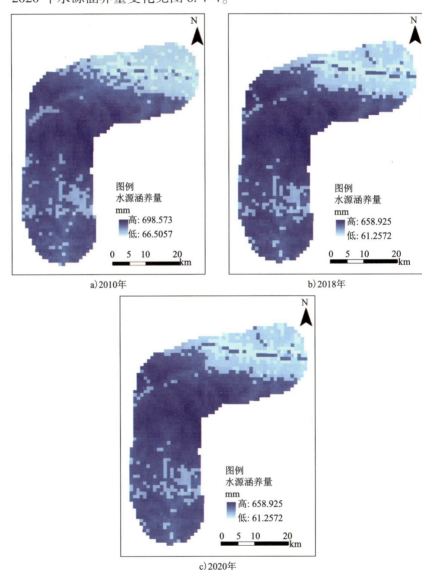

图 6.4-4　宝坪高速公路地区 2010—2020 年水源涵养量变化

宝坪高速地区水源涵养量具有较大的空间分异性规律，整体上呈现出西北部较低、东南部较高的空间分布规律。2010—2018 年水源涵养量呈现减少的趋势，主要受宝坪高速公路建设的影响，林地水源含量下降明显，高速公路沿线平均水源涵养量降低 12mm。2018—2020 年水源涵养量逐渐增加，因为植被的恢复，林地水源涵养量比建设期增加明显，高速公路沿线平均水源涵养量从 2015 年的 301.8mm 增加到 2020 年的 310.18mm，如表 6.4-7 所示。

宝坪高速地区不同土地利用类型水源涵养量（mm） 表 6.4-7

年份	2010	2018	2020
耕地	250.93	241.94	240.00
林地	552.01	530.37	543.67
草地	150.61	124.43	133.09
水域	139.92	137.33	103.51
建设用地	175.11	174.92	175.62
平均	313.71	301.80	310.18

4）宝坪高速公路水土保持效果评价

（1）扰动土地整治率

在工程施工期间，水土流失防治责任范围内的地表受到了不同程度的扰动和占压。扰动土地主要通过工程措施、植物措施、临时措施等方式予以治理。经核定，工程扰动土地总面积为 580.47hm²，扰动土地整治面积为 96.19hm²，其中，水土保持工程措施面积 118.69hm²，植物措施面积 234.91hm²，建筑物及硬化面积 224.59hm²，扰动土地整治率为 99.61%，详见表 6.4-8。

各防治分区扰动土地整治情况统计表 表 6.4-8

防治分区		占地面积（hm²）	扰动面积（hm²）	扰动土地治理面积（hm²）				扰动土地整治率（%）
				工程措施	植物措施	建构筑物及硬化面积	小计	
主体工程区	路基	236.47	236.47	19.87	63.20	153.21	236.28	99.92
	桥梁							
	隧道							
	服务设施	29.73	29.73	1.54	9.82	18.11	29.47	99.13
	立交工程	76.22	76.22	6.83	37.05	31.98	75.86	99.53
	立交连接线	22.66	22.66	1.45	9.56	11.28	22.29	98.37

续上表

防治分区	占地面积 (hm²)	扰动面积 (hm²)	扰动土地治理面积(hm²)				扰动土地整治率 (%)
			工程措施	植物措施	建构筑物及硬化面积	小计	
施工便道	42.27	42.27	5.37	26.84	9.78	41.99	99.34
施工生产生活区	67.74	67.74	38.50	29.14	—	67.64	99.85
合计	580.47	580.47	118.69	234.91	224.59	578.19	99.61

(2) 水土流失总治理度

经核定,工程水土流失面积为 355.88hm²(实际扰动土地面积减去建筑物及硬化面积),水土流失治理达标面积为 353.60hm²,其中：工程措施达标面积 118.69hm²,植物措施达标面积 234.91hm²,水土流失总治理度为 99.36%,详见表 6.4-9。

各防治分区水土流失总治理度情况表　　　表 6.4-9

防治分区		扰动面积 (hm²)	永久建筑物及硬化面积 (hm²)	水土流失面积 (hm²)	扰动土地治理面积(hm²)			水土流失总治理度 (%)
					工程措施	植物措施	小计	
主体工程区	路基	236.47	153.21	83.26	19.87	63.20	83.07	99.77
	桥梁							
	隧道							
	服务设施	29.73	18.11	11.62	1.54	9.82	11.36	97.76
	立交工程	76.22	31.98	44.24	6.83	37.05	43.88	99.19
	立交连接线	22.66	11.28	11.38	1.45	9.56	11.01	96.75
弃土(渣)场区		105.38	0.23	105.15	45.13	59.30	104.43	99.32
施工便道		42.27	9.78	32.49	5.31	26.84	32.21	99.14
施工生产生活区		67.74	—	67.74	38.50	29.14	67.64	99.85
合计		580.47	224.59	355.88	118.69	234.91	353.60	99.36

(3) 土壤流失控制比

项目区土壤容许流失量为 500t/(km²·a)。根据项目建设区土壤侵蚀监测结果,按照不同区块面积进行加权平均,项目建设区平均土壤侵蚀模数为 460t/(km²·a),经计算,本项目的土壤流失控制比为 1.09,大于目标值 1.0,土壤流失控制达到设计标准。

(4) 林草植被恢复率和林草覆盖率

项目建设区可恢复植被面积 237.19hm²(投影面积),实际林草植被恢复面积

234.91hm²,林草植被恢复率99.04%;项目建设区面积580.47hm²,项目区可绿化区域采取了水土保持植物措施后,除去恢复生长不良裸露区域,林草植被面积234.91hm²(投影面积),林草覆盖率40.47%,如表6.4-10所示。

林草植被恢复率及林草植被覆盖率 表6.4-10

防治分区		占地面积（hm²）	扰动面积（hm²）	工程措施（hm²）	可恢复植物措施面积（hm²）	已恢复植物措施面积（hm²）	林草植被恢复率（%）	林草覆盖率（%）
主体工程区	路基	236.47	236.47	19.87	63.39	63.20	99.70%	26.73
	桥梁							
	隧道							
	服务设施	29.73	29.73	1.54	10.08	9.82	97.42%	33.03
	立交工程	76.22	76.22	6.83	37.41	37.05	99.04%	48.61
	立交连接线	22.66	22.66	1.45	9.93	9.56	96.27%	42.19
弃土(渣)场区		105.38	105.38	45.13	60.02	59.30	98.80%	56.27
施工便道		42.27	42.27	5.37	27.12	26.84	98.97%	63.50
施工生产生活区		67.74	67.74	38.50	29.24	29.14	99.66%	43.02
合计		580.47	580.47	118.69	237.19	234.91	99.04%	40.47

6.4.3 经济社会环境效益评价

结合卫星遥感、无人机观测、地面信息采集等技术构建了空天地一体化的水土保持监测体系,综合数据分析与管理和数据传输系统,实现了数据实时动态获取和监测。经测定,宝坪高速公路治理水土流失治理达标面积为353.60hm²,扰动土地整治率达到99.61%,水土流失总治理度达到99.36%,土壤流失控制比为1.09,林草植被恢复率为99.04%,林草植被覆盖率为40.47%。

宝坪高速公路水土保持林草措施建设加上工程本身景观建设,改善了当地自然景色,较好地补偿了公路基础设施建设对环境所造成的不良影响,促进了公路工程与自然环境的协调,为项目运行创造了良好的环境和舒适的行车视觉空间。水土保持措施实施后水土流失防治责任范围内的生态环境将得到明显改善,对弃土(渣)场、取土场、施工便道和施工场地采取土地整治、覆土绿化或植被恢复,从景观角度出发,选取植物的立地条件、对原有工程中的水土保持措施进行了补充和调整,使公路建设项目区的生态环境得到明显的恢复和改善。

通过各项水保措施的综合治理，项目区治理度明显提高，林草措施面积增大，林草覆盖率也相应提高，项目区的土壤侵蚀模数大幅度下降，使土壤氮、磷、钾及有机质含量显著增加，土地生产力、产出率逐步提高。通过土地整治措施使部分未利用和难利用土地得到充分利用，即宜林宜草地，实施土地整治，提高了土地利用率。由于项目区林草覆盖率的提高，工程沿线的生态环境得到改善，生态安全有了保障，从而为实现人与自然的和谐发展奠定了基础。

第7章 示范总结

秦岭天台山超长隧道群安全绿色科技示范工程紧扣"安全、绿色"主题，以实现"安全施工、绿色环保、智慧运营"为目标，围绕隧道群运营防灾减灾、自然能源利用、生态保护修复、机械化施工等新技术集成应用和关键技术创新，为秦岭天台山超长隧道群工程建设顺利开展与安全高效运营提供有力的技术支撑，为类似公路隧道工程建设提供借鉴。

(1) 超长隧道群安全智慧运营技术研究与应用，破解山区超长连续公路隧道群运营安全保障难题

创新/亮点：引入高精度雷达，构建公路隧道群全方位路况感知与预警系统；长隧短管，实现秦岭天台山隧道群运营安全分区管控；应用大数据、云计算，搭建秦岭天台山隧道群大数据中心；实现秦岭天台山超长隧道群交通事故率比秦岭山区隧道群平均事故率降低40%以上。

技术内涵：以高精度雷达作为核心感知单元，对车辆进行实时、连续的跟踪及定位，解决传统视频事件检测误报率高、视角局限等不足，实现全方位路况感知；以洞内行车诱导装置为预警单元，通过与驾驶员视觉交互，实现行车安全诱导、上游事件预警、防追尾等安全保障功能，提升事故预防能力；通过应用主动发光LED诱导标、特殊灯光带及遮阳棚，有效缓解超长隧道群路段驾驶疲劳，提升超长隧道内行车安全性和舒适性；在大雾、团雾区段布设公路雾天智能行车诱导系统，有效提升大雾天气行车安全；在隧道群连接段设置防雪棚或融雪剂智能喷淋系统，全方位防止路面积雪结冰，保障隧道群冬季行车安全；按照"长隧短管"理念，设置八字形洞内交通转换带、救援疏散通道、消防救援站等设施，构建便捷的交通转换体系，实现秦岭天台山超长隧道群运营安全分区管控，全方位保障秦岭天台山隧道群防灾救援能力；应用大数据、云计算等技术，对海量多源数据进行融合分析；通过顶层设计，解决各系统独立运行、联动性差、信息共享弱问题，实现多系统融合与联动控制。

(2) 公路隧道安全快速施工技术推广应用，突破超长大断面公路隧道机械化安全快速施工瓶颈

创新/亮点：建立超长大断面公路隧道施工机械化配套体系，研制衬砌、仰拱及电缆槽施工智能化装备；创新大坡度斜井智能化有轨运输技术，研发大坡度斜井快速安全施工关键装备；实现秦岭天台山双向六车道大断面隧道180m/月的施工进度。

技术内涵：综合应用三臂凿岩台车快速打眼、聚能水压爆破、湿喷机械手、自行式液压栈桥+仰拱整体式模板、防水板激光定位+超声波焊接、二次衬砌拱顶带模注浆、电缆沟槽整体台车模板等新装备、新技术，保障了施工质量及作业安全，大幅度提高了施工效率，实现主洞最快掘进速度达到180m/月；创新地提出大坡度斜井洞内出渣智能化有轨运输技术、水泥卸槽运输及混凝土溜槽运输技术，突破大坡度斜井运输技术瓶颈；创新有轨斜井井下转渣、碎石加工与拌和辅助技术，研发大坡度斜井快速安全施工关键装备，实现斜井安全快速施工；通过伞钻施工、挖机装渣、主副绞车提升交替出渣、二次衬砌混凝土滑模施工等技术，有效提高了出渣效率以及施工效率，实现深埋竖井安全快速施工。

(3) 公路隧道单层衬砌支护技术应用研究，构建硬质岩公路隧道单层衬砌支护体系

创新/亮点：建立公路隧道单层衬砌围岩分级方法，构建完整单层衬砌设计体系；修正大坡度斜井沿程阻力计算公式，提出适宜的喷射混凝土单层衬砌通风降阻技术；在秦岭天台山1号斜井成功应用单层衬砌支护。

技术内涵：通过理论分析，揭示单层衬砌力学传递机理及其支护作用机理，提出单层衬砌围岩分级及三阶段设计方法，构建完整的单层衬砌设计体系；开展隧道单层喷射混凝土衬砌通风阻力测试，修正大坡度斜井沿程阻力计算公式，提出适宜的喷射混凝土单层衬砌通风降阻技术；喷射混凝土单层衬砌在秦岭天台山隧道1号斜井成功应用，有效加快工程建设进度，降低工程造价，围岩与结构稳定性良好。

(4) 公路隧道利用自然能源技术推广应用，探索超长公路隧道利用自然能源绿色低碳运行

创新/亮点：建立特长隧道自然风压理论计算方法，搭建秦岭天台山隧道气象观测系统，创新设置自然风节能风道；研发智能太阳光纤导入照明系统；实现秦岭天台山隧道通风系统年平均节能9%以上。

技术内涵：利用秦岭南北气候差异及洞内外温差，设置专用的自然风通风道，利用自然风通风，结合气象站实时数据，智能控制，降低运营能耗；研发智能"太阳光纤导入系统"，将太阳光照引入洞口段，增加自然光照亮度，缓解黑洞现象，提升洞口行车安全性；在满足原有亮度的前提下，通过应用三相分

布式直驱 LED 照明技术，减少隧道照明约 20% 的用电量。

(5) 生态敏感区保护与生态修复技术推广应用，实现秦岭绿水青山生态低影响无害化穿越

创新/亮点：构建源头治理、中端截留、末端减污的水资源保护模式，研发以香根草为载体的弃土场生态修复技术，形成路域生态修复与长效保持机制，实现宝坪高速公路水土流失总治理度 99.36%，林草植被恢复率 99.04%。

技术内涵：构建了源头治理、中端截留、末端减污的水资源保护模式，集成了生态柔性边坡、拦沙减淤和湿地水生态的水资源保护技术体系，通过能量消减、泥沙沉积、生物净化、雨水蓄积实现水的生态净化；综合考虑弃土场稳定和防洪安全，合理布设防护措施；研发了以香根草为载体的弃土场生态修复技术，开展了水肥梯度试验和生态修复示范；综合应用植草防护、植生袋护坡、三维土工网垫植草、框格网护坡、液压喷播、植被生态混凝土护坡等多种生态防护技术，植被恢复明显，有效减少水土流失，提升沿线景观。

(6) 构建超长隧道群安全绿色技术体系，形成可复制、可推广的山区高速公路隧道建设技术成果与实施经验

紧扣"安全、绿色"主题，以实现"安全施工、绿色环保、智慧运营"为目标，着力隧道群运营防灾减灾、自然能源利用、生态保护修复、机械化施工等新技术集成应用和关键技术创新，集成超长隧道群安全智慧运营技术、公路隧道安全快速施工技术、公路隧道单层衬砌支护技术、公路隧道利用自然能源技术、生态敏感区保护与生态修复技术，构建超长隧道群安全绿色技术体系，为山区长大隧道工程建设顺利开展与安全高效运营提供有力的技术支撑，确保实现路与自然环境的和谐、路与社会环境的和谐，实现建设过程的安全绿色，形成可复制、可推广的山区高速公路隧道建设技术成果。

在秦岭天台山隧道群开展相关技术成果应用与示范，取得良好应用示范效果。相关技术成果立项陕西省地方标准有 4 项：《公路隧道单层衬砌设计与施工技术规范》《公路隧道有轨斜井施工安全标准化规程》《公路高边坡生态防护技术规范》《特长公路隧道疲劳缓解带设计技术规范》；编制技术指南 6 项：《公路隧道钻爆法施工通风技术指南》《公路隧道群交通安全评价技术指南》《公路隧道群绿色节能技术指南》《公路高边坡生态防护技术指南》（已立项为地方标准）、《公路隧道钻爆法机械化施工技术指南》《超长多车道公路隧道群运营安全保障技术

指南》；撰写专著1部《秦岭天台山超长隧道群安全绿色科技示范工程建设技术与实践》；与长安大学、西安科技大学、中交第一公路勘察设计研究院有限公司等多家高校和企业签订合作协议，建立长期稳定的校企联合培养模式，成立天台山隧道实训基地，联合搭建校企协同示范交流平台，组织开展秦岭天台山隧道机械化施工技术交流、公路特长隧道养护管理和应急救援处置技术交流等技术交流；在安康至岚皋高速公路、西安外环高速公路南段隧道工程推广应用；大力推进示范工程技术成果与实施经验的推广应用。

参 考 文 献

[1] 王华,路耀邦,冯国峰,等.隧道结构健康管理大数据平台研发及应用[J].隧道建设(中英文),2023,43(8):1425-1437.

[2] 魏新江,李帅,杜世明,等.超长公路隧道运营通风控制技术与空气质量研究综述[J].现代隧道技术,2022,59(S1):1-12.

[3] 许昱旻,郭春.基于移动平均和神经网络的公路隧道运营通风折减率修正研究[J].现代隧道技术,2022,59(S1):121-127.

[4] 彭帝,党风,史玲娜,等.公路隧道太阳光反射照明技术应用研究[J].隧道建设(中英文),2022,42(S2):280-286.

[5] 陈劲宇.基于开源气象参数的隧道自然风预测方法及通风节能技术研究[D].成都:西南交通大学,2022.

[6] 樊霁.高速公路隧道施工支洞支护结构优化研究[D].成都:西南交通大学,2022.

[7] 施孝增,闫治国,倪丹.自然风对多点进出地下道路通风性能的影响[J].地下空间与工程学报,2022,18(2):690-700.

[8] 李叔敖,江南,褚长海,等.全断面隧道掘进机施工大数据的有效数据提取研究[J].施工技术(中英文),2022,51(8):91-96.

[9] 刘宏伟,姚战良,张杨.天台山隧道安全运营与智能管理[J].中国公路,2022(7):84-86.

[10] 石茂林,孙伟,宋学官.隧道掘进机大数据研究进展:数据挖掘助推隧道挖掘[J].机械工程学报,2021,57(22):344-358.

[11] 吴贤国,邓婷婷,陈彬,等.面向运营隧道结构健康监测系统大数据压缩感知研究[J].隧道建设(中英文),2021,41(4):674-683.

[12] 朱长安,王明年,李玉文,等.复杂艰险山区公路隧道运营安全风险归类及特征分析[J].公路,2021,66(1):212-218.

[13] 贺振霞,鲍学英.基于直觉模糊TOPSIS耦合法的隧道地下水环境负效应评价研究[J].水资源与水工程学报,2020,31(6):88-94.

[14] 贡松多吉,海森,李望,等.公路隧道运营期能耗监测指标体系[J].地下空间与工程学报,2020,16(S1):407-412.

[15] 罗刚,潘少康,杨磬石,等.天台山隧道陡坡双斜井有轨运输系统设计与优化[J].隧道建设(中英文),2019,39(12):2050-2057.

[16] 白浪峰.大跨度公路隧道机械化施工参数优化研究[J].水利与建筑工程学报,2019,17(5):199-202+208.

[17] 袁立,史玲娜,张龙.基于太阳光照明的隧道按需照明节能控制技术研究[J].隧道建设(中英文),2019,39(S1):131-138.

[18] 王磊.高速公路隧道群交通安全保障方法研究[D].重庆:重庆交通大学,2020.

[19] 陈思.长距离连续隧道群运营安全评估方法研究[D].重庆:重庆交通大学,2019.

[20] 张国珍,崔圣达,张洪伟,等.隧道工程对生态环境的影响及环境效应[J].地质灾害与环境保护,2017,28(4):53-57.

[21] 袁需龙,叶利明,任凯,等.公路隧道大倾角通风斜井有轨运输系统设计[J].公路,2017,62(8):321-325.

[22] 王伟力,徐承标,刘琦,等.基于自然光的公路隧道生态照明技术研究[J].地下空间与工程学报,2017,13(S1):476-480.

[23] 欧阳娜.高速公路运营隧道安全现状与对策分析[J].公路交通科技(应用技术版),2016,12(11):148-150.

[24] 李松,史玲娜,涂耘,等.基于视觉适应性的公路隧道太阳光光纤照明技术应用研究[J].照明工程学报,2016,27(5):48-52.

[25] 晁峰,王明年,于丽,等.特长公路隧道自然风计算方法和节能研究[J].现代隧道技术,2016,53(1):111-118+126.

[26] 张皓,赵子成,刘建明,等.公路隧道压入式施工通风有毒有害气体现场测试研究[J].公路,2014,59(10):274-280.

[27] 刘金刚.基于生态环境保护的隧道排水控制研究[J].现代隧道技术,2014,51(3):61-66.

[28] 杨治攀.公路特长隧道安全运营节能与智能联动研究[D].重庆:重庆交通大学,2015.

[29] 李有兵.长大隧道机械化配套安全快速施工技术[J].现代隧道技术,2012,49(5):110-116.